● 出版メカニズムは「デジタル」により本質的な変革をとげる

マニフェスト
本の未来

Book: A Futurist's Manifesto

編：ヒュー・マクガイア&ブライアン・オレアリ

目次 Contents

日本語版の刊行にあたって……………… vii
　萩野正昭 Masaaki Hagino（ボイジャー）

原書の刊行にあたって……………… ix
　ヒュー・マクガイア Hugh McGuire（プレスブックス）

イントロダクション……………… 1

Part 1　セットアップ──現在のデジタルへのアプローチ

1. コンテナではなく、コンテキスト……………… 7
　ブライアン・オレアリ Brian O'Leary（マゼランメディアパートナーズ）

2. あらゆる場所への流通……………… 25
　アンドリュー・サヴィカス Andrew Savikas（オライリー・メディア）

3. 「本」の可能性……………… 41
　ライザ・デイリー Liza Daly（サファリ・ブックス・オンライン）

4. メタデータについて語る時に我々の語ること……………… 55
　ローラ・ドーソン Laura Dawson（バウカー）

5. DRMの投資対効果を考える……………… 65
　カーク・ビリオーネ Kirk Biglione（デジタルメディアスペシャリスト）

6. デジタルワークフロー向けツール……………… 79
　ブライアン・オレアリ Brian O'Leary（マゼランメディアパートナーズ）

7. デジタル時代の書籍デザイン……………… 91
　クレイグ・モド Craig Mod（PRE/POST）

Part 2　将来への展望──本が歩む次のステップ

8. 本とWebサイトがひとつになる理由……………… 117
　ヒュー・マクガイア Hugh McGuire（プレスブックス）

9. Web文学：ソーシャルWeb出版……………… 127
　イーライ・ジェームズ Eli James（ノベラー、パンダミアン）

10. 言葉から本を作る……………… 143
　　エリン・マッキーン　Erin McKean（ワードニク）
11. eBookはなぜ書き込み可能になるか……………… 151
　　テリー・ジョーンズ　Terry Jones（フルイドインフォ）
12. 読書システムの垣根を越えて：ソーシャルリーディングの今後……………… 165
　　トラヴィス・アルバー　Travis Alber（リードソーシャル）
　　アーロン・ミラー　Aaron Miller（リードソーシャル）
13. ユーザー体験、読者体験……………… 193
　　ブレット・サンダスキー　Brett Sandusky（マクミラン・ニュー・ベンチャーズ）
14. 本と出会ったアプリ……………… 201
　　ロン・マーティネズ　Ron Martinez（エアブック、インベンションアーツ）
15. 形なき本で図書館を作るということ……………… 207
　　ピーター・ブラントリー　Peter Brantley（インフォメーションアーキテクトスペシャリスト）
16. 読者の権利章典……………… 215
　　カシア・クローザー　Kassia Krozser（ブックスクェア）

Part 3　本でできる実験——最先端プロジェクト

17. 作家たちのコミュニティ……………… 231
　　ユルゲン・ファウス　Jürgen Fauth（フィクショノート）
18. アプリとしての本作り、迷った時の処方箋……………… 241
　　ニール・ホスキンス　Neal Hoskins（ウィングドチャリオット）
19. エンゲージメント・エコノミー……………… 251
　　ボビー・グルーエンワルド　Bobby Gruenewald（ユーバージョン）
20. 本はどのようにして発見される？……………… 259
　　パトリック・ブラウン　Patrick Brown（グッドリーズ）
　　チャン・ギュシク　Kyusik Chung（グッドリーズ）
　　オーティス・チャンドラー　Otis Chandler（グッドリーズ）
21. 「リトル・データ」の驚くべき力……………… 267
　　ピーター・コーリングリッジ　Peter Collingridge（エンハンスト・エディションズ、ブックシーア）
22. 誇張と倒錯……………… 279
　　バラ・バキリ　Valla Vakili（スモール・デーモンズ）

23. 出版再考——痛みを感じ、痛みを抑える……………287
　　ジョン・オークス John Oakes（ORブックス）

24. 公共図書館の終わり（私たちが知っていたように？）……………293
　　イーライ・ナイバーガー Eli Neiburger（ミシガン州アン・アーバー地区図書館）

25. 今は実験のとき……………303
　　イアン・バーカー Ian Barker（シムテキスト）

26. 忘れられた消費者……………315
　　ジェイコブ・ルイス Jacob Lewis（フィグメント）

27. コントロールできない会話……………325
　　サラ・ウェンデル Sarah Wendell（スマート・ビッチズ・トラッシィ・ブックス）

編者紹介……………335

訳者紹介……………336

フォローアップ情報：
　　ボイジャー Twitter: @voyagerDPD
　　ボイジャー Facebook: https://www.facebook.com/voyagerDPD/

凡例　本書の日本語版の制作にあたり、訳者注は〔　〕または（訳注）として表記しています。

日本語版の刊行にあたって

　私たちボイジャーは、会社を創立した1992年10月以来、20年間にわたり日本の電子出版の流れの中に生きてきました。米国ボイジャーとの合弁としてスタートしましたから、大きく世界の流れの中にあったと言ってもいいでしょう。浮沈して藻くずのごとく漂っていたというのが正確かもしれません。けれどここにたどり着くまでには、たくさんの事実を目撃してきました。多くの人がこの事実を聞かんと待っていることでしょう。物語る必要が私たちにはあります。でも、容易に口が開きません。幾多の現実を見つめたはずなのに黙って徒労感にひたり、すべてを諦めたい気持ちになるのです。なかなか語り伝えられずにいる現実をどうしていけばいいのか。歩きながらいつも思っていました。そうした中で本書に出会いました。

　一読して複雑な気持ちになりました。自分たちが語らねばならばない内容が一杯つまっていたからです。それも簡潔明瞭な言い方でした。まごまごしているうちに先を越されてしまったのです。注意深く見つめてみると、多くの考えが一様に失敗から書き起こされていることに気づきます。私たちと同じように現実に打ちあたり、打ちのめされ、立ち上がろうとしていることが読みとれます。諦めかけている自分の姿を振りかえりました。落胆から人は再び学び直す、その機会こそ重要であることに気づかされたのです。多くの人たちがこうして新しい出版のデジタル化に取り組んできていたのです。展開される強い主張はその現れです。仮説であろうとも、今のメディアが崩壊するのだと考えてください。それを前提として、私たちは何を導き出せるのかが、これからを生きていくすべてのヒントになるのではないでしょうか。

　編者であるヒュー・マクガイア（Hugh McGuire）とブライアン・オレアリ（Brian O'Leary）とは、毎年秋に行われてきたインターネットアーカイブ主催のカンファ

レンス「ブックス・イン・ブラウザーズ（Books in Browsers）」で出会い、刺激的なプレゼンテーションに私は少なからぬ影響を受けてきました。そして、本書の執筆にあたる多くの人たちの活動についていち早く情報を伝え続けてくれたのは、ブックス・イン・ブラウザーズの推進役であったピーター・ブラントリー（Peter Brantley）でした。この本に接することができたのも、世界の実際の動きについて的確に伝える彼の情熱と使命と実行があったればこそだと思います。世の中の変化によってもたらされるであろう利益を、人々の公平な力の発揮に寄与しようという精神がなかったら、およそ成しえることではなかったはずです。彼らからもらった新鮮な息吹を皆さんへ届けようと、自らを鼓舞する気持ちで本書に向かいました。

　翻訳には多くの人たちの協力を得ました。電子出版に関係する方々にご支援をいただきました。いたらないところはあるかもしれません。本書が契機となり、執筆者をも交えたコミュニケーションがネット上に展開されていくことを期待しています。こうした情報はボイジャーのTwitterやFacebookでお知らせしていきます。

　本を書くことは、書いたことをまた本にする行為につながるといわれます。本が本を呼び、つながる終わりなき活動を勇気づけていきます。そのむかし私はエキスパンドブックのマニュアルの冒頭にアラン・ケイの言葉をもってこう書きました。

　「すべてのテクノロジーは特別なマニュアル付きで与えられなければならない。それは使い方のマニュアルではなくて、なぜ、いつ、誰が使うかを説明したマニュアルだ」

　長い時間をへて、今、マニュアルはマニフェストの域に到達したことをきっと本書の中から理解されることでしょう。

　　　——萩野正昭（株式会社ボイジャー　代表取締役）

ボイジャー Twitter: @voyagerDPD
ボイジャー Facebook: https://www.facebook.com/voyagerDPD/

原書の刊行にあたって

　出版は「デジタル」により本質的な変革をとげる──本書はそのような確信に基づき書かれた本です。出版の未来に関するカンファレンスはカレンダーを埋め尽くし、ブログや社説などで活発に議論が交わされ、専門書も出版されています。

　この本は上の「確信」に基づいて書かれたものですが、その確信からさらに先、未来の書籍の部品となるボルトやナットに関する本を作りたいと思っていた私たちは、未来志向の思想家だけではなく、実際にツールを制作したり、本の未来に向けて起業した人たちに執筆を依頼しました。

　本書はもともと、出版するというよりは私が経営している小さな会社で開発している新しいデジタル出版ツール「PressBooks.com」の実証例にするつもりでした。プレスブックス（PressBooks）はシンプルさとパワフルな機能を両立させたWebベースの本の制作ツールで、紙の本、eBook、そしてWebブックをオンライン上の小さなソースファイルから制作できる出版プラットフォームです。このツールを開発者である私自身が実際に使って行った出版プロジェクトの成果が本書です。

　私はこのアイディアを友人のブライアン・オレアリ（Brian O'Leary）に売り込みました。私は出版の初心者ですが、彼はベテランの編集者です。プロジェクトに興味を持ってくれた彼が推薦した出版社はデジタル・イノベーションを積極的に推進しているオライリー社でした。私のプロジェクトを評価していたオライリー社のジョー・ウィカート（Joe Wikert）と私は、本書を書いている間にも急変を続けている出版界の現状をどう説明するかについて、何時間も話し合いました。

　本書の執筆、編集、構成、製本はプレスブックスで行い、そのプロセスを通して私たちは貴重な教訓を学びました。オライリー社は本書を刊行するにあたり、実験的に販売を三段階に分け、各段階で異なる価格設定を行いました。本書はオンラインで無料公開されていますが、eBook版と印刷版は有償で販売されています。

『マニフェスト 本の未来』は本であると同時に新出版プロセスの実証例でもあります。未来の出版では刊行の後も執筆が続いていきます。読者が出版プロセスの重要な一部分だからです。もしかしたら、出版が本当に始まるのは本の刊行後なのかもしれません。感想や意見や批判などのフィードバックがある方は、オンライン版の本書に書き込んでください。アドレスはbook.pressbooks.comです。

──ヒュー・マクガイア（Hugh McGuire）

Web版URL（英語）
http://book.pressbooks.com/front-matter/preface

イントロダクション

　アマゾンのKindleとアップルのiPhoneが発表された2007年、出版界は激動の時代に突入しました。音楽業界と新聞業界を一変させた「デジタル」が書籍市場に参入したのです。それまでにもデジタルは、1970年代から読書や出版に影響を与えていましたが、一般読者がページではなくスクリーンに映し出されたピクセルを「本」と認めたのは2007年が初めてでした。それから何年かがたち、こうした読書デバイスの急速な普及によって、長い文章をデジタルで読むという行為は「いつか起こるかもしれないもの」という仮定から、誰の予想よりも早く「今起こっているもの」という事実へと変わっていきました。

　この過程で「読者はeBookを読むか？」「読むとしたら何冊も読むのか？」といった疑問には「イエス」という答えが出ました。読者が好む読書デバイスは専用デバイス？　スマートフォン？　それともタブレット？　これらに対する答えは「デバイスが変わっても本が読める、クロスデバイス機能が実装されていればデバイスは中立である」です。

　「Webブラウザでの読書？」前述の答えを見てください。「出版界の大改造はあるのか？」一応イエスですが、天井はまだ落ちてきていません。

　本の「購入」も「読書」もデジタルへ急速に移行していますが、長期的に見ると現状は未来の出版への過渡期にすぎません。

単なる変化？

　私たちは紙をベースとした出版モデルに慣れ親しんできました。出版社は流通業者を通して書店に書籍を送り、書店で書籍を購入した読者は本を家に持ち帰り、好きな時に好きな場所で読むというモデルです。

　今の電子出版はこのモデルの複製です。出版社がデジタルのファイルを流通業者

と書店に送信し、そのファイルが読者へと販売されます。そして読者はデバイスにダウンロードして、好きな時に好きな場所で読むというモデルです。

過去数年の間にいろいろなことが起こりました。99セントのベストセラーやエージェンシー・モデルなど価格設定方法は変わり、また新規参入の壁は消えてなくなりました。バウカー社 (Bowker) の推定では2010年にオンデマンド出版および個人出版された紙の本の数は280万点、出版社が出版した書籍は31万6000点、さらにSmashwordsは現在3万人のeBook作家が執筆した8万点を配信しています[訳注1]。

デジタル世界では著者と読者の間に業者は不要だと、出版社の存在意義が問われています。実例もあります。ミステリ作家のジョー・コンラス (Joe Konrath) は既存の出版社には頼らないと公言していますし、またアマンダ・ホッキング (Amanda Hocking) はKindleで個人出版した小説を100万部以上売った後、セント・マーティンズ・プレス (St. Martin's Press) と出版契約を結びました。

抜本的な業界再編成？

そこには価格設定や流通メカニズムの変革以上の何かがあります。本書はその何かを模索し、書籍制作プロセスがデジタルによりどのように変化したかを検証し、また刊行された書籍をどのように扱うべきかを議論します。

デジタルへの移行はフォーマットの問題だけではありません。この移行は、ほとんどの出版社のあらゆる側面に影響を与える、出版界の抜本的再編成を意味しています。

長期的展望に立つと、書籍のデジタル化は第一段階にすぎません。デジタル化が完了した後、第二段階では出版界で何か巨大な変化が起こり、未知の世界へと突入します。

本がすべてデジタル化され、ネットワークに接続され、ユビキタスな存在になると何が起こるのか？　これまで本では不可能だったことが可能になるインフラの整備が始まっています。

本書の構成

　本書は本の未来へのガイドブックとして、出版の最前線で活躍している人たちが執筆した論考集で、三部から構成されています。

Part 1　セットアップ──現在のデジタルへのアプローチ
　今の出版社にとってデジタルとは何であるかを検証し、デザイン、メタデータ、ワークフローなど現在の出版慣行、さらにその土台である本という物に対する理解、および出版社の役割について再検証する必要性を考えます。

Part 2　将来への展望──本が歩む次のステップ
　未知の世界である「eBook」の第二段階を扱います。eBookを紙媒体のコピーではなく、ネットワークに接続された真のデジタルオブジェクトとしてとらえている人たちが行っているさまざまな最先端の実験的試みを紹介します。

Part 3　本でできる実験──最先端プロジェクト
　本の未来への架け橋になろうとしている人たちの挑戦的なプロジェクトを紹介します。彼らは「本の未来」について考えるだけではなく、今現在、プロジェクトや企業を立ち上げ、本の未来を模索しています。

　先駆者たちに触発された本書は、彼らの主張を実証した書籍です。本書はプレスブックス（PressBooks PressBooks.com）という新しいWebベースの書籍制作システムを使い執筆／編集されました（私はプレスブックスの創業者です）。実は本書はもともと、新しい執筆／制作プロセスの実験として構想されたものなのです。ですから私たちは本書を執筆・編集すると同時に、本の執筆や編集ができるツールや、印刷版とWeb版とEPUBを出力できるツールの開発を行いました。

　また私たちは、読者がこのような執筆プロセス全体をどう思うのかに非常に興味があります。本書〔原本（英語）〕はオンラインで無料公開されていますが（http://book.pressbooks.com）、印刷版とeBook版はオライリー社や主要なオンライン書店

で購入することもできます。

　本書はすべての書籍がそうであるように、対話の始まりとなり、その対話の一部になることを念頭に置かれて書かれました。感想は歓迎します。もしかしたら提起するべき問題を提起していないかもしれませんし、あるひとつの課題に字数を割きすぎているかもしれません。また間違っている個所があるかもしれません。
　真に永遠な物などなく、すべては関連しています。私たちが書いた文章へのコメントは全出版人を取り巻く複雑な問題を明確にするかもしれません。私たちは本書が出版の可能性について考えるための出発点になることを願っています。

Web版URL（英語）
http://book.pressbooks.com/front-matter/introduction

訳注1　統計は執筆当時（2010年）の推定値。同年に「非伝統的出版社」（再出版／POD／個人出版）より出版された点数の確定値は380万点。出版社は32万点。また最新の統計ではSmashwordのユーザーは5万人、目録点数は20万点

Part 1

セットアップ
現在のデジタルへの
アプローチ

1 コンテナではなく、コンテキスト

ブライアン・オレアリ

Brian O'Leary：出版コンサルタント、マゼランメディアパートナーズ（Magellan Media Partners）社長、ニューヨーク大学（New York University, NYU）出版学部助教授を務めている。同氏は『タイム』誌を発行するタイム社（Time Inc.）の制作部長、ハモンド社（Hammond Inc.）の共同出版者などの重職を歴任してきた。Twitterアカウント：@brianoleary

　出版物に関する、つまり本や雑誌や新聞などに関する出版社の思考法は、紙の本という人類が長年利用してきた情報発信用コンテナ（入れ物）により束縛されています。紙の本というコンテナはコンテンツ（内容）を二次元上で規定し、また「コンテキスト」と書籍レベルのメタデータを活用することは不可能でした。本書でのコンテキストとは「文脈」ではなく、私たちがタグ付きコンテンツ、取材ノート、注釈入りリンク、ソース、BGM、バックグラウンドビデオなどと呼んでいる、ある本の内容を取り巻くある種の「環境」のことです。

　コンテキストはコンテンツをコンテナに、つまり完成原稿を紙の本という入れ物に詰め込む段階で剥ぎ取られてきました。これまで私たちが生きてきた「現実の世界」では、書店員、図書館員、書評家などの人々が出版過程で失われたコンテキストの一部を読者に提供してきましたが、デジタル世界では事情が違います。

　これから私たちが生きていくネットワークの世界では、コンテンツだけを販売する出版は通用しません。絶えず進化する「コンテンツ・イン・ブラウザ」の世界で実用的で広く長く読まれるeBookを制作するノウハウはコンテキストの中にあり、これからの出版社はコンテキストの質で勝負するようになります。

　コンテナありきの、今の出版ワークフローは、コンテンツとコンテキストの両方を

制限する、もはや時代遅れの産物です。デジタルの世界で生き残るにはコンテキストをコンテンツとともに保存し、ディスカバラビリティ（発見性）と有用性を強化するコンテキストありきの、ワークフローが必要になります。

アマゾンやアップルに代表される新規の参入社は、従来のコンテナありきの世界観にはとらわれていません。コンテナを出発点ではなく、つまり完成品を紙の本と決めるのではなく、それは任意に選択できるものだと考えない限り、既存の出版社は新参者に勝てないと思います。コンテナに制限されることは、同時に読者の要望を理解することへの制限でもあります。さらに言えば、コンテキストがないと、その本は検索エンジンで探しにくくなることも理解しておくべきです。

出版社はさまざまなプラットフォーム、ユーザー、使用法に対応できるように在庫コンテンツを再整理する必要があります。コンテンツの再整理を実践し、コンテンツへのアクセスをオープンにすることは、読者がデジタル世界のどこにいても見つけることのできる、検索に対応したeBook制作の第一歩です。そして次の一歩がコンテキストを保持する出版ワークフローへの移行です。

迫りつつある脅威

ワークフローの移行という観点から見ると、出版社の規模の大きさは必ずしも利点であるとはいえません。逆に弱点であるともいえます。つまり大手出版社はその規模のため軽快に動くことができない。片や中小の出版社には身軽さという利点があるのです。革新的なテクノロジー[1]が最初に現れた時、それが少し変なものに見えるのはよくあることです。例えばローカル情報を交換するためのサイト、クレイグズリスト（Craigslist www.craigslist.org）は、見た目はきれいではありませんが、アナログよりも安くて、シンプルで、小さくて、そして便利です。ウィキペディアも十分に実用的です。さらにインターネット新聞ハフィントン・ポスト（Huffington Post）が作家の原稿を収集する際に試みたように、古い出版モデルを逆転させるモデルもあります。

現在の出版界を中心から離れたところから眺めると、小さくて小回りのきくデジタルの新規企業が出版パラダイムを逆転させているのが見えてきます。新規参入者

はコンテキストから作業を始め、それをコンテンツ強化に利用しています。コンテナ自体を重要視しない、コンテナとはユーザー設定を反映させるひとつの方法であると位置づけている新規企業も多数存在します。

　クレイグズリストしかり、Monster (www.monster.com) しかり、Cookstr[2] しかりです。Cookstr とは独自の分類法を開発したボーン・デジタルの料理サイトです。共通の原則はコンテキストありきです。

　読者は有用性を、特に発見のしやすさやアクセスの容易さ、さらにネットと直結したコンテンツを求めています。上記のような新規参入者のサイトに読者が集まっているのは、彼らが読者の要望に応えているからに他なりません。出版社はこの現実を、未来の販売促進力の源になるものとして真摯に受け止めるべきです。有用性の提供は読者の要望に応えることで、経費の浪費でも「本作り」の副産物でもありません。
　出版の参入障壁が崩れると同時に、私は伝統的な出版社、雑誌社、新聞社がデジタル時代で生き残るための戦略について考え始めました。出版業界は新しい、非伝統的な新規参入者であふれかえり、彼らは成功しています。つまり伝統的な出版社は、ビジネスモデルの転換を迫られています。本を中心とするモデルから、読者を中心とするモデルへと転換すべきなのです。
　デジタルはメディアの融合を可能にしただけではなく、それを強制します。新聞、雑誌、本を含む出版業界全体は世界を変え続けているデジタル革命の一部である。そのような認識を持つべき時が来ています。販売業者は出版社となり、出版社は広告代理店となり、そして新規参入者はその両方の役割をこなしています。顧客は潜在的な競争相手、パートナー、そしてコンテンツの供給元でもあります。

　この問題を考えている時、サルマン・ラシュディ (Salman Rushdie) の『ハルーンとお話の海 (Haroun and the Sea of Stories)』(国書刊行会刊)[3] という本の一節を思い出しました。物語ではハルーンという主人公が語部の力を失った父親の過去を探す旅に出て、水の精モシモと出会います。最初はハルーンを警戒していたモシモですが、ハルーンのことを見かねてこう話し始めました。

Part 1 セットアップ──現在のデジタルへのアプローチ

そこで、水の精のモシモはお話の海流の海についてハルーンに話しました。無力感と挫折感でいっぱいのハルーンでしたが、海の魔力は効きはじめていました。水をのぞきこむと、十億と一の別々の流れからできあがっているのが見えました。ぜんぶ、色もちがい、それぞれがおたがいにからまりあって、息をのむほどに複雑な液体のタペストリーを編みあげています。

（青山南訳）

後でこの物語についてもう少し話しますが、今はここまでにしておきましょう。ここではこの物語は「想像」の出発点だと思ってください。

まず始めに、コンテンツのオーサリングツールや編集ツールが非常に安価か無料で提供されている世界を「想像」してください[4]。

次に使い切れないほど大きなデータ保存容量がある世界を「想像」してください[5]。

そしてボタンひとつ押せばコンテンツをあらゆるフォーマットで配信できる世界を「想像」してください[6]。

これは想像上の世界ではありません、すでに実在している世界です。私たちが住んでいるこの世界には、信頼性が高く、簡単に入手できるツールやリソースは、すでに何十もあります。このようにオーサリングができて、リポジトリ〔インターネット上に用意されたデータの保管場所〕があって、流通ツールやリソースがあることで、デジタルでもリアルでも、あらゆる人がコンテンツを制作、管理、配信することが可能です。

すでに実在しているこうした世界がなぜ普及しないのか、その理由を考えてみましょう。

「コンテナありき」が直面している問題

2～3年前、ローラ・ドーソン（Laura Dawson）[7]、マイク・シャツキン（Mike Shatzkin）[8]と議論していました。個別の目的に応じて拡張できるマークアップ言語であるXML（eXtensible Markup Language）がもっとも有効に利用できるコンテンツの分布図をスケッチしたのはその時です。図1-1はチャンク〔分割したコン

コンテンツの解放：利点の確立

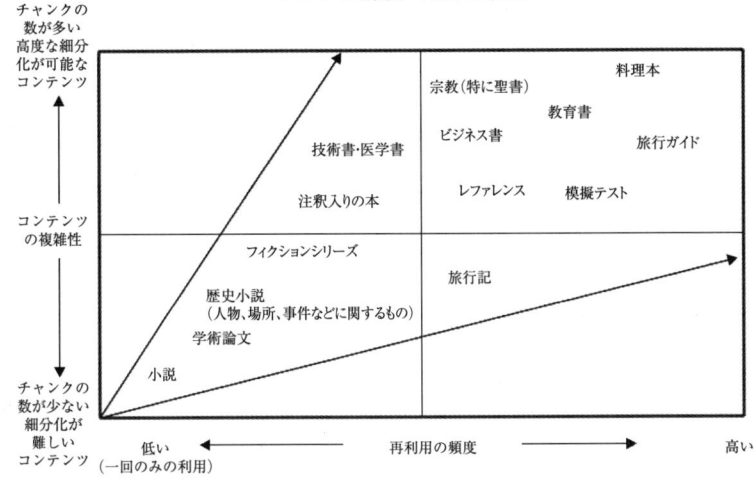

```
チャンクの
数が多い
高度な細分
化が可能な
コンテンツ
　↑
                    宗教(特に聖書)        料理本
                              教育書
                    ビジネス書      旅行ガイド
          技術書・医学書
コンテンツ
の複雑性    注釈入りの本    レファレンス  模擬テスト

          フィクションシリーズ
                          旅行記
          歴史小説
          (人物、場所、事件などに関するもの)
          学術論文
          小説
　↓
チャンクの
数が少ない
細分化が
難しい
コンテンツ
      低い ←                       → 高い
     (一回のみの利用)    再利用の頻度
```

図1-1　XMLへの適合度合いを示した表

テンツの単位]の数をY軸に、再利用の頻度をX軸に配置したものです。この分布図ではXMLにもっとも有効に利用できるコンテンツは右上に集まります。多数のチャンクから構成され、再利用・融合頻度が高い料理本のようなジャンルです。

　出版社の問題は、この市場を狙っているのは出版社だけではないことです。
　出版社が小回りのきくワークフローを制作費削減方法と思っている間に、「ボーン・デジタル」と呼ばれる新種の競争相手はコンテキスト最優先のワークフローを開発しました。コンテンツ分類法とツールの先行開発・改良を行った新規参入者たちは、出版社が効率を向上させていると思っていた隙間に入り込んでいます。
　出版社が直面している課題は、デジタルへの移行だけではありません。現代の読者が面白そうなコンテンツを探す時、最初に利用するのは検索エンジンに代表されるデジタルツールです。書店のようなアナログを使うわけではありません。出版社はそのような読者に対していかに存在意義を維持していくか、これは重要な課題です。
　出版社の真の競争相手は、新規参入者たちです。彼らは顧客の要望からスタート

Part 1 セットアップ——現在のデジタルへのアプローチ

します。読者をグループ別に振り分けるのに役立つ、コンテキスト向けフレームワークを開発した新規参入者は、この部分で先行しています。また彼らは安価で、拡張可能で、そしてオープンソースの新ツールを常に探しています。既存の出版社が「難しくて使えない」と採用を諦めたツールを彼らは有効に利用しているのです。

どうしてこんな事態になったのでしょうか?
それには理由があります。
紙の本や雑誌や新聞などの紙媒体ではコンテンツとコンテキストの間にはっきりとした溝が存在します。歴史的にコンテナ中心[9]に考えてきた出版社は、紙の本というこれまでのコンテナモデルをデジタルコンテンツの主要コンテナとして利用し続け、そしてそこで行き詰まっています。
出版社はコンテンツを紙のコンテナに入れた後でしかコンテキストのことを考えてきませんでした。まず紙の本を作り、その後でのみコンテンツの土台であるタグ、リンク、取材ノート、その他の未刊行の素材などのコンテキストに関心を移してきました。
ほとんどの場合、コンテキストは放置されます。現在出版社が利用しているコンテキストは、書名レベルのメタデータとある程度の検索エンジンへの最適化です。たまにシンジケーションによりさまざまなコンテンツを収集し、コンテキストが充実した素材の代替として使用しています。
個々のコンテンツレベルでコンテキストを有効利用している「ボーン・デジタル」と競争するには、このような代替品では不十分です。

さらに出版社は読者の要望を、紙の本というコンテナという枠組みの中でしか理解しようとしてきませんでした。でもデジタルの世界で読者が最初に行うのは検索です。検索が依存しているのはコンテキストです。立ち読みのような物理サンプリングはその後です。検索エンジンを利用している読者は、ある特定の本を探すことよりも、ある疑問への回答や解決法や面白い何かを探しています。本などのコンテンツを見つけ、購入を検討するのは、さらにその後です。
出版社の事業はコンテンツと市場をつなげることですが、出版社はコンテキストを**後回し**にすることにより、検索による読者とコンテンツの結びつきを断ち切って

しまいました。
　コンテンツ不足の時代ならば、出版には最低限のコンテキストしか必要とされませんでした。市場は限られていて、編集者は**出版物の選定法**を学び、その技能は最高水準に達しました。しかしながらコンテンツが豊かな時代の編集者の役割は、これまでとはまったく違うものになります。編集者に求められる技能は「出版物の選定法」ではなく、出版物の**発見法**です。
　これは出版パラダイムの逆転です。私たちはコンテキストから始め、適切にリンクが張られたデジタルコンテンツを制作、出版していく必要があります。

　今まではコンテナがデジタルワークフローの出発点でした。出版社は今持っているツール、そしてこれから開発されるツールを有効に使い、コンテナを**アウトプット**として位置づけるべきです。これは編集作業の根本的変換ですが、コンテンツが潤沢でデジタル最優先の時代に競争していくには、これしか方法がないと私は考えています。
　しかし習慣やワークフロー[10]を簡単に変えることはできない。これは明らかです。

小回りがきき、見つけやすく、アクセスしやすいコンテンツ

　数々の出版慣行が改革の邪魔をしています。例えば物理的コンテナを流通させてきた歴史的背景は、「紙という媒体」と「ブランド」をひとつのものに融合しました[11]。
　本という物の見た目と、それを持った時の感じが理想的であった時代がありました。でもそれは過ぎた時代の話です。
　今の出版社はデジタルコンテンツを紙の本の派生物として扱っています。この偏見がいかに強いかは、在庫リストの電子化に関する最近の議論に耳を傾けるとはっきりとわかります。私が話しているのはeBookの「所有権」ではありません。在庫リストの電子化です。それでも議論はすべて契約上の問題を中心に話し合われています。この議論は水面下の問題に光を当てます。「eBookの発見、利用、価値の決定に主導的役割を果たすコンテキストの所有権は誰にあるのでしょうか？」

Part 1　セットアップ——現在のデジタルへのアプローチ

　コンテキストによってデジタル時代の読者は、本を発見し、利用し、そしてコンテンツを再利用することができます。出版社にとってコンテキストへの投資は必須ですが、残念なことに現在の出版社の関心は経費削減方法の模索へと向けられています。その理由は、紙の本という主力製品への執着と、成長への欲望です。良い紙の本を作ろうという努力は、出版業を単体コンテンツの創造、制作、流通に特化するという結果を招きました。

　そしてその過程で見失われたのが小回りがきき、見つけやすく、そしてアクセスしやすいコンテンツの制作です[12]。

　私はこの状況を、セオドア・レビット（Theodore Levitt）が1960年に出版した「近視眼的マーケティング（Marketing Myopia）」[13]という論文にちなんで「近視眼的コンテンツ」と呼んでいます。レビットは論文で、販売業者は製品中心パラダイムから消費者中心パラダイムへと移行するべきだと訴えました。アメリカの鉄道会社が衰退したのは自分たちが運送業者であると認識できなかったのが理由だとしたレビットの主張は有名です。鉄道会社の例は、出版業がコンテンツソリューションビジネスであることを理解できない現在の出版社とよく似ています。

　コンテナ自体がソリューションを提供することは難しいため、他のデジタル分野では通常、オープンなAPI（Application Programming Interfaces）を通してソリューションが提供されます[14]。APIとはユーザーがコンテンツ消費をカスタマイズするための道筋を示した地図のようなものです。

　本や雑誌や新聞などの物理的な媒体は、APIなどなくても独自のユーザーインターフェースを持っていました。本の内容を見る方法は一目瞭然で、本は使いやすいインターフェースを備えていますが、実体があるためそのインターフェースは柔軟性に欠けています。クレイグズリスト、ハフィントン・ポスト[15]、Cookstrなどが成功したのはここにつけ込んだからです。

　APIをオープンにしなければ、誰かに先を越されると私は確信しています。
　現在の読者なら半分以上、未来の読者なら全員が、オープンでアクセスしやすい環境に身を置くことを選びます。コンテナという車のボンネットの下を自由にのぞき見できること、そしてコンテンツを好きなように組み合わせて自分だけの特製コ

ンテンツを作れることが常識になります。この期待を裏切るコンテンツは読者から見向きもされなくなります[16]。

　この問題をアメリカの公立高校で起こったある事件を例にして説明します。アメリカの公立高校は私が知っている限りもっとも階層的で、共有されているべき情報へのアクセスが難しい、つまり閉鎖的な環境です。息子のチャーリーが通っているのはアメリカ、ニュージャージー州のメイプルウッドという街にあるコロンビア高校[17]ですが、この学校は1927年の創立当時からほとんど変わっていません。
　昨年の夏、チャーリーは芸術史のクラスを受講しました。このクラスはアドバンスプレースメント（AP）という特別クラスで、テストに合格すると大学単位が取得でき、また合格者は高校のAPクラスの教員助手となる資格が得られます。息子は見事に最高点を獲得し、教員助手となるために必要な手続きは講義日程の調整だけでした。
　公立高校のスケジュール管理APIがいかに非効率的なプロセスかは体験者でないと理解できないでしょう。緑色のフォントが表示される旧式ディスプレイにつながれたコンピュータと、書類の束により運営されているシステムの問い合せプロセスは、学期が始まって二週間経過しないとスケジュールが確定しない、信じられないくらい非効率的なものです。
　アメリカの高校の夏休みにあたる7月のある金曜日、次の学期のスケジュールをメールで受け取ったチャーリーは、スケジュールが**調整されていないこと**に愕然としていました。そしてコロンビア高校の制度に逆行しようとした兄と姉が努力もむなしく不成功に終わったのを目の当たりにしてきたチャーリーは、独自の方法を考え出しました。
　マスタースケジュールへのアクセス権があれば自分でスケジュールを調整し、高校と交渉することができると考えたチャーリーは、Facebookに自分のスケジュールをポストし、そしてコロンビア高校に通うすべての友だちに彼らと彼女たちのスケジュールをポストするように呼びかけました。
　二日後の日曜日の朝、チャーリーの手元には**独自**のマスタースケジュールを構築できるだけの情報が集まっていました。チャーリーは自分で講義日程を調整し、自家製の書類を制作し、変更希望を記入した後「このスケジュールに変更してくださ

い」というノートと一緒に高校当局に提出しました。問題は見事解決です。

悪質なAPIが招く結果

　息子の逸話やカーク・ビリオーネ（Kirk Biglione）のデジタル著作権管理（DRM）に関する意見[18]を知った私は、海賊版とは悪質なAPIの結果だという確信を持つようになりました[19]。16歳の少年がマスタースケジュールにアクセスできないとわかると、独自の方法を発明し、コンテンツ（マスタースケジュール）を再構築し、自分でカスタマイズし、それを活用（自家製書類）したのです。この例からわかるように、未来のコンテンツは読者が、独自にリッチコンテンツを組み合わせる際のルールと、必要なツールおよびコンテキストとともに提供されることになるでしょう。出版社がしなかったら未来の16歳がそれを発明することでしょう。

　読者がどのような方法に訴えるかはわかりません。でも読者は**良質なAPIを望んでいる**、これは明らかです。

　コンテンツが単なる製品であった時代は終わりました。コンテンツは読者の問題を解決するバリューチェーンの一部です。そして読者は出版社が期待に応えてくれると期待し、好きな時に好きな場所で望む回答が得られないと「私たちが望んでいるのは解決策です。時間を無駄にしたくありません」と出版社に言い残してそっぽを向いてしまうでしょう。

　出版社にとって一番気が重くなるのは、コンテンツソリューションは常に改良されるのは当然、そう読者が思っていることです。また読者は実現方法に関してほとんど無関心です。できて当然だと思っているのです。読者が何かを見つけ、購入しようとする時、その製品を素早く探せるソリューションを提供できる企業は有利な立場で競争できます。

　ジェームス・ウーマック（James Womack）とダニエル・ジョーンズ（Daniel Jones）が5年前に提唱した、「リーン消費（lean consumption）モデル」[20]という論文があります。顧客のロイヤルティを勝ち取り、生産者と消費者両者の時間とお

金を節約するというものですが、これが時代を先取りしたものであったことは、アマゾンのようなアグリゲーター企業を見れば明らかです。この概念はKoboやKindleのようなサービスにも取り込まれています。つまりデバイスは製品ではなく、**ソリューション**だという考えです。

コンテキストの新しい役割

　コンテナは任意で選ぶものの、コンテンツアクセスは必須。では肝心のコンテキストの役割とは何でしょうか？

　ここで出版社を取り巻く現在の市場状況をコンテキストとして定義しようと思います。物理コンテナという垣根が取り払われるということは、長い文章を書く必要がなくなることを意味し、またコンテンツにリンクしたり、拡張したり、注釈をつけたりすることができるようになることを意味します。

　安価もしくは無料のオーサリング、リポジトリ、流通ツール、リソースが自由に使えるようになりました。そしてコンテンツ過多の時代がこれからも続きます。

　この状況を端的に表現すると、コンテンツ過多はコンテキスト開発と維持の前兆現象です。

　グーテンベルク聖書が唯一の本であった時代にはデューイのような実証主義の哲学者は必要ありませんでした。大多数の書店が小規模独立店であった時代にBISACコード[21]は必要なく、そしてオンライン書店が登場し、印刷されているすべての本が流通する以前は、書誌情報交換のための書誌データ規格であるONIX（ONline Information eXchange）は無用の長物でした。

　デジタル化が進むにつれ、出版社は書名レベルのメタデータ以上のものを提供せざるを得なくなります。出版社は大量コンテンツの管理手段として、これは少し乱暴な手段ですが、本をジャンル別に細かく区分けしたり、また検索エンジンのようなもっと洗練された手段を有効に利用することもできます。

　しかしながら発見性、アクセス性、有用性の向上には、適切な執筆・編集方針に代わるものはありません。構造的タグとコンテキストタグの有効利用という、執筆・

Part 1 セットアップ——現在のデジタルへのアプローチ

編集方針の効果がその証拠です。

　コンテキストを任意に制作したり、後で付け加えるというやり方は通用しません。初期の段階でコンテンツの深い部分にまでタグを付けることは、検索機能を有効利用するために必要な作業です。構造的観点から言うと、検索機能に適合しないコンテンツは検索結果のページに表示されません。コンテキスト的観点から言うと、コンテンツの深い部分まで首尾一貫した方法でタグ付けされていなければ、コンテンツが読者の目に触れる機会はますます減っていきます。

　コンテンツ制作後のコンテキスト追加は非常に困難なのが現実です。それを試みることは、編集作業を通して作家と編集者が築いた信頼関係を崩す結果を招くからです。そして両者の信頼関係は紙の本というコンテナが時代遅れになり、その関係を無意味にするまで続くでしょう。また失われたリンクを再構築するのは作業の重複であり、また経費が高く付きます。そしてその成果物は、必然的に不完全なものになります。

　この問題の原因は規格ではありません。利用できるコンテキストフレームワークが豊富に存在することは、インディアナ大学（Indiana University）のジェン・ライリー（Jenn Riley）とデビン・ベッカー（Devin Becker）の研究が証明しています[22]。問題はそのようなフレームワークが有効利用されていないことで、それは私たちが直面しながらも目をそらしているからです。

　そしてこの問題が行き着く先は、適切な役割を果たすワークフローの必要性です。

　戦略を頭脳に例えると、ワークフローは循環器系に例えることができます。組織の方向を変えるのは大変なことですが、不可能ではありません。これは意思統一さえできれば解決できる問題です。つまり、頭脳が歩く方向さえ決めることができれば、少なくとも手や足をぎこちないながらも動かして何とか進むことはできます。

　ワークフローの転換は出版界の心臓移植のようなものです。出版社がコンテキストを出発点とすることは、コンテンツ制作ワークフローの根本的な変革です。

　ワークフローはデジタル時代の競争力決定要因です。ONIXフィードもうまく作れないような出版社に、コンテンツとコンテキストの結びつきを保存しろというのは無理な相談かもしれません。でも新規参入者たちに先手を取られた出版社に残さ

れた時間は限られているのも事実です。

コンテンツの豊富さと関係する四つの原則

ワークフロー改革の細部は各出版社により異なります。でもある一定の原則は全出版社に当てはまります。「製品」中心のビジネスから「サービス」と「ソリューション」中心のビジネスへと移行する出版社は、少なくとも次の四つの原則を守る必要があると思います。

- コンテンツはオープンで、アクセス可能で、相互運用ができなければならない。また例外は認められません。
- コンテキストをもっと有効に使い、さらなる発見性の向上に焦点を絞る必要があります。
- 出版社の真の競争相手は、すでに安価か無料のツールを利用しています。したがってコンテンツ制作費の削減により競争力を得ようとする戦略は無駄な努力です。出版社にとっての戦略はコンテンツでの勝負、つまりその利用法を広げる戦略であるべきです。
- コンテキストを基としたコンテンツ管理ツールを読者に提供できる出版社は、有利な立場に立ちます。

それではこの四つの原則を順に説明します。「コンテンツはオープンで、アクセス可能で、相互運用ができなければならない」から始めましょう。

現在急速に普及しているファイル形式、権利管理スキーム、および特定デバイス用コンテンツの制作を長期的に維持することは無理です。コンテンツ消費者（例：読者）は自由なコンテンツを、つまりマルチプラットフォーム、もしくはリアルタイムにアクセスできるコンテンツを求めるようになるからです。

コンテンツはクラウド経由でアクセスされるようになる可能性もあります。現在私たちが書籍販売と呼んでいる事業はサブスクリプションモデル（定額制）に移行するかもしれません。しかしながら、ITのプロが標準インターフェースを装備してい

Part 1　セットアップ——現在のデジタルへのアプローチ

るデータベースを選ぶように、読者も同様に相互運用できるコンテンツを選び、買う（もしくは借りる）ことを求めるようになります。

　次に「コンテキストをもっと有効に使い、さらなる発見性の向上に焦点を絞る」ですが、旅行書や料理書を細かい項目ごとに分割したり、それらを組み替えたり、再利用することは誰でも簡単に理解できます。また通常、小説などのフィクションは分割販売議論の対象外です。

　発見と試用を促進するコンテキスト構築の価値は、ハーレクイン社（Harlequin）などの先進的出版社によりすでに実証されています。過去10年の間、ハーレクイン社はロマンスのサブジャンルに特化したブランドを慎重に計画し、立ち上げてきました。その結果、出版物レベルでのコンテキストを得ることに成功しています。

　トレーシー・キダー（Tracy Kidder）の『国境を越えた医師』（小学館プロダクション刊）を読み終えた瞬間を想像してください。たぶんあなたはハイチの文化史に興味を持ち、そしてもっと知りたいと思っているでしょう。ここで書名レベルのデータがあれば、「『国境を越えた医師』を買った人はこのような本も買っています」と表示し、読者をポール・ファーマー（Paul Farmer）の『The Uses of Haiti』という本に誘導することもできます。

　充実したコンテキストを持つ完成原稿は、新しい発見法の時代の扉を開く可能性を持っています。例えばジョン・スウェッド（John Swed）著のアラン・ロマックス伝記には、アメリカ音楽のルーツを探る旅に出たロマックスがゾラ・ニール・ハーストン（Zora Neale Hurston）とともにハイチを訪れる章があります。1930年代のハイチを鮮やかに描いた章を発見した、または買った読者の喜びを想像してみてください。このような新時代の喜びは、これまで書店で行われてきた人の手による販売に匹敵する可能性を持っています。

　またコンテンツの豊富さは、各コンテンツの幅広い利用を推進する動機でもあります。デジタルコンテンツの普及により、本の価格は下落傾向にあり、この傾向はこれからも続きます。共有や貸し借り可能なコンテンツを出版することにより、ある一定の価格帯を維持できる可能性はあります。しかしながら、コンテンツの単一使用（単一フォーマットのこともあります）を目的とする現在の編集手法を維持することは、経費の面から見て不可能です。

第三に、適切にタグ付けされたコンテンツは再結合、再利用され、また分割販売されるケースが多くなるでしょう。このビジネスモデルは一部の教科書、技術書、医学書ではすでに採用されています。ブルームバーグ（Bloomberg）のメディア事業は、「ライトワンス・リードメニー（write once, read many）」つまり書き込みは一回限りだが読み取りは何度でもできるという概念を中心に構築されました。小回りのきくコンテンツに向き不向きがあるのと同様に、このビジネスモデルが通用するジャンルは限られています。しかし古い方法で制作された本を長く読まれるようにするには、ある時点でタグ付けなどの作業を行う必要があるため、出版社はコンテンツの幅広い利用を可能にするモデルを全コンテンツで採用するように努力するべきです。

　最後に、出版社はコンテキストを基にしたコンテンツ管理ツールの開発を真剣に検討するべきです。コンポーネント、かたまり、文節レベルのメタデータを活用して、コンテンツ同士を結びつける方法を模索しているブルームバーグや他の若い企業はこの方向に進んでいます。
　コンテンツ管理ツールの開発や利用は、図書館が参加できる分野でもあります。コンテンツリポジトリの性質は将来根本的に変化すると思いますが、あまたあるコンテンツはコンテキストとその利用法の改良を触発し、またさらなる需要を生んでいきます。コンテンツの発見法を教えてきたこれまでの経験と技能は、コンテンツ管理ツールを開発する上での基礎となり得るものです。

　上記の四つの原則を検討してみると、出版界がコンテンツ過多の時代に競争する新技能を学ぶ必要があるのは明らかです。これは長時間の社員教育を意味しますが、それでも難題ではありません。もっとも難しいのはワークフローの改革です。

　私は、本書を読んでいる読者であるあなたに強くなり、そして幸福になってほしいと願っています。変革は辛いものです。しかし人生では新しいことに挑戦しなければならない時が必ずあります。ハルーンの話を思い出してください。
　「お話の海」で、水の妖精はハルーンにこう語りかけました。

モシモは、これがお話の海流だ、それぞれの色の海流にひとつずつお話が入っている、と言いました。海のそこかしこに別々なお話があるんだ。すでに話されたお話もぜんぶそろっているし、目下作られている最中のお話もある。お話の海流の海は、じっさい、宇宙最大の図書館なんだよ。しかも、ここではお話は液体状に保存されているから、変わることができる。新しいヴァージョンに変身できる。ほかのお話と合体してまったく別なお話になれるんだ。お話の海流の海はお話の倉庫じゃないんだ。それは死んじゃいない、生きている。

　お話の中のハルーンのように、私たち出版人は時として絶望感と失望感に打ちのめられそうになります。

　そしてハルーンのように、色とりどりに織り込まれたお話たちの複雑さにへたり込みたくなることもあります。でもデジタル時代は、出版社が立っているお話たちの上に新たな出版を築くことのできる大きなチャンスです。それはコンテキストの上に築く出版です。

　出版社はこれまでとは似ても似つかない世界に入る準備という、非常に困難な課題に直面しています。でもその変革に対応できるだけの洞察と経験を出版社は持っていると、私は信じています。私たちがこれから始めようとしている仕事は、将来どの物語が語られ、誰が書き、そして誰が出版するかを決めていく重要な仕事です。

Web版URL（英語）
http://book.pressbooks.com/chapter/context-not-container-brian-oleary

1　http://bit.ly/7MCg8b
2　http://www.cookstr.com
3　http://amzn.to/yw3lXw
4　http://www.oxygenxml.com/
5　http://www.wordpress.org
6　http://www.archive.org/bookserver
7　http://www.ljndawson.com
8　http://www.idealog.com
9　http://bit.ly/9q4vQx

10　http://www.magellanmediapartners.com/index.php/mmcp/article/boom_like_that/
11　http://bit.ly/3a3W4M
12　http://bit.ly/d7yPQa
13　http://en.wikipedia.org/wiki/Marketing_myopia
14　http://en.wikipedia.org/wiki/Application_programming_interface
15　http://www.huffpo.com
16　http://openp2p.com/pub/a/p2p/2002/12/11/piracy.html
17　http://bit.ly/MEeY7v
18　http://www.oxfordmediaworks.com
19　http://bit.ly/OcNrfh
20　http://bit.ly/zfEtJH
21　http://bit.ly/P6dfd6
22　http://www.dlib.indiana.edu/~jenlrile/metadatamap/

② あらゆる場所への流通

アンドリュー・サヴィカス

Andrew Savikas：サファリ・ブックス・オンライン (Safari Books Online http://www.safaribooksonline.com) CEO、オライリー・メディア (O'Reilly Media http://oreilly.com/) のデジタルイニシアティブ部門VP。IDPF (International Digital Publishing Forum 国際電子出版フォーラム http://idpf.org/) の理事の経験を持つ。Twitterアカウント：@andrewsavikas

流通の未来

　出版の流通の世界は変わりつつある。出版社は、現在の状況に対処するのと同時に、多様な可能性をはらむ未来に適応するため、順応性のある戦略的な対応策を考え出さなくてはならない。出版の変化の本質には、基本的にふたつの側面がある。ひとつは作られ消費されるものの「フォルム」の変化と、もうひとつは依然として旧来のフォルムのままで作られるコンテンツ（内容）が生産され流通させられる形、つまり「フォーマット」の変化である。ここで言う流通は開拓され、パッケージされ、販売される流れを指す。この章では、ふたつの側面のうち、フォーマットの側面に注目していこう。だがまず話を進めるために、フォルムの構成要素を定義して、それから本題に入ろう。

　ここでいう「フォルム」とは、コンテンツの性質のことだ——長さはどのくらいか、どのようなスタイルをとっているか、使用するのはテキストか、アニメーションか、ビデオか、またはこれら三つの組み合わせか。コンテンツのフォルムの例として

Part 1 セットアップ──現在のデジタルへのアプローチ

は、記事、映画、ドラマ、ゲーム、歌、エッセー、そしてもちろん本があげられる。ケヴィン・ケリー（Kevin Kelly）は本のフォルムを的確に定義している[1]。「本とは、独立したストーリー、主張、知識の集合体で、読むのに一時間以上を要するもののことである。本は、それ自体の始まり、中間、終わりを持つという意味において完結している」本の物質的な（または実質的な）形態、価格、どのようにして読者の手元に届くかなどといったことは、この定義においては問題にならない──そうしたことはすべて本の「フォーマット」としての側面なのである。

　ある特定のタイプの本がもはや出版されなくなった例はたくさんある。そんな種類の本の果たしていた役割は、より優れたフォルムにとって代わられた。地図帳や辞書や電話帳は、どんなに効率的に生産され販売されても、もうこの先地理や語義や連絡先といった情報を知るための主要な情報源となることはないだろう（電話帳は無料で**各戸に配達される**が、今ではそれをわずらわしく感じる人も多く、配達を止めにしてもらう方法を考えている[2]）。
　特定の本が今日果たしている役割の代わりとなるフォルムが存在するかどうかという問いは確かに重要ではあるが、この章は、それ自体で完結したストーリー、主張、知識の集合体として実用的であると思われるタイプの本をテーマにしている──そしてまた、この種の本が作り出され、ひとつのパッケージとなり、流通し、販売されるフォーマットの根本的な変化が、出版社にとって何を意味するかということについても述べていきたい。
　本が必要とするフォーマットには、ビジネスモデル、価格、販売網、流通機構などが含まれている。「フォルムの崩壊」は、特定の本のニーズを葬り去る。これに対し「フォーマットの崩壊」はそのフォルムに対して続いていく需要がどのように満たされるかという点に関わるため、根底からの変化を意味する（フォルムの変化はニュース映画の衰退をもたらし、フォーマットの変化は米国のオンラインDVDレンタル企業ネットフリックス（Netflix）を生み出したことを思い浮かべればよい）。

アグリゲーション（集約）

　出版業界にいる多くの人は「アグリゲーション」という言葉を聞いただけで不愉快になるだろう。グーグルに関する議論の中で使われる時もそうだが、その会話に新聞のことが含まれる場合はなおさらである。しかし、アグリゲーションはすべての優れた流通システムの心臓部となっている——アグリゲーターは「多数」対「多数」、つまり、多対多のつながりによる入り組んだネットワークを調整し簡素化する[3]。アグリゲーティングは、天びんの両側にいる売り手と買い手の双方に利益をもたらす。どちらか片方では達成することができない利益だ。スーパーマーケット、ショッピングモール、eBay（ネットオークションサイト）、クレイグズリスト（Craigslist 総合コミュニティサイト）、ケーブル事業者などはすべてアグリゲーターである。ジョナサン・A・ニー（Jonathan A. Knee）は『アトランティック（The Atlantic）』誌の近刊に、メディアビジネスにおけるアグリゲーターの役割について次のように書いている[4]。

　事実、メディア産業において内部告発されるべきことは、コンテンツのクリエイターではなく、コンテンツのアグリゲーターが、長期にわたって価値を生み出す支配的な源であったことである。1997年にネットフリックスが創立されるずっと以前、古い映画やアニメやバラエティ番組をアグリゲートする以外にほとんど何もしていなかったケーブルテレビ局は、クリエイティブな作品を製作する映画会社の何倍もの利益を誇っていた。コムキャスト（Comcast）の最近の300億ドルに及ぶNBCユニヴァーサル買収に関する公の論議の90%は、コナン・オブライエン（Conan O'Brien）のショーや、ユニヴァーサル・ピクチャーズの資産の移動などといったことであるにもかかわらず、実際には新会社の収益の82%はケーブルテレビ局から生まれているということは、偶然ではない。

　メディアビジネスの経済的構造は、一般ビジネスのそれと基本的には違いはない。もっとも強力かつ有力な源が、規模と顧客獲得の双方において力を発揮し、競争上の優位に立つのである。コンテンツの創造はこの双方のどちらにも役に立たない。一方でアグリゲーションは、この双方に影響を与える。

Part 1 セットアップ——現在のデジタルへのアプローチ

アグリゲーターがエコシステムにおいて多くの価値を獲得しうるという事実は、価値はコンテンツ自体の中に存在するのと同じく（もしくはそれ以上に）、アグリゲーターの提供するサービスの内にも存在するという概念を裏づける。私はこれについて2009年に次のように書いた[5]。

> 彼らが気づいているかいないかにかかわらず、メディア企業は**コンテンツ**のビジネスではなく、**サービス**のビジネスに属する。iTunesを例にとってみよう。もし顧客がコンテンツに対して代価を支払うのなら、当然のように、より優れたコンテンツにはより高い代価がかかることになる。だが実際には、すべての曲の代価は同じである。なぜ顧客は異なる価値（それも、しばしば非常に異なる）の商品に同じ代価を支払うのだろうか。それは、**商品にお金を支払っているのではないからだ**。顧客がアップル社に支払っているのは、支払いもダウンロードも手軽に済ませることのできる、便利な選択オプションの提供に対してなのである。

アグリゲーターは売り手と買い手に対し、はっきりとした価値を提供する。そして、顧客に直接サービスする（ダイレクトな販売経路を通してにせよ、垂直的統合を通してにせよ）大規模で収益の多いビジネスを築くことが可能だ。一方で、ほとんどの出版社は読者にコンテンツを届けるために、アグリゲーターに頼っている。

しかしもちろん、アグリゲーターは市場において単に善意の行為者ではない。買い手と売り手は、どのアグリゲーターにも取引の片側で（「両側」はもちろんだ！）大きすぎるコントロールを決して持たせないことの重要性は理解している。出版社にとっては、その論争は長い間、バーンズ＆ノーブルやボーダーズ（Borders）（のちにはアマゾンも）のような大型販売店に過剰なコントロールを持たせないことへの論争であった。アグリゲーターの経営には微妙なバランスが要求される。より大きなアグリゲーターはより多くの利用者を生み出すが、概してこの同じ「規模の経済」を利用して、自分たちに有利な設定価格を引き出すといった具合にである。ウォルマートに商品を卸している業者にたずねてみるとよい[6]。

理論上は、コンテンツの売り手は、顧客にさまざまなサービスやオプションを提

供し、多様なアグリゲーションポイントを含む豊かなエコシステムを開拓するはずだ。だが、それぞれ違った最終目的地点が供給チェーンに摩擦を引き起こす。その摩擦を減らすことが、ブック・インダストリー・スタディ・グループ（Book Industry Study Group: BISG）[7]のような組織が必要とされる理由である——こうした組織は、摩擦を減らすための基準や慣習[8]を作り上げ、その基準や慣習を維持させる。しかし、どのアグリゲーターも効率的なエコシステムを追求するという「同一性」は、供給者ばかりではなくアグリゲーターをも同様に、別の脅威にさらさせる。コモディティ化〔決められたカテゴリー内の製品においてメーカーや販売会社ごとの機能・品質の違いが不明瞭化あるいは均質化すること〕と、それに伴う値下げのプレッシャーである。

　顧客が同様な製品の中から好きなように選択できるとき、最大の「規模の経済」を握るアグリゲーターは、より多くの製品を売ることで、取引価格の低さから生まれる利益の減少を埋め合わせることができる。この「規模の経済」はもっとも大規模なプレイヤーに、数の力を与える。その力とは、数にものを言わせて高い固定費を効率的なオペレーションの中に吸収させ、自動でお客に商品を勧めるアルゴリズミック・リコメンデーション・エンジンなどに資金を使い、お客がお金を支払う「サービス」そのものの質を向上させる力である。

　利用できるフォーマットに、バラエティを与えること——例えば異なるビジネスモデル[9]、認識方法の異なるメカニズム[10]、異なるパッケージのオプション[11]など——は整理統合やコモディティ化に対する防衛手段となる。他のアグリゲーターが簡単に真似できない収益性の高い販売チャネルを確立していることも、同じように防衛手段となる。マイナス面は、フォーマットのどのバリエーションも、そのチャネルに違った種類ではあるが摩擦をもたらすことである。今日その数を増やすeBook販売代理店のもとで使用されるメタデータ〔データを分類しやすくするための属性や種類などの付属情報〕に接したことのある人なら誰でも、摩擦の衝撃の大きさを証言できるだろう。

　しかし、どうしたらフォーマットの摩擦によるコストを最小限に抑える一方で、特定のアグリゲーターに過剰なコントロールを握らせることなく、豊かな流通エコ

システムを効率よく発展させることができるのだろうか。この章の残りの部分では、過去10年間においてオライリー・メディアがどのように混乱期のデジタル世界の中でそれをやり遂げたかを述べている。ここで説明されるテクニックの多くは、読者自身のビジネスにも適用させることができるはずである。

オライリー社のデジタル化の歴史

　1990年代の後半、コンピュータ関連本の読者は、自らの本が、それまで仕事で使ってきた技術的な情報やドキュメンテーションと同じ性能を持つことを期待するようになった。つまり、Webと同じように、本がデジタル化し、検索できるようになり、ハイパーリンクが張れることを期待し始めたのである。それに応えて、オライリー社は「CDブックシェルフ（CD Bookshelves）」というシリーズを売り出した。これは本屋の本棚にちょうど収まるサイズのボックスに入ったCD-ROMで[12]、関連するトピックについての多数の本のHTML版が収められていた。百科事典のモデルであるエンカルタ〔Encarta マイクロソフト社のCD-ROM百科事典〕と同じく、CDブックシェルフは読者のパソコンに、印刷されたテキストに代わる電子バージョンをもたらした。これが「デジタル商品」分野へのオライリー社の最初の本格的な参入だった。

　同時に、マイクロソフト社（初期のMSNサービスの時代の）やアメリカ・オンライン（AOL）といった会社が、購読者を魅了するコンテンツを武器に、防壁をめぐらした独自のサービスを競いはじめた。中には本のコンテンツの利用許諾を出版社に打診する会社もあった。こうした提案のほとんどは、わずかな使用料をもたらしたにすぎず、出版社がそれまで慣れ親しんでいた翻訳権収入とは違っていた。しかし、Webが他の多くの産業（いくつかをあげるなら、旅行、保険、投資など）を脅かしてきたように本のビジネスをも脅かすなら、デジタルによる流通と消費は必然的に、単なる従属的なルートではなく、流通と消費の**首位を占める手段**になることは疑いなかった。一桁の利用料率（%）があれば、どんな出版社のビジネスモデルを圧倒するにも十分だっただろう。

2001年、オライリー社はピアソン・テクノロジー・グループ（Pearson Technology Group）とパートナーを組んで、サファリ・ブックス・オンラインを設立した[13]。月に一度の定期購読で、コンピュータ関連本のライブラリーをWeb上で配信するジョイントベンチャーであった。サファリ・ブックス・オンラインの展開した価格モデルと営業戦略は、それまでの創業者たちが慣れ親しんでいたものとは根本的に異なっていた。既存の印刷によるビジネスと直接競争しなくてもよいという利点があったのだ。

　当時、オライリー社の本は、ほとんどの出版社が本を作るのと同じ方法で作られていた。原稿はWordで書かれ、アドビ社製InDesignやFrameMakerといったDTPソフトでレイアウトされ、メタデータはタイトル用データベースで管理されていた。そしてもちろん、制作・製造・流通のワークフローの全体が、印刷本の小売業者の販売のために最適化されていた。サファリのeBookはあとから追加されたものであり、「本物」の本を制作し流通させる役割を持つ社員からeBookのためのチームは分離されていて、独立した責任を負わされていた。このことは、デジタルによる売り上げが比較的少なかったがために意義を持っていた――小規模な販売チャネルのニーズを満たすには手作りのやり方のほうが、そのチャネルのために最適化されたシステムやプロセスを作り上げるより効率がよかった。だが2005年までには、サファリ・ブックス・オンラインは、オライリー社の2番目に大きな販売チャネルにまで成長していった。我々がこのチャネルからの需要に応える方法を再評価する必要があることは明らかだった。

　一方で、サファリ・ブックスのオンラインチャネルは我々が所有し信頼していたチャネルであり、期待以上に成長していた。出版社の所有していたルートであっただけに、契約条件はなじみ深いものだった。また、1社のアグリゲーターがそのチャネルを支配するという状況に対抗して、アグリゲーションポイントを多重化し防護策を講ずることに役立った。しかしながら、2005年にオライリー社が用いていた出版とメタデータのワークフローは、大きな加工費に加えサファリにタイトルを納めるのが遅れることを意味していた。当然ながら顧客は、タイトルがサファリに掲載されるのに何日も何週間もかかることに苛立った。小売業者が売る印刷版よりも遅れることがしばしばだった。誕生したばかりのデジタル販売チャネルに、当時サファ

リ・ブックス・オンラインが必要とする面倒な処理がこれから先も欠かせないというのなら、それは我々の大きな問題となるはずだった。

新しい生産ツールをめぐって、オペレーション上の見地からいくつかの試みがなされたが、そのすべてが失敗に終わった。理由は、そのどれもが新しいツールやプロセスを既存のワークフローに接ぎ木して解決をはかることを当然のように決め込んでいたためであった。本作りの方法を混乱させることは、市場の中でもっとも大規模で収益の多い道、つまり小売販売における印刷本の存在を混乱させることを意味していた。

ツールチェーン〔製品の製作に使われるプログラムの集合体〕

初期のWebページの多くが互いにハイパーリンクでつながれただけの変化に乏しいものであった一方で、Web出版は単なるコンテンツ提示から、個々に分かれるコンテンツ・クリエーションに急速に進化した。素材はデータベースとして保存され、整理され、要求があり次第、多くの場合個人のためにカスタマイズされた形で提供される。二人の人間に同じ形で提示されるWebページは滅多にない。広告、ナビゲーションの見出し、新しい、または関連性のある情報へのリンクは、ふつう特定のページの求めに応じてリアルタイムで作り出される。

コンテンツの作成と保存をコンテンツ表示と区別する利点のキーポイントは、ひとつのソースを複数の表示フォーマットのために再利用できることである。このコンセプトは、今日のモバイルのアプリケーションのエコシステムの中では浸透性が高い。例えば、イェルプ（Yelp）[14]に掲載されているレストランガイドは、データベースに保存され、iPhoneやAndroidのアプリケーションと同様にデスクトップやモバイルのWebブラウザにも動的に送られる。それがみな異なるインターフェースとアフォーダンスによるもので、多くの場合、個人ユーザー用にカスタマイズされるのである（たとえばサービスを使用している人の現在位置情報などに基づいて）。本がWeb上で配信されるのなら、動的Webコンテンツのような性格を取るべきであって、単なる印刷による本のデジタルな表示に留まるべきではない。しかし、想定条件を「印刷された本が主たるゴールである」とすることに固執する限り、デジタルか

らの需要に応えることは、非効率的でコストのかかる付け足しにすぎないという考え方になる。

　製品として一般に公開する場合、コンテンツの作成とブックコンテンツの保管を別々にする方法はあっただろうか。オライリー社にとって、この問題への答えは、我々がその作成を助けたXMLフォーマットを標準化することであった。このXMLフォーマットはDocBook XMLとして知られている[15]。DocBookは「セマンティック・マークアップ言語」である。つまり「ある特定のテキストは何であるか」（「それがどのように見えるか」ではなく）を表現するようにできている。テキストを読む時、我々は全体の構成を推測するためにビジュアル的な書式設定のヒントに頼っていく。ページの冒頭の大文字で書かれたテキストは見出しであり、イタリック体に設定されたテキストは強調部分であるといった具合だ。ページの横にある独立したボックスの中にあるのは、短いが関連性のあるデータのサイドバーであると解釈される。表示を使って構成を示すことは、表示がひとつしかない間は大変うまくいく。しかし、同時にテキストを新しい目的のために作り替えたり、複数のやり方で表示しようとしたりすると、たちまちうまくいかなくなる。最大のマイナス面は、人間は視覚的なキューに基づいたパターンの組み合わせに優れた能力を発揮するのに対して、コンピュータはその性能が極めて低いことである。グーグルは人間とは違い、表示ページのなかでタイトルがどんなフォントサイズやポジションで成り立っているかを相対的な要素から判断するのは苦手だ。つまり、各々のWebページを効率的に「見る」ということができない。このためにほとんどのWebページは、各々のタイトルをグーグルが絶対に間違いをしないように伝えている。Webブラウザからこれを読者に確かめてもらうこともできる。任意のWebページを見ている時にメニューでView→Sourceを選択すればよい。冒頭付近に次のようなテキストがある。

```
<title> O'Reilly Media - Technology Books,
Tech Conferences, IT Courses, News </title>
```

　これはあなたのブラウザのウィンドウの一番上に現れるのと同じテキストであることに注意していただきたい。このようなセマンティック・マークアップは、人が表

示から推測する構成を、コンピュータ・フレンドリーなラベルを使って伝えている。DocBookのケースでは、「title（タイトル）」のような要素に加えて、「chapter（章）」「sidebar（サイドバー）」「index（インデックス）」「warning（警告）」などのラベルもある──これらはすべて専門書に共通した構造上の基礎単位である。すべてがこのように分類されると、異なるフォーマットのルールを異なる表示のニーズに適応させることは易しくなる。それは、それぞれの表示形式にそってデザインされたスタイルシートを使って成しとげられる。ノートパソコンでYahoo!（Yahoo.com）(16)のようなWebサイトを見て、それをスマートフォンやタブレットに変えてみればわかるだろう。どのケースでもコンテンツは実質的に同じである。ただし、異なる形で表示され、その時使用される特定のスクリーンに合わせて最適化されているだけだ。

　本にこのアプローチを適合させることは、生産のプロセスにおける「最終」アウトプットを、印刷するためのPDFではなく、意味的に豊かなXMLという新しい方向に向かわせることを意味する。特定の表示のなかのすべてのコンテンツとセマンティック情報を取り込むことはパワフルな能力であり、新たな流通と表示フォーマットの中でのビジネス機会に素早く対応できる能力を備えることになる。

　DocBook XMLはふたつの理由からオライリー社にとって必然的な選択であった。ひとつは、ツールとユーザーの大きなエコシステムに支えられた、成熟し、すでに十分試されたオープンスタンダードであったこと。もうひとつは、DocBookの部分的に修正されたバージョンは、サファリ・ブックス・オンラインにコンテンツを届けるためにすでに使用されていたフォーマットだったからである。このことは、DocBookから印刷に好都合なPDFにつなげる方法さえ見つければ、同じソースファイルから同時に両方の（しかし根本的に大きく異なる）販売チャネルに向けて本を生産できることを意味していた。

　また、ツールとユーザーの大規模なエコシステムは、我々が正にやりたいことを可能にする、すでに極めて成熟し、揺ぎないオープンソースのスタイルシート(17)の存在を意味していた。やらねばならないことは、DocBookのソースファイルのセットを取り出し、それぞれのフォーマットのルールにそった多様なアウトプットを作り出す作業であった。我々は同じアウトプットのフォーマットで違ったバージョンを作り出すことさえできた。例えば、〔トリミングの場所を示した印があるクロップ

マーク形式や高解像度の画像で〕印刷するためのPDFや、デジタル方式で見られるようデザインされた〔カラー画像とハイパーリンク付きの〕PDFなどである。我々のブランディングに伴って書式をカスタマイズすることで、同じソースファイルから三通りの異なる「最終的な」アウトプット（印刷用PDF、Web用PDF、サファリ用eBook）を同時に提供することができるようになった。その一方で表示フォーマットをコンテンツとは無関係に修正する柔軟性も保っていた。

EPUB[18]が成長するeBook市場のスタンダードとして台頭してきた時、我々はアドビ社とパートナーを組んだ。これは、EPUB（それにKindle互換のMOBIフォーマットの付随的な処理も）のアウトプットをサポートするオープンソースのスタイルシート[19]に変革をもたらす手助けをするためだった。このことは、我々の生産ワークフローが高品質なDocBook XMLバージョンの本を生み出す限り、ひとつのソースから同時に違った複数の印刷バージョンとデジタルバージョンが提供できることを意味していた。めまぐるしく変化する市場において、これは非常にパワフルな能力だった。

ツールチェーンは代償を払わずには得られないものだった。印刷が複数アウトプットの中の一方式にすぎないとき、多くの生産スタッフが何年もかかって苦労して作り上げたページや改行など、ある種のコントロールを失ってしまう。しかし我々は、こうした代償が適応力の大きな改善という点で支払いに見合うだけの価値があるという結論を出した。印刷がデジタルの売り上げに反比例して衰退するという仮定の中では、なおさらのことである。

市場における機会の獲得

多様なバージョンのデジタルの本を迅速かつ効率的に生産できる力は、オライリー社のeBookをダイレクトeコマースに方向転換させる助けともなった。2008年から、オライリー社はeBookバンドル[20]と呼ばれる新しいタイトルの提供を開始した。オライリー（oreilly.com）から直接購入する顧客は、WebフレンドリーなPDF、EPUBのファイル、Kindle互換のMOBIフォーマットのファイルを受け取るのであ

る。この多様なフォーマットを追加の費用や遅れなしに作ることができた。バンドル（ひとまとめにされた）オファーは、顧客がしばしば、状況により異なるフォーマットを求めるのに合わせてのものだった——ノートパソコンで素早く検索したい時にはPDFだが、朝の通勤時間にはiPhoneで利用できるEPUBといった具合だ。

　新しいタイトルをすべて自動的にEPUBのファイルとしてアウトプットできるようにしたことで、我々は早いペースで新しいセールスの機会を開拓することになった。スタンザeリーダー（Stanza ereader）というアプリケーションのメーカーであるレクスサイクル社（Lexcycle）との提携（アマゾンがこの会社を買収してその開発が止まり、間もなくこの連携は終わった）のおかげで、アップルのApp Storeの商品だったEPUBファイルから何百もの個別タイトルのeBookのアプリケーションを生産することが可能になった。iBooksが公開されるずっと前のことである。iOSのための個々のeBookのアプリケーションの市場がKindleやiBooksといった販売代理店に移る一方で、我々はAndroidマーケット（現Google Playストア）で同様のEPUBに基づいたアプリケーションを販売し続けている。また、まだiBookストアにアクセスできない国々で、さまざまなiOSのアプリケーションを売り続けている。バンドルフォーマットを提供できる能力のおかげで、我々はアンドロイド.apkアプリケーション・ファイル[21]と、利用しやすいDAISYトーキングブック[22]の多数のタイトルをも加えることができた。

　これらの多様なアウトプットのバージョンは、ある特定の時点で生成された、基本的なXMLソースのスナップショットのようなものである。そして、これらのスナップショットの作成はオートメーション化されているおかげで、ソースのXMLが変更されるたびにいつでもオンデマンド方式で生成することができる。このアプローチは、ソフトウェア開発とかなり似ている——プログラマはプレーンテキストのコンピュータコードを書いて修正し、それからそのコードをプログラムもしくはアプリケーションに「コンパイルする〔機械語に翻訳する〕」のである。我が社のDocBook XMLはソースコード〔機械語に変換する元の形のプログラム〕、アウトプットのフォーマットはアプリケーションのようなものである。ソフトウェアの開発者は、他の誰よりも複雑で長いテキストドキュメントを書き、編集し、コラボレートするために時間を費やしている。だから作業をより管理しやすくするために、ソ

フトウェアの開発者からツールやテクニックを借りたり取り入れたりすることは、理にかなったことである。

　我々のほとんどは今ではアプリケーションのアップデートにすっかり慣れている。これは顧客のニーズやテクノロジーの変遷、市場の動向に応えるために、絶えずアプリケーションを能率化し改良する必要性を反映したものである。多くの（すべてではないにせよ）タイプの本は、この能力から利益を得ている。デジタルで配信される本ならなおさらのことである。スマートフォンのアプリケーションが、それがいつアップデートされたか持ち主に知らせてくれるのであれば、本もそうあるべきではないか。オライリー社の本は、訂正や変更の必要が生じると、XML ソースファイルが修正され、アウトプットのフォーマットが「リコンパイル〔すでにコンパイルしてあるプログラムをコンパイルし直すこと〕」されて、変更を行う。無料で無期限のアップデートはオライリー直営のオンラインストアにとって、（多様なフォーマットの提供に加えて）強力な「売り」であり、ダイレクトな販売チャネルの確保につながっている。

　ツールチェーンをオーサリング〔プログラムやデータベースの作成〕の段階までさかのぼって拡張することは、一冊の本が「終わり」になるずっと前に、同じひとつのソースからの複数アウトプットを行える能力を意味する。同じことを成しとげるためのその他の試みに、原本〔英語〕で使われているプレスブックス（PressBooks）[23]のシステムがある。何人かの著者によって集結されたシステムからインスピレーションを得て、オライリー社はオープン・フィードバック・パブリッシング・システム[24]を構築し、迅速なリリースと製作中の本へのフィードバックのサポートを開始した。購入後も顧客にアップデートを提供するために、その能力を利用して、まだ正式に出版される以前に、多くのタイトル[25]が直営ストアで発売された。また、ラフ・カッツ[26]・プログラムの一部としてサファリ・ブックス・オンラインにも登録された。この「迅速にリリースし、頻繁にリリースする」方針はソフトウェア開発のポリシーを反映しており、また多くの本は「使い物にならなくなる」という考えに挑戦している。ボブ・スタイン（Bob Stein）の提唱する「ネットワーク化された本」というコンセプトは、本書にも使われている。ケヴィン・ケリーはそのアイデアを巧みに要約している[27]。

ネットワーク化された本の奇妙な性質として、その本が使い物にならなくなるということが決して起こらず、言葉のモニュメントというよりむしろ言葉の大河になることがあげられる。ウィキペディアは編集されたものの大河であり、そこに書き込みをしようとする人は誰でもわかるはずだ。本もまた大河になりつつある。先駆者的な作品がオンラインで書かれ、より早いバージョンが出版され、訂正され、アップデートが加わり、改訂版が作られる。本は空間的に、また、時間的にもネットワーク化されるのである。

オンデマンド印刷の価格が下がる傾向にあるので、アップデートのモデルをさらに充実させることが可能になった。イングラム社(Ingram)とライトニング・ソース社(Lightning Source)[28]との提携を通じて、アップデート情報を本に送ることが可能となったのだ。新しいPDFがライトニング・ソース社に送られ、そのタイトルの次のオーダーでは最新の変更を含む本が印刷されるのだ。

オライリー社のツールチェーンの著者向け部分が、多くの著者にとってまだまだ技術的に難しい一方で(非常に満足して使っている著者もいるのだが[29])、プレスブックス(PressBooks)のようなプロジェクトやスクリブナー(Scrivener)[30]のような新しい執筆アプリケーションが、コンテンツをフォーマットから分離する、同じソースから「コンパイル化」された多様なフォーマットをアウトプットする、そして、その作業や工程を素早く繰り返すという同じ原理を導入し、より一般大衆向けの著作の読者を獲得しつつある。

結論

売り上げと流通の風景の変化に素早く対応できるようになったことに加えて、我々のツールチェーンは、我が社が思うもっとも適した方向に顧客や販売パートナーを積極的に向かわせることができる。我々は力強く収益の多い、ダイレクトな販売チャネルに恵まれている(長年の継続的な努力によって獲得したものだが!)。そして、我々は顧客側の視点から理想的なものは何かを模索する。それは多様でDRMフリーなフォーマット〔デジタル著作権管理技術による暗号化などの保護が

かけられていないフォーマット〕や、無料で無期限のアップデートなどである。大手のどんなeBook販売代理店もこのオファーに対抗できないであろうが、我々は一方で、印刷された形であれeBookの形であれ、多くの顧客が好んで買うのはアマゾン、アップル、Koboなどからであることを知っている。そのため、オライリー社の印刷された本とeBookの両方を購入する顧客に対しては、その購入を「登録」してもらい、5ドルでほかのすべてのeBookのフォーマットと、無料で無期限のアップデートを利用できるようにしている。このようにして顧客をしむけるのだ。

　オライリー社の業績について私が語っても、多くの場合、簡単に片づけられてしまう。なぜなら、我々はテクノロジーの会社であると見られているからだ。だが、5年前、やがてマルチチャネルの出版ツールチェーンとして使われるであろう多くのテクノロジーに関する本を我々が出版していた時のことを強調しておきたい。テクノロジーの会社と見られている我々でさえ、実際にそれらの本の生産・流通・販売に携わった人間のなかで、マルチチャネルの出版業やデジタル優先のワークフローについての知識を、他の出版社以上に持っているスタッフはいなかったのである。実験を歓迎する我々の文化は貴重だった。しかしそれは、この10年間にわたる印刷本の売り上げの減少から生まれていた──他の多くの出版社は、今まさにその売り上げ減のプレッシャーを感じ始めたところだろう。そして今日利用可能なツール、スタンダード、テクニック、ビジネス機会は、5年前より格段に進んでいる。

　既存の販売チャネルを決められた商品で効率的に満たす、という流通戦略に焦点を合わせることは、挑戦のごく一部にすぎない。印刷とデジタルのさまざまなアウトプットを迅速に生み出す商品開発の能力は、新しい市場の可能性に素早く応える、よりしなやかな機動力をもたらし、多くのアグリゲーション・ポイントのエコシステム創造をより効果的に後押しする。その一方で、ある特定のアグリゲーターだけが力をつけることに対しての防護策にもなるはずだ。

Web版URL（英語）
http://book.pressbooks.com/chapter/distribution-everywhere-andrew-savikas

1 http://bit.ly/8Yo0mJ
2 http://bit.ly/NPCyjR
3 http://hbr.org/2006/10/strategies-for-two-sided-markets/ar/1
4 http://bit.ly/myQjYB
5 http://oreil.ly/9hg2hh
6 http://hbswk.hbs.edu/item/5903.html
7 http://www.bisg.org
8 http://bit.ly/cjoAgq
9 http://www.24symbols.com/
10 http://booklamp.com/
11 http://bit.ly/hi7oxU
12 http://oreilly.com/catalog/9780596003890
13 http://safaribooksonline.com
14 http://yelp.com
15 http://docbook.org
16 http://www.yahoo.com
17 http://docbook.sourceforge.net/release/xsl/1.75.1/doc/
18 http://www.ipdf.org
19 http://oreil.ly/5B6Kc9
20 http://oreilly.com/ebooks/
21 http://oreil.ly/P6hkOn
22 http://oreil.ly/bkR9M1
23 http://pressbooks.org
24 http://ofps.oreilly.com
25 http://oreilly.com/catalog/0636920000723
26 http://my.safaribooksonline.com/roughcuts
27 bit.ly/hajsQt
28 http://bit.ly/g1WFbm
29 http://www.apeth.net/matt/iosbooktoolchain.html
30 http://www.literatureandlatte.com/scrivener.php

3 「本」の可能性

ライザ・デイリー

Liza Daly：サファリ・ブックス・オンライン（Safari Books Online http://www.safaribooksonline.com）エンジニアリング担当副社長。IDPF（International Digital Publishing Forum 国際電子出版フォーラム http://idpf.org/）理事の経験を持つ。2008年に初期のオープンソースEPUBリーダーのひとつであるブックワーム（http://bookworm.oreilly.com/）を開発。2010年には業界初のHTML5 eBookプラットフォームであるアイビスリーダー（Ibis Reader http://ibisreader.com/）を発表。スリープレス・コンサルティング（http://threepress.org/）の社長として出版者、ベンダー、作家に出版ソフトウェアの提供および出版戦略のコンサルティングを提供。Twitterアカウント：@liza

eBookでできることは？

　紙の本は便利なもので、いろいろなことができます。読むことはもちろん、書き込みをしたり、ページの角を折ったり、覚えておきたい箇所や、今読んでいるところに印を付けたりすることもできます。友だちにも簡単に貸すことができます。嫌いな本なら燃やしてしまうことさえできます。本を素材にして、芸術作品を創作することもできます[1]。

　では、eBookでは何ができるのでしょうか？

　eBookの芽が出始めたばかりの昨今、関心が集まっているのは**eBookではできないこと**です。一般的に言って、eBookを貸し出したり、古本屋に売ることはできません。布団の中で丸くなってその匂いを嗅ぐこともできないし、私を思い出してくれるものとして孫に残すこともできません。

　このような制約の大半は、eBookテクノロジーの問題とは無関係です。eBookに加えられたさまざまな制約は何らかの意図を持ってわざわざ作られたものであり、

メディアが古い既存のものから、新しい未知のものへと移り変わる時につきものの痛みの反映です。紙の本とeBookを、本として比べてみてください。eBookはまだまだ未成熟なメディアなのがはっきりとわかります。

　eBookを紙の本に似せて作る必要はどこにもありません。逆にeBookはデジタルの特性を有効に利用する形で発展していくべきです。それでは読書体験を向上させるデジタルの特性とは何なのでしょうか？　特に最初からデジタルで作られた作品の、読書体験上の利点とはどのようなものなのでしょうか？　本はこれからどのような変化をとげ、また新しい種類の本はどんな可能性を持っているのでしょうか？

アップグレードできる本

　今の読者がeBookを開く時、そのeBookのコンテンツは最後に読んだ時と同じものだと思っていると思います。この思い込みは現在のEリーダーに加えられているさまざまな制約を反映しています。ソフトウェアなど他のデジタルメディアには今のeBookのような制約は加えられていません。コンピュータを読者として書かれた「文章」であるプログラムも、ユーザーが任意に変更できるようになっています。しかし昔はプログラムにも制約があったのです。

　ソフトウェアが初めて一般消費者向け製品として売り出された1980年代当時、ユーザーが独自でプログラムに変更を加えることはできませんでした。書き込みが一回しかできないメディア[2]に書き込まれたソフトウェアは、箱に入れられ、包装され、店頭に並べられました。発売後しばらくたってから発送されたソフトウェアにはバグ修正や、細かな機能が追加されることもありましたが、基本的にソフトウェアはCDなどの変更できないメディアと同じように制作し流通する製品だと考えられていました。ソフトウェアは単体として開発され、売り上げが好調であれば第二版が発売されましたが、ユーザーは新バージョンを新製品として別個に購入する必要がありました。

　インターネットが常識となるまで、ユーザーがソフトウェアをアップグレードする、いわゆる「パッチをあてる」[3]標準的方法は存在しませんでした。90年代や2000年代初頭になっても、ソフトウェアのアップグレードは新バージョンの公式リ

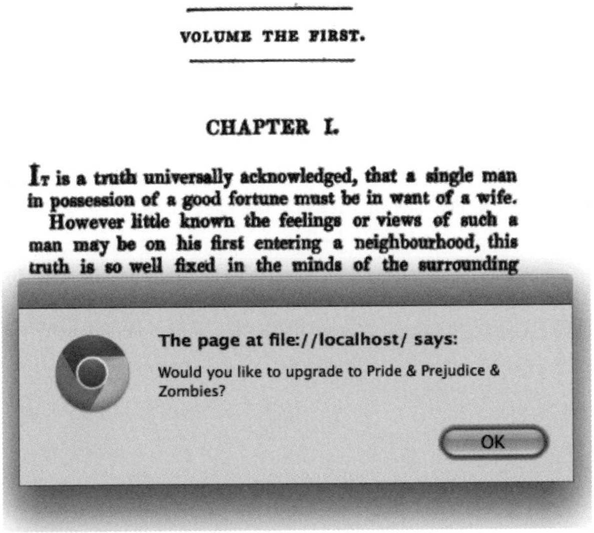

> VOLUME THE FIRST.
>
> CHAPTER I.
>
> It is a truth universally acknowledged, that a single man in possession of a good fortune must be in want of a wife.
> However little known the feelings or views of such a man may be on his first entering a neighbourhood, this truth is so well fixed in the minds of the surrounding

> The page at file://localhost/ says:
> Would you like to upgrade to Pride & Prejudice & Zombies?
> OK

図3-1 『高慢と偏見（Pride and Prejudice）』のアップグレード
[OK] を選べば、『高慢と偏見とゾンビ』にアップグレードできる？

リースか、そうでなかったら裏でこっそりと行われていました。アップグレードに必要なパッチは無料の場合も有料の場合もありましたが、その入手はユーザーの責任でした。

　今、ソフトウェアの設計はバージョンを意識する必要のない、シームレスなアップグレードモデルへと向かっています。現在のアプリケーションは、ユーザーに頻繁にアップグレード情報を通知しています。また通常、タイムスタンプ、バージョン番号、バグ修正、追加機能などの変更を説明した「更新リスト」が入っています。ソフトウェアのアップグレードは、「プル型モデル」から「プッシュ型モデル」へと移行しています。プル型モデルでは、ユーザーがアップデートを独自に入手して手動でインストールしていましたが、プッシュ型モデルではユーザーがアップデートの適用または拒否を決めた後は自動的に行われます。

　しかし、この自動アップデート方法も短命に終わるかもしれません。例えば、Webブラウザのアップデートは、ユーザーが何もしなくても自動的に行われること

Part 1 セットアップ──現在のデジタルへのアプローチ

が増えています[4]。したがって、この種のプログラムでは、常時最新版が維持されることが多くなっています。

　ソフトウェアのアップデート方法をeBookコンテンツに適用することに違和感を覚える人がいると思います。最新版のeBookがもっとも優れたバージョンである、または読者の期待するものであるという保証はありません。ソフトウェアの世界ではよく言われますが、新機能の追加は新たなバグを生み、アプリケーションを膨張させます。eBookもこうした問題に直面するかもしれません。ソフトウェア同様、読者がeBookアップデートを拒否する方が賢明なケースも十分に考えられます。

　これは研究者にとって極めて大きな問題です。著者と作品を研究するには、不変の本が必要です。アップデートが適用された場合、研究者はアップデートの内容に細心の注意を払わねばなりません。例えば『ハックルベリー・フィンの冒険』の初版本には、人種差別的表現が含まれていますが[5]、そのような表現が使われた時代背景と作家の意図を理解するには、永久不変の著者原稿が必要です。

　デジタルでは、ある文章の複数の異なるバージョンにアクセスすることが可能になります。しかしある本のすべてのバージョンが、同等の基準で執筆されるわけではありません。全バージョンへのアクセスを認めてしまうことは作品全体の品質低下を招く、という批判はもっともだと思います[6]。

　とは言え、デジタルコンテンツの大半はアップデートしたとしても人を傷つけることはないと思いますし、また普通は倫理的で読者の役に立つアップデートができると考えています。そのためにも更新リストは任意事項ではなく、必須事項であるべきです。読者が新バージョンの変更個所を機械的手段[7]か、もしくは編集コメントを読むかによって、アップデートを確認できるようにするべきです。

　さらに私たちは検閲の影におびえて、本のアップデート、編集、アップグレードをためらうべきではありません。インターネットは巨大な保存容量を持つ、これまで発明された中では最高のコピー機[8]です。デジタルでの長期保管は有意義な事業で、解決可能な課題であるだけではなく、真に「生きている文章」の利点を模索しながら行うことができる事業です。

読者と交流の可能性

「本を読んでくれますか？」
「本を読む？　そんなことして何が面白いんだい？　私にもっと良いアイディアがある、物語を一緒に語ろうじゃないか」
—— Photopia　アダム・カーダ（Adam Cadre）

デジタルテキストの普及は「デジタルストーリーテリング」の前提条件です。私たちは初期のゲーム開発から、真のインタラクティブ機能には多くの可能性と、デザイン上の落とし穴があることを学びました。

デジタルテキストをインタラクティブな物語へと作り替える試みは、コンピュータが利用され始めた頃に行われた最初の実験のひとつです。初期のコンピュータは機種によりグラフィックや演算機能に大きなばらつきがありました。「Colossal Cave」（1975年）[9]のようなテキストベースのゲームが好んで制作されたのは、機能差のあるプラットフォームでも動作するからです。

巨額の開発費が投入される現在のゲーム開発と比較すると、1980年代の開発は非常に小規模なものでした。作家はソフトウェアエンジニアとチームを組むことが一般的で、その頃のゲームは一人のエンジニアがすべてのプログラミングをすることが普通でした。このような作家とエンジニアで構成される少数精鋭モデルは、現在のインタラクティブeBookの開発に引き継がれています。

1980年代と90年代初頭、ゲームの発売元はさまざまな形式、価格、予算を試みていました。また海賊版を非常に警戒していました[10]。初期のゲームに直接参加した作家にはダグラス・アダムス（Douglas Adams）[11]、ジェフ・ライマン（Geoff Ryman）[12]、ロバート・ピンスキー（Robert Pinsky）[13]などがいます。

上記のゲームの中で、今でも特別なソフトウェアなしで「遊ぶ」（読む）ことができる唯一のゲームは、作家であるライマン自身がHTMLでプログラムしたゲームです。これは注目に値することです。片やアダムスの「銀河ヒッチハイク・ガイド（The Hitchhiker's Guide to the Galaxy）」が今でも遊べるのは、世界中の愛好家がボランティアでリバース・エンジニアされたプラットフォームを維持しているからです[14]。

Part 1 セットアップ——現在のデジタルへのアプローチ

　また、ピンスキーのように仕様やソースコードが非公開のプロプライエタリなエンジンで開発されたゲームは、権利的にも技術的にも再生はかなり難しいと言えます[15]。

　eBookの制作現場には初期のゲーム開発と同じ問題が浮上してきました。Eリーダーや携帯端末の普及がその理由です。プラットフォームの乱立（サイズと演算機能の大きなばらつき）、不鮮明な消費者マインドに引っ張られる未成熟な市場などが開発者を悩ましています。本は文化的象徴という特性を持っています。これは守る価値のあるものです。インタラクティブeBookも、ゲームとしてではなく本として扱うべく規格の標準化が必要です[16]。標準化は未来の研究者が今のインタラクティブeBookを研究する際の大きな助けになることでしょう。
　標準規格推進は大切ですが、eBookの制約と考えるべきではありません。読者の参加、表現方法の模索、および装飾法の問題として検討されるべきです。

読者の参加

　インタラクティブなストーリーテリングを語る時の主流モデルは「ユーザー選択型アドベンチャー・モデル」[17]です。このモデルでは、細分化された物語を作家が書き、その内のひとつか、もしくは全部を読者が自由に読むことができます。このモデルを単なる思いつきと切り捨て、意義のある表現方法ではないと批判する人も多数います。「芸術とは見る者を不可避的な結論に導くものであり、選択肢を好き放題に並べればいいというものではない」とロジャー・イーバート（Roger Ebert）[18]は、多くの評論の中でアートとしてのビデオゲームを否定する主張をしています。
　でもユーザー参加型ナレーションが伝統的なストーリーテリングを拡張している方法は、選択肢に限りません。決まった結末を持たないインタラクティブ作品はたくさんあります。またその中にはイーバートの「不可避的結論」というコンセプトを活用している作品もあります。ハーパーコリンズ（HarperCollins）発行の『Ready, Okay!』の著者[20]アダム・カーダが開発した、「Photopia」[19]というゲームでは、プレイヤーはメインキャラクターではありません。ゲームのメインキャラクターは一人の若い女性です。プレイヤーはその女性の人生を取り巻く人たちの視点に立ち、そ

の人たちが語る描写を軸にゲームを進めていきます。プレイヤーは赤信号を無視するほど酔っている女性が運転する車の助手席に座っている場合もあり、子どもが生まれたばかりの父親であることもあり、またその女性に恋をしている同級生の場合もあります。このような人生の断片の描写には、ファンタジーから抜き出したような挿話がちりばめられています。教師のような口調のナレーションと、夢の中を感じさせるような矛盾を持つ背景は、ナレーターが物語を作っているような、物語が口頭で語られているような印象を出しています。ゲームをプレイしたい方はオンラインへどうぞ。〔http://goo.gl/PSjzr 最初のページで「Would you like instruction?」というメッセージが出ます。オンラインでプレイしたい方は「no」、最新版をプレイしたい方は「yes」と入力してください。説明書は英語です〕

このゲームをある程度プレイすると、個々のナレーションは事前に意図された順番通りではないことがわかります。ナレーションが順番通りに並べ替えられる時、物語はクライマックスを迎え、悲劇が起こります。このゲームでは読者／プレイヤーが物語のエンディングを変えることはできません。この物語をゲーム業界用語で蔑んだ言い方をすると「レールの上のゲーム（on rails）」と表現できます。「Photopia」の作品としての意図にはふたつの側面があります。第一にプレイヤー／読者は、女の子には虫の知らせが届く**はずだ**、車を止めることができる**はずだ**、主人公は生き残る**はずだ**と期待させます。第二にプレイヤーは女の子自身ではなく、彼女の無事を祈る人たちの視点から、彼女の短い人生のある時点で、彼女と関わりあった人たちの目から物語の進行を見守ります。二人称で物語が語られることはこの種のゲームではごく一般的に使われている手法です。この作品はリニアで順番が固定されている、これまでの物語手法のゲームとは違います。親密な気持ちを抱くような物語とプレイヤー参加型のゲーム進行だからこそ、簡潔だけれども衝撃的な物語が生み出されているのです。

表現方法の模索

テキスト形式のコンピュータ・ゲームはしばしば言葉遊びの形をとります。カール・マッケンハウプト（Carl Muckenhoupt）の「ゴスタク（The Gostak）」[21]の語り

Part 1 セットアップ——現在のデジタルへのアプローチ

口は文法[22]としては合っているのですが、始めは支離滅裂で意味がないように見えます。

プレイヤーはgostakという意味のない「名詞」です。「The gostak distims the doshes」は意味不明の文ですが、しかしこの文は一見して無意味な文字の列記でも、単語間の文法的関連性を分析することにより、意味が推測できるという構文論の有名な例文です。

「ゴスタク」はルイス・キャロルによる「ジャバウォック（The Jabberwocky）」[23]と似た言葉遊びで、単語を当てはめながら、言葉のミステリーを解いていきます。「ジャバウォック」では味わえない推理の楽しみがあります。

「ゴスタク」を起動すると、以下のメッセージが表示されます。

```
Crenned in the loff lutt are five glauds. A gitch tunks
you from the hoggam.
```
　（「loff lutt」の中に入っている「Crenned」は五つの「glauds」です。）

```
>tunk glauds
Which do you mean, the raskable glaud, the poltive
glaud, the glaud-with-roggler, the glaud of jenth or the
Cobbic glaud?
```
　（何のことを言っているのですか？ raskable glaudのことですか？ poltive glaudのことですか？ glaud-with-rogglerのことですか？　jenthのglaudのことですか？　それともCobbic glaudのことですか？）

```
>raskable
A raskable glaud is about as unheamy as a darf of jenth,
but at least it can vorl the doshery from the gitches.
```
　（raskable glaudはdarfのjenthほどunheamyですが、それでもgitchesから

48

vorl the dosheryすることができます。)

　ここでの「tunk」は明らかに動詞で、「glauds」は明らかに複数名詞です。「raskable」は何らかの形容詞です。もしかしたら色かもしれません。「tunk」が動詞として使われる場合、それは行動を指す語ではなく何らかの情報をプレイヤーに提供しています。したがってプレイヤーは動詞を「見る」か「調べる」のような意味の語だと推測することができます。

　このゲームに物語性を加えることはもちろん可能です。でもこの例は、デジタルテキストが紙の本では無理な方法で読者を楽しませることができる、ということを実証しています。ストーリーの道筋を模索する読者は、テキストと読書のような受動的な行為ではなく、能動的に向き合いながら楽しみます。そしてソフトウェアは、つまりeBookは、読者が予想しないような物語と意味の道しるべを提供する役割を果たしています。

装飾法

　テキストベースのゲームの魅力は試行錯誤とそれに基づく推理にありますが、面倒なのはコマンド入力です。ユーザーにコマンドを打ち込ませるインタラクティブ方式は、すっかり時代遅れになりました。作家／実装者モデルに興味があった私は、2010年にゲームデザイナーのエミリー・ショート（Emily Short）にインタラクティブ作品の制作を、ふたつの条件付きで依頼しました。条件のひとつはテキストベースのゲームであること。ふたつ目はシンプルなタッチインターフェースの採用です。

　「革命の草稿（First Draft of the Revolution）」（http://goo.gl/Qxah8）は文通ストーリーです。文章が魔法によりリンクされている、パラレルワールドを舞台にした物語です。読者は手紙を順番に読んでいきますが、それぞれのセンテンスは「魔法」により送り主から受取人へと送られるため、字が少しずつ薄くなり、そして消えていきます。

　読者が最初に読む手紙は、未完成か乱暴すぎる言い回しがあるためそのまま送

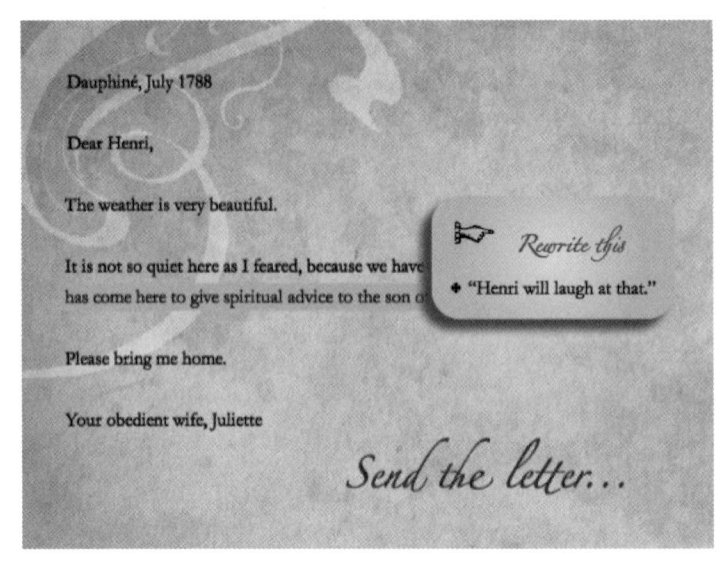

Part 1 セットアップ──現在のデジタルへのアプローチ

図3-2 「革命の草稿」エミリー・ショート（2012年9月）

ことはできません。ユーザーはインターフェース上のヒント、例えば赤字の文などを手がかりに、文章を見直していきます。文章は読者がタップすると編集モードに入り、また必要な場合は全文を削除することもできます。テキストそのものはフィックス型ですが、読者は文章のトーンと、それぞれの返信がどの程度表示されるかをコントロールすることができます。

「革命の草稿」は2012年の9月にブラウザベース（http://goo.gl/0Vh58）と、無料のEPUB 3の両方で、ゲームとしてではなくeBookとして公開されました。制作に関して私たちがもっとも重要視したのは、デジタル環境での装飾法と、読者が物語を散策することを可能にする物語構成要素です。

イマーシブ（熱中できる）とノントリビアル（希有な）

1990年代のCD-ROM[24]全盛時代から始まった、「エンハンスト（強化版）」eBook

の開発にはマルチメディア要素がつきもので、それは自然な進化のように見えました。しかしながら強化版eBookは商業的にも芸術的にも不成功なものに終わりました。これは消費者はマルチメディアコンテンツを求めないし、また必要としていないことを示した結果です。でもそれは強化の内容が読書の邪魔だったからかもしれません。当時のマルチメディアeBookは強化された本とは呼べないようなもので、静かで固定された紙の本よりも、本として劣ったものでした。

　私は文章に追加されるデジタルオンリー・コンテンツの有用性確保のためにはある一定の基準を設定するべきだと考えています。私が提案する基準は「イマーシブ」と「ノントリビアル」のふたつです。イマーシブ〔「熱中できる／没頭できる」という意味〕な追加コンテンツは作品の自然な延長として読者に読まれるべきです。また読者がその時点で読んでいる文章が、自然に呼び起こす好奇心を満たす内容であるべきです。つまり追加コンテンツは読者が夢中になれる内容でなければならないのです。

　またリンクなどにより強化する場合は、「ノントリビアル」であるべきです〔トリビアルとは「平凡な／ありふれた」という意味を含む英語で、ノントリビアルとは「希有な／見つけにくい」という意味〕。グーグルマップやウィキペディアなどへのリンクは、読者が独自に簡単に入手できる情報なので、付加価値はほとんどありません。読者が読みたいと思っている追加コンテンツは出典情報、検索エンジンでは見つけにくいコンテンツ、メインコンテンツに関する詳細な副次的情報などです。

　例えばチェスベース[25]という世界中のチェス愛好家が利用しているデータベース／チェスゲーム・エンジンには、チェスの歴史を通してプレイされたゲームが何千も登録されていて、それらのゲームを検索することにより次の一手をプレイヤーに推薦することができる、優秀な人工知能も搭載されています。

　チェスベースはゲーム解説と打ち筋を記録するための表記法であるPGN（Portable Game Notation[26]）を読み込んで表示する、ある種のeBookリーダーでもあります。プレイヤーは購入したチェスeBook[27]をチェスベースに読み込ませることにより、eBookで解説されているゲームをインタラクティブ環境で実際にプレイすることができます。

　またプレイヤーの楽しみはeBook刊行時に提供されたコンテンツに制限されてい

ません。もし読者がシシリアンディフェンスという定石について詳しく知りたいとしたら、チェスベースはその定石が打たれたトーナメントのゲームのリストを読者に提供します。またリストには数日前にプレイされた、ごく最近のゲームも含まれています。

　読者に販売されるチェスeBookは、原稿とソースファイルの両方から構成されています。またチェスeBookをチェスベースで**執筆**することもできます。もしかしたらチェスeBookは没頭型読書を提供するeBookのもっともふさわしい例かもしれません。そこには執筆環境と読書環境の一対一の関係があり、読者は実際にゲームをプレイするのと同じコンテキストで、コンテンツを楽しむことができます。

　音楽評論家のアレックス・ロス（Alex Ross）著の『Listen to This』の付属Webサイト[28]は内容が非常に充実したサイトで、本で紹介された音楽やビデオを楽しむことができます。この付属Webサイトのコンテンツは「**ノントリビアル**」ですが、eBookの外に存在するため「**イマーシブ**」ではありません。マルチメディア関連の著作権は不明確な部分が多くあります。読者にイマーシブで、ノントリビアルな体験を提供するためには、不明確な権利を明確にする必要があります。著作権関連の問題は決して無視するべきではありません。

読者による発明

　携帯電話は、若者向けのメディア流通プラットフォームとして急速に成長しました。8歳から18歳の若者は平均、一日あたり49分間、携帯電話でメディアを楽しんでいます。内訳は音楽鑑賞が17分、ゲームが17分、テレビ鑑賞が15分です。またこれは8歳から18歳の全人口の平均で、この中には幼児や携帯電話を持っていない児童も含まれています。（カイザーファミリー財団の研究より、2010年1月[29]）。

　2011年現在のオンライン上の個人表現方法を調べてみると、ほとんどすべてがある種のコメント機能を含んでいることがわかります。それはMetaFilter[30]での知的な対

話であり、YouTubeの疑わしいコメントであり、Facebookの「いいね！」のように、二進法的に表現されることもあります。現代の子どもが慣れ親しんでいるメディアは、ほとんどがユーザー参加型です。次世代の作家たちは書かれた文字がオンラインビデオやソーシャルネットワークのアップデートのような流動性と柔軟性を併せ持つことを期待されるでしょう。一部の作家は孤独な執筆を好み追求すると思いますが、ほとんどはデジタルでの表現に伴うノイズとの共存を受け入れるでしょう。

現在の一般家庭で撮影されているホームビデオの品質は、20年前に巨額の制作費を投じて制作されたテレビ番組よりも高いものです。私はテクノロジーに詳しい作家、もしくは好奇心旺盛な作家が80年代と90年代の試験的な電子出版を踏み台にして新しい表現方法に飛び込んでいくと予想しています。出版業界は過渡期である現在、技術面、経済面、文化面において新しい表現方法を支援していくべきだと私は考えています。出版は読者が独自に発明できる体制を整えるべきです。この支援体制の整備を怠ると、作家たちは支援体制が整っている他のメディアへと流れていくでしょう。

Web版URL（英語）
http://book.pressbooks.com/chapter/what-we-can-do-with-books-liza-daly

1　http://www.flickr.com/photos/briandettmer/5217752891/
2　http://en.wikipedia.org/wiki/ROM_cartridge
3　http://en.wikipedia.org/wiki/Patch_(computing)
4　http://bit.ly/eYoGKI
5　http://bit.ly/fEJXQs
6　http://bit.ly/SQYNGL
7　http://en.wikipedia.org/wiki/Diff
8　http://web.archive.org/
9　http://bit.ly/cGOgL3
10　http://www.archive.org/details/dontcopythatfloppy
11　http://www.bbc.co.uk/radio4/hitchhikers/stevem.shtml
12　http://www.ryman-novel.com/info/home.htm
13　http://www.ifwiki.org/index.php/Mindwheel
14　http://www.gnelson.demon.co.uk/zspec/preface.html

15　http://nickm.com/writing/essays/condemned_to_reload_it.html
16　http://idpf.org/epub/30
17　http://www.cyoa.com
18　http://bit.ly/1X4vcZ
19　http://bit.ly/uCU5fS
20　http://www.amazon.com/Ready-Okay-Adam-Cadre/dp/0060195584
21　http://www.ifwiki.org/index.php/The_Gostak
22　http://en.wikipedia.org/wiki/Gostak
23　http://bit.ly/MEh3QI
24　http://en.wikipedia.org/wiki/Beethoven's_Ninth_Symphony_CD-ROM
25　http://en.wikipedia.org/wiki/ChessBase
26　http://www.lutanho.net/pgn/pgnviewer.html
27　http://www.everymanchess.com/
28　http://www.therestisnoise.com/listentothisaudio/
29　http://www.kff.org/entmedia/upload/8010.pdf
30　http://metafilter.com/

4 メタデータについて語る時に我々の語ること

ローラ・ドーソン

Laura Dawson：バウカー社（Bowker）アイデンティファイアーズ・プロダクト・マネージャー。書籍業界歴25年のベテランで、電子商取引（barnesandnoble.com）、図書館（SirsiDynix）、ダブルデイ（Doubleday）、バンタム（Bantam）などで出版の仕事経験を持ち、マグロウヒル（McGraw-Hill）、アリブリス（Alibris）、イングラム・ライブラリー・サービシズ（Ingram Library Services）、バウカー、ミューズ（Muze）といったクライアントに対し、デジタルへの移行に関する専門知識を提供するフリーのコンサルタント業務も行ってきた。Twitterアカウント：@ljndawson

はじめに

　ブライアン・オレアリが前の章で語った通り、コンテンツが入れ物を出た瞬間から、メタデータは非常に大きな重要性を持つようになります。出版界で日々、メタデータに取り組んで生計を立てている私たちは、メタデータに注がれたこの突然の脚光を、面白がったり（それまで無味乾燥と見なされていたものが、いまや多くの目を引く存在となっている）、また憤慨したり（どうしてこんなに長い時間がかかったのだと）といった複雑な思いで見ています。実際、メタデータは何年も前から書籍販売にとって重要な存在でした。書籍が手で触れる物体でなくなった現在、メタデータを通じてのディスカバラビリティ（発見性）、すなわちどうやって見つけてもらうのかということが、ようやく経営トップの間で重要な問題とされるようになりました。

　メタデータが以前から重要な存在で、現在新たな注目を浴びている一方、メタデータという用語自体は人によって使い方がまちまちというのが現状です。この問題に取り組む前に、まずは書籍業界でいう「メタデータ」の意味をおさらいしてみましょう。

簡単な歴史

　私たちは今では、メタデータを属性の集合体として考えるようになりました。ISBN、書名、著者名、著作権発効年、価格、主題分野などを集めたものです。この書名レベルのメタデータは、図書館の蔵書目録から始まりました。出版されたモノグラフとしての目録は、基本的にメタデータを集めた分厚い書物でした。入手可能なすべての書籍のリスト化を試みた大きな書物『ブックス・イン・プリント (Books in Print)』もそうでした。図書館がコンピュータシステムを発達させ、紙媒体の書籍目録から離れるにつれて、MARC[1]が目録レコードの標準メタデータ向けフォーマットになりました。

　商業出版界におけるデジタルメタデータの概念は、1970年代から1980年代前半に生まれました。書籍にバーコードが導入され、小売業者と出版社の間でEDI取引が始まった時期です。商業出版におけるメタデータは、学術出版や図書館で使われるものとは大きく異なっていました。前者は多くの場合、ISBNとアベイラビリティ（入手可能性）と価格で構成された限られたものでした。実体のある「物」が取引の主体となっていて、それ以上のメタデータはそれほど必要ではなかったからです。

　しかしデジタルメタデータの効率性が否定されることはありませんでした。実際、eコマース（電子商取引）がまだ普及していない頃から、バーンズ＆ノーブル (Barnes & Noble) やボーダーズ (Borders) といった小売業者から注目を集めるようになりました。どちらの会社も自社のコンピュータシステムを利用することによって圧倒的なスピードを実現させ、物流費も途方もなく節約できることに気づき、コンピュータ取引とバーコードスキャナーを最大限に活用したからです。メタデータは、最低限のデータをそろえただけのものでしたが、大型店の成功に欠かせない要素のひとつでした。全商品のデータベース (ISBN、書名、著者名、価格、入手可能性、在庫数、発注数、店内の陳列書架) により、店員は書籍の在庫状況や所在地を把握できるようになりました。

　メタデータはグラフィカル・ユーザー・インターフェース (GUI) の進歩と、アマゾ

ンの台頭によって再び変化しました。90年代前半まで、図書館と書店のコンピュータ・システムは、大型汎用コンピュータに味気のないグリーンディスプレイの端末というものでした。Microsoft Windowsベースのソフトが、情報表示をよりやさしく、より直感的にし、さらに大きな革新を後押ししました。1995年に登場したアマゾンは、こうした機会を最大限に活用しました。事実、アマゾンのオンライン書店が出版業界にいん石並みの衝撃をもたらした時を境に、メタデータの世界は二度と後戻りできないほど大きく変貌していきました。

　アマゾンを通じて、消費者は初めてメタデータを目にすることになりました。書籍メタデータは、もはや問屋の倉庫や図書館のレファレンスコーナーのものだけではなくなり、「世界最大の書店」のWebサイトの中心的存在となりました。突然、ISBNと価格だけでは足りなくなったのです。

　どうして足りなくなったのでしょうか。何を買うのか、気になるものがあるのか、どんな本を探したらいいのかを見極めるのに、消費者にもメタデータの参照が必要になったからです。

　消費者はそれぞれの本について人の力が及ぶ限り多くのことを知りたがりました。表紙画像、たくさんの説明、本の抜粋を欲しがるようになり、いつ刊行されたのか、あるいは刊行されるのかを知りたがり、その本が印刷機を離れるよりも前に注文したいと思うようになりました。これに対応するため、出版社は必死で**自前の在庫データ**を提供するようになりました。しかし往々にしてそれは不正確なものでした。書名が不完全だったり、書名がすべてアルファベットの大文字表記だったり、著者名のつづりがまちがっていたり、省略の仕方が正しくなかったり。そこでアマゾンは（最終的には競合他社も）データ編集人員を雇い、拡大する一方の情報源から受け取った情報を整理することにしました。

　図書館もまもなくこの動きにならい、ソフト供給業者にWebベースの目録ソフトウェアを要求するようになりました。かつてレファレンスコーナーだけに置かれていた膨大な巻数からなる目録本『ブックス・イン・プリント』が最新版のCD-ROMを毎週発行し、図書館（および小売店）が購読できるようになりました。出版社が届けてくれたりくれなかったりする補足的なコンテンツの提供という、オンライン小売業者と図書館の両方の需要を満たすために大量の事業が生まれました。

Part 1 セットアップ——現在のデジタルへのアプローチ

　これらの供給業者には、シンデティクス（Syndetics　その後、ブックス・イン・プリントの親会社バウカーが買収した）、ミューズ（Muze　現ロヴィRovi）、ファイアブランド（Firebrand）のエロクエンス（Eloquence）、ネットリード（NetRead）のジャケットキャスター（Jacketcaster）があります。メタデータの価値は、出版社のメタデータ管理に手を貸す会社の息の長さに見ることができます。書籍業界に生じた激動の15年が過ぎた現在でも、これらの会社はすべて好調を維持しています。
　その理由は、書籍販売の大半が現在、ネット上で行われているからです。消費者はネットを利用して欲しい本を探します。その本に関する十分な（あるいは正確な）メタデータがなければ、本を見つけることはできません。単純な話です。もっとも質の高い、もっとも完璧に近いメタデータを持つ出版社（および小売業者）は、消費者に書籍購入の最良の機会を提供します。質の低いメタデータしかない出版社は、売り上げが下がる可能性もあります。消費者がお目当ての本を見つけられないからです。
　1998年までに、メタデータ市場はとてつもなく巨大化しました。ファイルフォーマットは増殖し、データ受信者も送信者も、データを供給し、あるいは収集することに必死になり、行き過ぎといえるくらいに拡大しました。メタデータを必要とする書籍販売サイトや図書館の数があまりに増えたため、アメリカ出版協会（Association of American Publishers）はニューヨーク市で会合を開き、すべての関係者が初めて一堂に会しました。メタデータの標準規格を決める時期がきたのです。

　こうしてONIX、オンライン・インフォメーション・エクスチェンジ（ONline Information eXchange）[2]が始まりました。ONIXはEDItEURが監督する世界標準規格で、絶えず発展を続けています。米国の標準化団体は、BISAC（Book Industry Standards And Communications）メタデータ・コミッティ（Metadata Committee）で、ブック・インダストリー・スタディ・グループ（Book Industry Study Group: BISG）のもとで活動しています。XMLデータ転送プロトコルのひとつであるONIXは、すぐに小売業者、流通業者、出版社間の共通言語となりました。図書館までもがONIXからMARCへのマッピングを開発。公共のアクセスが可能なオンライン蔵書目録（OPAC）に必要なONIXレコードの使用をMARCに認め、こ

れにより図書館利用者は、アマゾンやバーンズ＆ノーブル、その他の同様のサイト上に掲載されるのと同じ情報を閲覧できるようになりました。

メタデータ標準規格として、ONIXとMARCは、およそ12年にわたり安定していました。「メタデータ」は物としての書籍を説明するタグあるいはフィールドの基本一式を意味するものになりました。ISBN、書名、著者名、価格、著作権発効年、概要、主題コード、表紙画像、入手可能性、抜粋、レビューのほか、消費者や利用者がオンライン経由で本を入手したいかどうかの決断を、より簡単にしてくれるさまざまの小さな情報のことです。

オンライン上での書籍販売や貸し出しの割合が増えるにつれて、メタデータの重要性も増しました。出版社や書籍販売業者や図書館は、もはや読者を本へと導くのに店内や館内での展示に頼ってはいられなくなりました。読者がオンラインで本を探す際、お目当てのものをどうやって見つけるのか、その過程を小売業者、流通業者、図書館側が考慮するようになり、それにつれて徐々に「発見」を促進するツールとしてのメタデータの重要性が浸透していきました。

この時点までは、ONIXとMARCにおけるメタデータ用フィールドは、一般に実体のある商品について説明していました。すなわちハードカバーかペーパーバックかといったことです。また、ある程度の範囲内では、例えば、それが何についての本なのかというように、その商品の物理的情報以外の感覚的な視点も説明していました。しかし、私たちがつい最近まで使用していたメタデータは、全般にブライアン・オレアリのいう「入れ物（コンテナ）」[3]、つまり物として存在する作品を物理的に明示するためのものでした。

入れ物を出て

ところで、書籍がその入れ物から自由になったら、一体どうなるのでしょうか。2011年にオレアリが「コンテキスト・ファースト（Context First）」[4]論の中で掘り下げた通りです。そうした商品（あるいはサービス）をどう説明すればいいのでしょ

うか。少なくとも物理的に説明できないコンテンツをどうしたら読者が確実に見つけられるようにできるのでしょうか。

　市場が印刷物からデジタルへと移行するにつれ、メタデータはますます重要になります。メタデータがなければ、eBookは見つけることができません。物質的世界に存在しない以上、印刷版の書籍に出会うような、思いがけない形でeBookに出会う可能性は皆無と言っていいでしょう。例えば誰かが読んでいるのを目にしたり、書店の棚で見かけたりすることはありません。贈り物としてeBookをもらう可能性はありますが、その場合でも、贈り主がそのeBookを見つけなければなりません。

　eBookは印刷版書籍には絶対にない、発見性の問題を抱えています。eBookはオンラインか、あるいは口づて**でしか**見つけてもらうことができません。デジタル読者に限れば、優れたメタデータなしにeBookは存在しないのです。

EPUB 3とメタデータ

　メタデータを選び抜く作業においては、印刷物があれば簡単にメタデータを取り出せるというわけではありません。その作業は、印刷物の存在とはまた別のプロセスを必要とします。サプライチェーンのある時点において、倉庫の作業員は印刷版書籍の現物を手に取り、表紙、奥付、扉から集められる関係情報をすべて入力することになります。本をざっとめくってページ数を調べ、重さや寸法を測る。こうしてONIXレコードが作られ、取引先に送られます。それから印刷版書籍が集められた記録とは別に発送されます。書籍の基礎的なメタデータは、こうした「本を手に取る」方式によって、出版社、流通業者、小売業者に対して、長年にわたって供給されてきました。

　幸いeBookは、印刷版書籍にはない可能性を与えてくれます。すなわち、ファイル自体から直接メタデータを抽出することができるのです。具体的には、EPUB 3[5]を使うことで、出版社は関連するメタデータをファイル内に埋め込むことが可能となり、取引先はそのメタデータを抽出し、必要な形で利用することができます。つまりメタデータは商品と別々にではなく、**商品内**に留まった状態で移動するのです。

　EPUBはXMLフォーマットのひとつです。ここで憶えておきたいのは（すべての

XMLにいえることですが)、拡張性があるということは大きな柔軟性と制御を与える、つまりは大きな責任をも与えるということです。商品のメタデータは、タグを使うことによって向上させることが可能であり、そのタグには特に**一定の基準**が設けられる必要はありません。だからこそ、その一定の基準のない要素を知的に使うことが重要なのです。

オーディエンス (読者) は誰なのか

物体がもはやその入れ物——この場合は、本の表紙、背表紙、裏表紙などの外側部分——に収まっていない時、それをどう説明するかが課題となります。コンテンツの形態が進化するにつれて、私たちが今話題にしているものを将来必ずしも「本」と呼べなくなる可能性も十分あります。データベース、あるいはオンライン・リソースと呼ぶことになるかもしれません。思い起こせば、『ブックス・イン・プリント』も、書籍からCD-ROM、APIを擁するWebサイトへと移行しました。

ニューヨークで開催された2011年度BISGメイキング・インフォメーション・ペイ・カンファレンス (Making Information Pay Conference) の席で、ピアソン (Pearson) のメイディ・ソロモン (Madi Solomon) は同社の生物学関連製品のためのメタデータ作りについて語りました[6]。彼女の作った商品は、印刷版書籍からHTML版eBook、EPUB版eBookからデータベースにまで及びました。同時にソロモンは、「大量のメタデータ」が「優れたメタデータ」ではないと指摘しています。

では「優れたメタデータ」とは何を意味するのでしょうか。デジタル時代の大半のものと同じように、答えは質問者が誰であるかにかかっています。

図書館員は複数のメタデータ標準規格を使用しています。ダブリン・コア (Dublin Core)[7]、米議会図書館[8]、METS[9]、MARC[10]、(そしてある程度) ONIXなどです。これらの標準規格はすべて図書館員による書籍 (およびeBook) の記述、検索、購入、推薦に役立っています。

流通業者や問屋、データ集積業者 (バウカーなど) や小売業者たちは、主にONIXメタデータを使っています。完璧ではないのですが、ONIXには信頼性があり、拡張可能であることが証明されており、電子商取引において直面する問題、すなわちデ

ジタルを介して行われる印刷版書籍販売における問題に対応できるように発展を続けています。

しかしながらeBookの取引はまだ始まったばかりです。eBookを扱う小売業者の多く（昔ながらの書籍を扱う会社ではない）は出版社に対し、メタデータの（長々とした、広範にわたる）スプレッドシートの提出を要求します。これらeBookの小売業者の中にはONIXを一切受けつけず、まったく違うデータ一式を要求するところもあります。

ある意味では理にかなっているとも言えます。当然ながら、デジタル小売業者にはeBookに存在しない重量や寸法は必要ありません。ページ数も大して意味がありません。しかし、eBookの長さや、出版社がその商品についてどんな著作権および印刷権（print rights）を許諾するのかについての理解は絶対に欠かせないものです。ONIXの最新版ではeBookについての記述能力が拡大されているなか、eBook小売業者（barnesandnoble.comとKoboを除く）はONIXを使用していません。

メタデータのポイントは、それが何かしら特定のフォーマットを必要とするということではありません。実際、ONIXとMARC、そしてスプレッドシートは、どれも取引相手が必要とする情報を収めた単なる別の入れ物（またこの表現になりますが）です。取引相手がそれぞれの需要に応じて異なるタイプの入れ物を受け入れるなか、出版社にとって大切なのはその入れ物に入っている中身こそが、本が売れるかどうかの決定打となることです。著者名のつづりは合っているでしょうか。書名は正しいでしょうか。説明部分はその本をちゃんと説明しているでしょうか（単に最高の情報源だと書いてあるだけではないでしょうか）。主題の見出しは正しいでしょうか。価格は合っているでしょうか。

私は如何にして心配するのを止めてメタデータを愛するようになったか

もちろん、メタデータの究極のオーディエンス（読者）は、印刷、デジタルにかかわらず、書籍の消費者です。

デジタルで販売するということは、さまざまな消費者の心をとらえる可能性があるということです。単一の「消費者」はもはや存在しません。市場が異なれば、商品の説明も異なってきます。多くの書籍は、**複数の特定のターゲット市場にふさわし**

いものであり、その市場ごとに固有の専門用語が存在するのです。よく言われているように、現在のメタデータは、いまだ「初期段階」にあります。具体的に言えば、「入れ物外」のコンテンツに対する、誰にでも共通する一般消費者向けのメタデータはまだないという意味です。真の標準というものは、今後もできないかもしれません。

　気の重い話かもしれませんが、これは逆に私たちがデジタル市場を多元的な視点から見ることができる可能性を意味します。メタデータはEPUBファイルに埋め込むことができるので、多くのメタデータスキーマの同時の埋め込みが可能です。それぞれのEPUBファイルの受信者が、適切なメタデータを読み取れる正しいスキーマを持っているならば、業界が必要とするだけのメタデータを問題なくファイルに入れて運ぶことができます。重くなるデータのアップロードおよびダウンロードに必要とされる帯域幅についての懸念もありますが、スキーマはテキストベースであり、パイプ詰まりを起こす可能性は低いといえます。

　デジタルの柔軟性は、ひとつのEPUBファイルの中に、MARCメタデータ一式、ONIXメタデータ一式、**さらには**出版社のサイトでしか載せることのできない独自の所有権を持つ消費者フレンドリーな分類法まで入れることを可能にします。例えばバーンズ&ノーブルの場合は、MARCと出版社が権利を持つ独自のスキーマを無視すればよく、米議会図書館は独自スキーマを、出版社のサイトはMARCスキーマを無視すればよいのです。

　デジタル化は豊富さを可能にし、標準化は選別を可能にします。メタデータはそのフィルター、そのレンズなのです。

　メタデータを考える際に役立つのが、盲人とゾウのお話です[11]。数人の盲人がそれぞれ胴、耳、牙、足、尾などゾウの異なる場所を手で触り、それぞれが違う説明を口にします。「蛇みたいだ」、「鋭くて固い」、「大きくてぐにゃぐにゃだ」、「頑丈でどっしりしている」、「綱みたいだ」。どれも正しいのですが、どれも限られたものです。

　メタデータはこの説明と同じです。ONIXはある本をひとつの視点から説明し、MARCはそれを別の視点から、消費者はまったく別の視点から説明します（「昨日のワイドショーに出ていた青い表紙のあの本」など）。単一のメタデータスキーマで

4. メタデータについて語る時に我々の語ること ● 63

Part 1　セットアップ——現在のデジタルへのアプローチ

は一冊の本を、その創作および消費に関わるすべての人たちに完全に満足のいく形で説明することはできません。この点は重要なので憶えていてください。そんなスキーマがあったとしても、それはおぞましいほど肥大化し、結局はきわめてもろく、弱いものになるでしょう。

次の10年間、この柔軟性が出版社およびその仲介者が直面する課題に対し、しかるべき枠組みを与え解決していくでしょう。複数のメタデータスキーマがあるのは構いません、いや、むしろ必要です。メタデータに複数の異なるオーディエンス（読者）がいても構いません。一冊の本について全員が同じことを知りたいわけではありません。ゾウを説明する方法がひとつではないように、本を説明する方法もひとつではないのです。「本を説明する」記述の広がりをとらえ、見失わないワークフローの開発が、重要になってきます。特に「発見する」という意味が、これまで以上に「オンラインで見つける」という意味になっていく世界では、なおさらでしょう。

Web版URL（英語）
http://book.pressbooks.com/chapter/metadata-laura-dawson

1　http://www.loc.gov/marc/
2　http://www.editeur.org/83/Overview/
3　http://www.toccon.com/toc2011/public/schedule/detail/16323
4　http://www.toccon.com/toc2011/public/schedule/detail/16323
5　http://idpf.org/epub/30/spec/epub30-publications.html
6　http://slidesha.re/lOHYUb
7　http://dublincore.org/
8　http://www.loc.gov/standards/mets
9　http://www.loc.gov/standards/mets/
10　http://www.loc.gov/marc/
11　http://en.wikipedia.org/wiki/Blind_men_and_an_elephant

5 DRMの投資対効果を考える

カーク・ビリオーネ

Kirk Biglione：デジタルメディア業界に長い経験を持つ専門家、Web出版システム、ソーシャル・アンド・サーチ戦略、ユーザー体験（UX）のスペシャリスト。デジタルメディアに関する講演も数多く、メディアローパー（Medialoper http://medialoper.com/）の共同創立者でもある。Twitterアカウント：@kirkbiglione

　出版業界における物からデジタル商品への急速な移行は、熱い議論が交わされる数々の問題をはらんでいます。例えばeBookの価格付けや著者印税、それに提供窓口など、出版業界の数々の事象がデジタル時代に突入する中、その考え方や、やり方が見直しを迫られています。

　なかでももっとも熱い議論が交わされているのが、デジタル著作権管理（DRM）[1]をめぐる諸問題でしょう。DRMをめぐる議論は賛成・反対のどちら側の意見も、ほとんどが感情的で大げさな言葉で占められています。一方は複製防止策のないままeBookの発売はできないと言い張り、他方は合法的に購入したメディアにいかなる制限を課されることも消費者は嫌がると主張しています。

　そんななか、大半は独立系出版社ですが、出版社が次々と[2]信じ難いことを始めています。複製防止策を講じないままでのeBookの発売です。そうした出版社は、インターネット上でのデジタル著作権侵害問題にまったく気づいていないのでしょうか。あるいはリスクを承知の上で、最終的には利益に結びつくと考えているのでしょうか。

　DRMと複製制限に関する問題はこれまで、「権利保持者」対「目に見えない違法

Part 1　セットアップ――現在のデジタルへのアプローチ

コピー海賊集団」という図式を取り、道徳的議論の枠内でなされてきました。著作権侵害を食い止めるDRMテクノロジーの有効性も論じられていますが、DRMの使用は事業判断でもあります。デジタル時代における消費者の本の買い方および読み方の根幹に関わる重要な決断といえるでしょう。

　印刷物からデジタルへと書籍販売の形態が急速に移行する中、今こそ道徳的議論を越え、DRMのビジネスインパクトを真剣に考える時でしょう。DRMの投資対効果は、さらにDRMフリーの投資対効果はどんなものなのでしょうか。デジタルコンテンツへのアクセスを制限するために、いつ、どこでDRMを使うのかを決める際、出版社は具体的にどんな問題を考慮すべきなのでしょうか。

　本章ではこれらの問題の答えを探し、DRMと現在台頭しつつあるデジタル市場に与える影響をより深く理解したいと望む出版社の方たちのための指針を示したいと思います。

DRMの約束ごと

　DRMのビジネスインパクトを分析する前に、DRMによって何ができるのかをまず探ってみましょう。DRMは出版社に、具体的に何を保証できるのでしょうか。

約束ごと：DRMはデジタル・コンテンツへのアクセスおよびその使用を制限することで、著作権保持者のコンテンツに対する投資を保護します。コンテンツ所有者はさまざまな制限を設けることが可能です。これには、複製、共有、テキスト選択、テキスト複製、TTS（Text To Speech）アプリでのコンテンツ使用に対する制限などが含まれます。

　この約束ごとに出版社が信頼を置いたことが、eBook市場の健全な成長につながったのは間違いありません。何かしらのコンテンツコントロール手段がなければ、米国の「ビッグ・シックス」と呼ばれる大手商業出版社6社はいずれも自社書籍のデジタル版販売を認めなかったでしょうし、eBook市場は現在のものとまったく違う姿になっていたでしょう。

いくつかの警告

 印刷物の世界の物理的制限に慣れている出版社にとって、DRMの約束ごとは悪くないものに聞こえるでしょう。しかし、このDRMの約束ごとはいくつか重要な警告を伴っています。

1. **アナログの抜け穴**　eBook出版社にとって最大の課題は印刷版書籍の存在でしょう。高速スキャナーの価格は急落を続け、光学式文字認識[3]（OCR）ソフトの質および動作速度は向上を続けています。自家製eBookがたった1冊あれば、海賊版ネットワークを生むには十分な状況です。印刷版が存在する以上、違法のデジタル版は必ずや現れます。どれほどDRMが頑張ろうとも、これは止められないと思っていいでしょう。もっとも、出費を我慢して読み取りを防止する紙に印刷してくれるよう、出版社を説得する者が現れるのは間違いないと私は思っています[4]。
2. **簡単に破られるDRM**　あっさり無視するわけにはいかないもうひとつの限界が、DRMの防御壁は簡単に壊されるという点でしょう。一般的なDRMを丸裸にするツールは無償で広く出回っています。こうしたツールを使っての行為が広く行われているわけではないかもしれませんが、書籍スキャニングの場合と同様、海賊版ネットワークを生むには、eBookのファイルがひとつ破られるだけで十分です。

 海賊版のデジタルメディア商品が街中にあふれている現実を見れば明らかでしょう。電子版で一度も発売されたことのない書籍が、電子海賊版を扱うWebサイトに広く出回っています。また、違法のeBookが最新ベストセラー、つまりDRMで暗号をかけて売られているeBookと一緒にサーバのスペースには出回っています。
 DRMの限界を克服したいと願う出版社は、現実離れした困難に直面します。アナログの抜け穴をふさぐには、物理学の法則を書き換えねばならないし、破壊不能のDRMシステム開発も、同じく難しい作業を伴うでしょう。

 ゲーム業界は完璧なDRMスキームの開発に多大な投資をしてきましたが、著作

権侵害行為は続いています。2008年、エレクトロニック・アーツ（Electronic Arts）は大人気ゲーム、「スポア（Spore）」をDRMで厳重に保護して発売しました。その結果はどうだったでしょうか。「スポア」は史上もっとも多く海賊版が出回ったゲームになりました[5]。

DRMのビジネス分析には、DRMが実質上、その約束ごとに応えられないという事実を忘れてはならないでしょう。

DRMのコスト計算

DRMの投資対効果を評価する際、出版社が第一にする質問のひとつが「コストはどのくらいかかるのか」です。

残念ながら、明確な答えはありません。DRMのコストは多くの要因によって変わってきます。これらの要因にはDRMの種類と複雑性、eBookを販売する市場、相互運用性、一般市場での運用レベルなどがあります。

DRMへの投資

DRMで暗号化したeBookを消費者に直に販売することを考えている出版社はDRMサーバテクノロジーの入手が不可欠でしょう。現在、これはアドビ・コンテンツ・サーバ[6]（ACS）を使うことを意味します。もっとも広く普及している三つのeBook向けDRMシステムのうち、出版社がライセンスを受けられるのはアドビのサービスに限られます。

出版社はアドビに契約時の初期ライセンス料として6500ドルを支払います。さらにeBookが一冊売れるごとに0.22ドルの支払いを求められます。アドビはまた、ACS使用者から年間メンテナンス費として1500ドルを徴収しています。

これらの数字にはハードウェア費、ネットワーク費、専門的サービス費は含まれていません。カスタマーサポートにはさらなる費用がかかります。プラットフォーム、デバイス、OSは多様のため、いかなるDRMテクノロジーの使用にもサポート問題が必ず生じるでしょう。

こうしたDRMの経済的側面を考えると、潤沢な資金を有する出版社だけが有利に思えるかもしれません。しかし、規模の小さい出版社の場合は、流通パートナーとの協力を通じて書籍にDRMを搭載する道もあります。オーバードライブ (Overdrive)[7] などの企業はDRMを包括的デジタル流通サービスの一部として提供しています。オーバードライブはさらに出版社名でオンライン上に店舗を作り、その出版社に代わって、DRMで暗号化したeBookの、消費者への直接販売まで行っています。

自社Webサイトを用いて直接eBookを売る流通業者は、「ホワイトラベル」プロバイダと呼ばれます。このホワイトラベル・プロバイダを使おうとする出版社の試みは、デジタル流通が既存の供給システムの破壊につながるという考え方に反した動きです。実際には、DRMは大手または台頭する中間業者の市場支配力の強化に一役買うかもしれません。

ACSといったシステムに投資する際には、それで何を得るのかを理解することが出版社にとっては重要となります。アドビのDRMテクノロジーは市場で特殊な位置を占めています。他のどのeBook用DRMよりもはるかに多くのデバイスで機能するライセンスを与える一方、このACSが事実上の標準規格にはなり得ていません。その理由は、競合する他のDRMテクノロジーがeBook市場の大半を占めているからです。

アマゾンのeBook市場シェアは61％[8]から80％[9]と言われています。たとえ一番低い方のシェア率だとしても、アマゾンのKindle用DRMが全米市場でもっとも広く利用されているeBook用DRMであることは明らかです。そしてKindle用DRM付きのeBookを売るには、アマゾンを通すしか方法がありません。

同じことはアップルにも言えます。アップルは業界標準のEPUBフォーマットを採用している一方、iBooks用として独自のDRMも使っています。

片や、DRMフリーの出版社はいかなるデバイスやリーディングシステムを使う消費者にも直に販売できます。Kindle、iBooks、Nook、さらには今後開発されるデバイスもこれに含まれます。こうしたDRMフリーの出版社にとっては、DRMの制限やライセンス費の問題は検討事項ではないでしょう。

「無料（フリー）」DRMのコスト

アドビのACSテクノロジーと比べると、アマゾンおよびアップルのDRMはひょっとしたら格安に思えるかもしれません。ライセンス費はかからず、メンテナンス費も不要で、専門的サービスや一般消費者向けサポートの諸経費もいりません。

これがおそらくはDRMのコストに関する議論をあまり耳にしない理由のひとつだと思います。一部の出版社は、少なくともアマゾンやアップルを通して売る場合、DRMは無料と思っているかもしれません。

しかし、この「無料」DRMにも、もちろんコストはかかります。アップルとアマゾンの場合、各売り上げの30％、市場へのアクセス制限、書籍を購入した消費者の情報が得られない、などがコストとなります。DRMを求める出版社はこうした市場で事業を行うコストの一部として、複数の制限を受け入れることになります。

独自DRMによって制限を受けるのは出版社だけではありません。独立系小売店はDRMで暗号化したeBookを、現在もっとも普及している読書プラットフォームを使う読者に売ることができません。独立系書店は長い間健全な出版業界に欠かせない存在だったのですが、その一方で、消費者の読書形態が独自プラットフォームでの読書に移っていくなか、独立系書籍販売者はどうなるのかという懸念が残ります。

今後、DRMはデジタルコンテンツ市場を極めて現実的な形に作り替えていくでしょう。

DRMのリスク要因

おそらくですが、DRMを利用する出版社はデジタル著作権侵害を受けるリスクを少なくしようと思ってそうしているのでしょう。しかし、前項で述べたように、DRMは別のリスクおよび困難を伴います。DRMについて判断しようとする出版社は、ごく少数の巨大小売業者に牛耳られている市場絡みのリスクを相殺できるほどに、今のDRMテクノロジーに著作権侵害行為を防止できる能力があるのかどうかを見極める必要があるでしょう。

この種のリスク評価をするには、出版社は著作権侵害とDRMの効果の双方に関する計算を行う必要があります。著作権侵害の売り上げに与えるインパクトについて広範囲な調査を実施していない出版社にとっては、こうした計算は極めて骨の折れる作業になるでしょう。しかしその一方、何かしらのリスク評価をせずに、複数の競合テクノロジーによって分けられている市場に全力を注ぐ出版社がいるとは想像し難いといえます。

　出版社が発表する、彼らが置かれている現在の位置を伝えるデータには興味深いものがあります。私はこの種の調査を行っている出版社が、業界全体の利益のために、その結果を公の場所で共有してくれればいいと思っています。
　DRMフリーのeBookを販売する出版社の場合、リスク評価はまったく違ってきます。DRMをすべて回避することで、こうした出版社はDRM技術に関係するリスクをすでに減らしています。現在、この姿勢を取る出版社が目に見えて増えている事実は、この方法が利益を生み出す有効的なアプローチであることを示しているように見えます。DRMフリーの出版社が著作権侵害行為によって被った損害のために倒産したという話は、今のところただのひとつも耳にしていません。

DRMがパブリシティおよびマーケティングに及ぼす影響

　DRMがパブリシティおよびマーケティングに及ぼす潜在的な影響は、出版社には一目瞭然ではないかもしれません。ただし過去10年、雪だるま式に膨らみ、甚大な負の宣伝になったDRM関連の事例は無数にあります。こうした事例の大半は出版界の外で起きている一方、悪名高きKindle1984事件[10]が証明する通り、eBookが無傷を保っているわけではありません。同様に2005年の米ソニーBMGのルートキット（Rootkit）事件[11]は独自プラットフォーム内に存在している限界を露呈させました。
　こうした失敗のほとんどが出版界の外で起きたといっても状況は変わりません。出版社は、DRMの変化に富んだ過去という重荷と共に生きる以外に道はないように思えます。DRMで制限をかけたeBookを売る際に出版社が願う最良の事態は、消費者がそれに気づかないことでしょう。DRMは売りの「目玉」として積極的に推

すようなものでないことは確かです。

　DRM絡みの失敗例が大々的に報じられた結果、消費者はいかなる形態でのコンテンツ制限にもますます敏感になっています。多くの消費者はDRMに、良く言えば疑いの目を、悪く言えばあからさまな侮蔑の目を向けています。これに対しDRMフリーは、過去にDRMで苦い思いを強いられた経験を持つ多くの消費者たちの心に響くひとつの売り物になっています。

DRMのバリュープロポジション

　DRMが出版社にマーケティング課題を与えるのであれば、出版社はそろそろDRMのバリュープロポジション〔顧客に向けて、顧客側に利益があるという提案〕を考慮する必要があるでしょう。

　DRMのコストについて聞く出版社はいますが、DRMをどうしたら消費者へのさらなる価値の付与に利用できるかに関する質問はいまだ耳にしていません。消費者がDRMを自分が合法的に購入したメディアの使用を制限する壁と見ているのは驚きではありませんし、明らかにそれが大半の出版社の見方でしょう。

　だからといって、DRMが消費者に対して価値を創造できないわけではありません。少なくとも三つの点で消費者はDRMから利益を受ける可能性があります。

1. **より多くのコンテンツへのアクセス**　これは大半の消費者が気づいていない、隠されたバリュープロポジションです。複製制限を訴える出版社にしてみれば、DRMがなければ、自社書籍のデジタル化はできません。さらには、DRMで保護されたeBookの入手が図書館を介して可能になれば、より多くのアクセスが可能になります。
2. **さらなる低価格**　DRMはコンテンツの使用を制限するため、DRMを搭載して販売される書籍は押しなべて、貸し出し、複製、他者との共有ができません。DRM付きメディアに人々がいくら払うかについての行動データは、こうした書籍がより低価格で購入されていることを証明しています。DRMが書籍をこれほど価値あるものにする他の例は思いつきません。デジタルへの移行が一般

に消費者にとって価格低下を意味する一方、DRMの使用はeBookを**さらに**安く提供する新たなサービスに結びつく可能性があります。たとえば、DRMはeBookの期間限定アクセスの提供に効果的に利用できる可能性があります。レンタル対購入の図式を考えてみてください。

3. **新たな利用**　出版社はDRMを新たなコンテンツ使用および評価のツールとして利用できる可能性があります。上記のように、書籍レンタルはそのひとつでしょう。想像力を多少働かせれば、短期使用、共有、さまざまな社会的機能の搭載などを実現させるための制限仕組みのひとつとしてDRMを使用することが可能です。ここからさまざまな新ビジネスモデルを思い描くことができるでしょう。残念ながら、現在、DRMはほとんどが古いビジネスモデルの反復および延長に利用されているだけです。

DRMを介してアクセスを制限すると同時に、多大なバリュープロポジションを消費者に提供することで成功を収めているメディアサービスの例を以下にあげてみましょう。

- ネットフリックス(Netflix)[12]は数千の映画およびテレビ番組のストリーミングサービスを提供しています。提供が非常にスムーズなため、消費者の大半は自分が視聴しているビデオストリームにDRMがかけられていることに気づいていません。
- パンドラ(Pandora)[13]では、好みのアーティストや曲によって消費者それぞれが好みの音楽チャンネルを作ることができます。結果、古いお気に入りだけでなく新たに発見した音楽も聞ける独自のラジオ局ができます。ネットフリックスの場合と同様、パンドラのDRMは消費者にはまったく見えません。
- スティーム(Steam)[14]はゲーマーとゲームのデジタル市場です。反DRMを猛烈に訴える者の大半が筋金入りのゲーマーであることを鑑みると、スティームの成功は注目に値します。さらにスティームはクロス・プラットフォーム・アクセスといった機能や保存したゲームをどのコンピュータからも再開できる能力を提供することで、もっともうるさ方の反対者さえ黙らせています。

これらの例が成功した理由は、少ない影響で消費者に高価値を提供しているからでしょう。コンテンツの取得は無料で広く出回っている海賊版メディアの入手という本物に取って代わる手段よりもはるかに簡単です。

残念ながら、同様のビジネスモデルを踏襲する大きな動きは出版界にはいまだ見られません。書籍レンタルサービスの提供という形にもっとも近づいた大手出版社からの例は、オライリーのサファリ・ブックシェルフ（Safari Bookshelf）でしょう。サファリがDRMを使用せずにアクセス制限を行う点は、注目に値します。つまり、DRMが新たなビジネスモデルを可能にさせるものであっても、必ずしもDRMだけが成功にいたる唯一の方法でないことを見せてくれました。

DRMが未来の進歩に及ぼす影響

DRMは新たなビジネスモデル作りに利用できる可能性がある一方、現在コンテンツへのアクセスを制限するために一般的に使用されており、それが進歩の妨げになっています。

ここ数年、技術的に先端を行く数多くの起業まもない会社からの苦言を耳にしてきました。アクセス制限に代わるフォームがある場合でさえ、出版社はDRMを欲しがると言うのです。従来のDRMを付けずに書籍の販売を許可することもありますが、出版社はその際、機能面を制限し、好ましいユーザー体験の提供を妨げる不要な壁を作るコンテンツ制限機能を正当な理由なしに課そうとするのです。

制限されたコンテンツへのWebアクセスを顧客に提供したいと考える読書システム開発業者は、ユーザーのブラウザ上でのテキスト選択能力を無効にするために、長く苦労の多い道を進まなければなりません。そもそもの意図は複製の制限にあったのですが、Webベースの読書システムで語句検索や注釈といった一般的サービスの提供ができないなどという意図せぬ事態が頻発しています。

皮肉なことに、こうした制限が海賊版をより魅力のあるものにしているようです。不要なコンテンツ制限は、出版業界が新たな使用法を採用していかねばならない時に、新たな商品やサービス開発を事実上妨げます。ビジネスの観点から言うと、出版社はビジネスチャンスにDRMが与えるコストを真剣に見直す必要があると思います。

従来型DRMの代替策

　DRMの持つ無断使用に対する限定的な防止能力と市場に及ぼす影響を見ると、他の権利管理法についても検討する価値はあるでしょう。

　コンテンツ管理の新たな形態を評価する前に、出版社はDRM機能をeBookにつけることで何を成しとげたいのかを明確にする必要があるでしょう。消費者の読書媒体の好みが印刷物からデジタルへと移っていくなか、DRMは新たなビジネスモデルの開発および消費者への価値提供という全体像のなかでどんな地位を占めるのでしょうか。

　出版社の目的がデジタルコンテンツへのアクセス制限だけだとしたら、それはひとつの問題しか見ておらず、視野が狭すぎると言えます。それだけではなく、出版社は同じくらい重要なさまざまな点を考慮すべきです。それには次のような目標が含まれます。

- 露出および入手プロセスの改善。
- 多様なリテーラーに等しくアクセス可能な、より優れたコンシューマー体験の提供。
- コンテンツへのアクセスを可能にする一方で、より優れたリーディングシステム開発への支援。

　これらの目標は、最終的にはデジタルコンテンツの健全な市場を創造し、消費者には価値を、著者と出版社には新たな収益源をもたらす新たなビジネスモデルの開発を助けます。

　これらの目標を念頭に置くことで、出版社はアクセス管理に関する課題の代替解決策に、より良い形で備えることができるでしょう。現在、可能な代替策には、例えば次のものがあります。

- **シンプルなユーザー認証**　アクセス管理のもっとも基本的な形で、プレミアムコンテンツやサービスを提供するWebサイトへのアクセスを制限するためにオンラインで広く用いられています。アクセスは期間限定か、無期限使用が可能

なアクセス権購入のいずれかで提供され、後者の場合はそれに応じた価格でコンテンツが販売されます。この方法はWebベースの読書システムに適しています。
- **ウォーターマーク（透かし）、いわゆるソーシャルDRM** 厳密にはアクセス管理テクノロジーではありませんが、ウォーターマークは購入者の情報をそのメディアファイルに埋め込むことでデジタルコンテンツの共有を最小限に抑える目的で用いられます。それぞれのファイルはその顧客に対してだけ作られます。利点は情報を交換し合う能力を妨げないところで、小売の場が独自DRMスキームによって枝分かれされません。

いずれの代替策も完ぺきではありませんが、消費者および市場に与える影響は限られていて、少なくとも従来型DRMと同等の効果があると言えるでしょう。

ウォーターマークがより限定的な管理手段の有力な代替策として台頭するとの示唆もあります。作家のJ・K・ローリング (J.K. Rowling) は『ハリー・ポッター』のeBookシリーズを自身のWebサイト、ポッターモア (pottermore.com) で販売する際、従来型DRMの代わりにウォーターマークを使うだろうと報じられています。ウォーターマークを使用すれば、ローリングは読者に直に販売できる上、すべての主な読書プラットフォームへの対応が可能となります。

まとめ：情報に基づいたDRMへの意志決定

出版業界は未曾有の変化の時を迎えています。過去に真実とされた憶測はもはや時代遅れになっているおそれがあります。出版社は今こそ基本姿勢を見直し、DRMの出版界における役割を真剣に考えねばなりません。

出版社は各々違うため、それぞれが自社の事業や顧客の需要に照らしてDRMの必要性を判断しなければならないでしょう。新たな商品やサービスの開発に伴い、出版社にはいつ、どのようにDRMを使うのかを注意深く考えることが求められています。

少なくとも出版社はそれぞれ次の本質的な問いについてよく考えるべきでしょう。

- DRMは新たなビジネスモデルおよびその使用を可能にするか。
- それらの新たなビジネスモデルおよびその使用はDRMなしでも可能か。
- DRMは価格と消費者の価値認識にどのような影響を及ぼすか。DRMはその制限機能を上回る価値を消費者に提供できるか。海賊版の価値が上がってしまう形でコンテンツを制限していないか。
- DRMは開放型市場にどんな壁を作るか。そうした壁は独立系書籍販売業者を含む従来型の取引相手にどのような影響を及ぼすか。
- 非制限コンテンツを販売した場合の数量的リスクはどの程度なのか。そのリスクはDRMに関わるコストや制限と比べてどうなのか。

これらの質問に真剣に答えてみようとする出版社は、情報に基づいたDRMに対する意志決定を行う際、優位に立てるでしょう。これらの質問をすることは、どちらにしてもより良い商品、健全なデジタル市場、顧客の満足につながります。デジタル時代においてこれが絶対という成功の方程式はありませんが、ここが良い出発点となるでしょう。

Web版URL（英語）
http://book.pressbooks.com/chapter/drm-kirk-biglione

1 DRM Digital Right Management デジタルコンテンツの著作権を保護する技術の総称
2 http://bit.ly/MoT9R
3 http://en.wikipedia.org/wiki/Optical_character_recognition
4 http://www.mcgpaper.com/whatissecpap1.html
5 http://bit.ly/4i75Fb
6 http://www.adobe.com/products/contentserver/
7 http://www.overdrive.com/
8 http://oreil.ly/eEwHzK
9 http://reviews.cnet.com/8301-18438_7-20012381-82.html
10 http://nyti.ms/rk3pBL
11 http://bit.ly/hxEC2C
12 http://www.netflix.com
13 http://www.pandora.com
14 http://store.steampowered.com/

⑥ デジタルワークフロー向けツール

ブライアン・オレアリ

Brian O'Leary：出版コンサルタント、マゼランメディアパートナーズ（Magellan Media Partners）社長、ニューヨーク大学（New York University, NYU）出版学部助教授を務めている。同氏は『タイム』誌を発行するタイム社（Time Inc.）の制作部長、ハモンド社（Hammond Inc.）の共同出版者などの重職を歴任してきた。Twitterアカウント：@brianoleary

　出版社というものは、それぞれの歴史、それぞれの目的を持っています。社風であるとか、出版物の傾向などもそれぞれ独自のものを持っています。したがって「業界標準」のツールといったものがあるはずがありません。どの会社のどのソフトウェアを使うかといったほんの小さな決定でさえも、一筋縄では決まりません。その出版社がどんな情報テクノロジーを持っているのか、保守的にいきたいのかどうか、どんな購買プロセスを持っているのか、さらに長期的にアウトプットやスケーラビリティをどう考えているか、などに左右されます。

　すべての出版社に共通の決定事項もあります。例えば編集者がどんなワープロソフトを使うのか、1種類に限定するのか、複数とするのか、著者にも同じものを使ってもらうと考えるのかどうか。こうしたことは全出版社に共通したことです。ほとんどの場合、DTPソフトも決まっています。独自のスタイルシートを使うことにより、サードパーティ製のソフトを必要とするDTP作業を省く出版社も出てきています。だからと言って、出版社みんながすべてのデジタルツールを使わなければならないという理由はありません。出版社が利用する必要があるのは執筆支援ツール、原稿用データベース、それに流通に必要なツールだけです。

　コンテンツが現在よりもしっかりとしたデジタル環境に移行するにしたがい、出

版社は出版サービスに関する方針についても決めていく必要が出てきます。刊行タイトル管理ソフト、制作管理ソフトはライセンス契約してもいいですし、コンテンツ収集や検索最適化などのサービスは外部へ発注することもできるでしょう。デジタル化された出版社の資産、デジタルアセットを管理するシステムや流通させるサービスに関しては、出版社の規模により自社開発の道を選ぶことも、サービス契約を結ぶこともできます。

デジタルワークフロー向けツール

　広い意味で、デジタルワークフロー向けツールは大きく12種類あり、出版のバリューチェーンに関わる各企業が共通して利用します。

1. **書籍管理ツール**　通常は書籍の関連情報およびコンテンツを管理する集中型データベースのことを指します。データには営業、流通、著作権、印税などの関連情報が入力されます。書籍管理ツールはライセンス契約かツールの買取で導入します。
2. **契約・著作権・印税管理向け支援ツール**　契約書の制作、権利の売買、印税の支払などを支援／管理するソフトウェアおよび関連システム。
3. **コンテンツの変換**　一般向け文書フォーマット（例：Microsoft Office、PDF、HTML）をEPUBやXMLを含む、より取り回しのしやすいフォーマットへ変換するサービスおよびテクノロジー。物理的なメディア（紙の書籍、フィルムなど）のデジタル化も含みます。
4. **XML関連ツール**　XMLファイルの制作、編集、応用、およびレンダー用ソフトウェア。一般的には企業内ツールとして利用されます。
5. **制作管理ツール**　編集、プリプレス（印刷以前のすべての工程）、および制作プロセス一般を管理／補助するソフトウェアおよび関連システム。
6. **ワークフロー管理ツール**　自動ルーティング機能ほか、プロセスの部分的自動化を含む諸作業を実行する、ソフトウェアおよびハードウェアを統合した管理補助システム。

7. **デジタルアセット管理ツール（Digital Asset Management: DAM）**　デジタル画像、アニメーション、ビデオ、音楽などのデジタルアセットの抽出、注釈入れ、目録制作、保存、検索などを補助するためのシステムおよびソフトウェア。
8. **コンテンツ管理ツール**　コンテンツの制作、編集、管理、出版を整理するツール。コンテンツ管理ツールは原稿（未完／完成）の保存、管理、バージョンコントロールに利用することもできます。管理下のコンテンツはWebコンテンツへの展開もできます。
9. **コンテンツの長期保存ツール**　オフラインストレージとバックアップ・システムおよびソフトウェア。
10. **デジタルアセット流通ツール（Digital Asset Distribution: DAD）**　出版社のデジタルコンテンツ、メタデータ、プロモーション素材の管理ツール。流通パートナーや他のビジネスパートナーとのコンテンツ取引用のシンジケーション機能を持つDADも存在します。
11. **コンテンツアグリゲーション用ツール**　企業内外、他業界、ビジネスパートナーおよびWebから収集されたさまざまなコンテンツへアクセスできるシングル・アクセス・ポイントを提供するポータル。
12. **検索関連ツール**　コンテンツの検索精度、およびコンテンツの可視度を向上させるツール。

デジタル出版ワークフローの構成要素

　出版社によりデジタルツールの使い方が違うように、出版バリューチェーンのさまざまな構成要素もそれぞれ独自のニーズを持っています。
　出版バリューチェーンの中核要素と、出版者の各部門の間には多くの重複がありますが、私は特に次の6要素に注目しています。

- ●コンテンツ収集
- ●契約と同意事項
- ●編集過程

Part 1　セットアップ──現在のデジタルへのアプローチ

- 校正・装丁
- 印刷・流通
- マーケティング、プロモーション、営業、サービス

下記のセクションではこれらの6要素に関する業務、機会、問題点、必須ツールに関する詳細を検討します。

コンテンツ収集

コンテンツ収集方法は出版社により異なりますが、一般的には提案書の依頼、執筆、レビュー、検討により始まります。この過程でどの作品が出版され、またどのような装丁で流通されるかが決まります。

デジタルワークフローがあると、出版社は新しい思考法で企画立案を行えるようになります。例えば、これはまだあまり実践されていませんが、作品のプロモーションをコンテンツの収集段階から始めることができます。整理のためのタグ付け（章や小見出しなどの構文情報や、現在では索引として本の後ろに納められている意味情報をHTMLのようなタグを利用して文章に直接追加する作業）や部分的な先行公開は、デジタルワークフローにおいては現実的なオプションです。

これは最終的には何かが起きることを想定して出版する、イベントドリブン型の出版モデルが重視されることを意味しています。季節性を意識して出版されるものは、よりテーマや市場動向が重視されるようになるかもしれません。良いスタートを切るためのキーはXMLファイルの制作、編集、改変、XMLレンダー用ツールの導入です。

過去8年の間に、ワープロソフトとDTPソフト（主にAdobe Creative Suite）はXML重視の方向に発展しています。同時に作家や編集者が使えるオープンソースのソフトウェアも開発されましたが、効果的に利用するにはXMLの知識が必要です。

Microsoft WordやAdobe InDesignのようなソフトウェア・パッケージのXML準拠も進んでいます。比較的簡単にXMLファイルを出力できる機能も追加されま

した。しかしWordやInDesignの構造情報はXML専用エディターよりも曖昧なため、出版社が上記のようなソフトウェアから良質なXML文書を制作することは、現状では難しいと言えます。

それ以外にもXML専用フォーマット（DocBook、OpenOffice.org XML、TEI）の採用や、多数のXML機能をサポートするアプリケーション（Adobe InDesign CSや現行バージョンのMicrosoft Office）なども検討すべきです。しかしWordなどのワープロソフトに慣れたユーザーは、DocBookやOpen Office.orgが設定するコンテンツ構造上の厳しい基準に戸惑うことがよくあります。

XMLの支持者たちは、XMLはそれほど難しくなく、柔軟なコンテンツという成果物が得られるため、「初期のタグ付け」はリソース投入の価値があると主張します。必要なソフトが無料で提供されているため、小規模テストまたはプロトタイプの作成を試みる価値はあるでしょう。

AdobeやMicrosoftの製品はXMLを導入していなくても利用できます。それらの慣れ親しんだソフトウェアを代替手段として利用していると、実際にXMLワークフローへ移行する際に、ユーザーの違和感を和らげるのに効果があります。またAdobe InDesign文書の必要な個所に、適切なタグを入れXML文書として出力すると、他のコンテンツで再利用できるXML文書が得られます。

文章をXMLとして出力する前にInDesignでXML構造を確認／編集することもできます。要素に属性を追加したり、パラグラフのスタイルをタグにマップするような発想の逆転も可能です。XMLワークフローを増分制御〔増分を管理するコンピュータ用語〕する必要があるのは、このようなソフトウェアの柔軟性が見た目は適切でも、XMLに準拠していない文章をユーザーが制作できるためです。

Microsoftのフォーマットである Office Open XMLは、スプレッドシート、チャート、プレゼンテーション、ワード文書を表すXML批准フォーマットです。Office Open文書ファイルは主にXMLベースから構成されるファイル群をZIP圧縮したものです。またOffice Open XMLファイルはMicrosoft Office 2007より標準フォーマットとして採用されています。Microsoft OfficeにはWordも含まれています。Wordよりも安価もしくは無料ソフトウェアを採用することもできますが、ほとんどの人が利用経験のあるWordはXMLワークフローに移行しようとしている出版

社にとって魅力的な選択肢であることは間違いありません。

出版社がXMLツールを導入する際、いくつか乗り越えなければならない課題があります。初期でのタグ付けを有効利用するには、市場とコンテンツに適合したメタデータストラクチャーを開発し、タグを定義し、そしてそれを画一的に適用する必要があります。

さらにXMLを利用していない作家やフリーランスのライターなどと共同で作業する際の手順を決める必要もあります。社外から受け取った原稿を標準化する「消化」ステップをワークフローに組み入れる出版社もありますが、XMLツールを使う技能を持つ人々を積極的に採用した出版社もあります。

契約と契約事項

出版契約は出版と同等の多様性を持っています。出版社は作家と権利、印税、支払い方法に関して話し合い、出版契約を締結する必要があります。デジタル製品の需要が増し、またその利用法が広がるにつれ、出版契約の重要性は増加する一方です。さらにこれまでよりも複雑な出版契約が締結されるケースも出てきています。

出版契約をコンテンツ利用法拡充の踏み台として検証することは出版社内部のコミュニケーションを触発し、在庫の削減と著作権管理が全般的に改善される結果を生みます。さらに新しいタイプのコンテンツの出現によって、出版社は著作権と二次使用許諾のための手続きを簡素化することを余儀なくされます。契約は法務部内のみで扱われる問題ではなくなり、営業やマーケティング部門と深く連携するようになるでしょう。

この傾向は、印税体系を新しいアウトプット（オンデマンド出版物、組み替えコンテンツ）を視野に入れたものに導いていきます。コンテンツ・マーケティングと営業は今よりも複雑な仕事になっていきます。したがって、契約管理ツールは柔軟性を求められ、さまざまな出版の側面をカバーする必要があります。

出版社が主に使うツールは契約、権利、および印税に関連する諸情報を作成、追

跡、およびレポートするツールですが、この機能はデジタルアセット管理ツールと平行して使用される必要があります。契約データは特殊なメタデータですが、それでもメタデータであることに変わりはありません。契約データは対象となるコンテンツとともに一元管理するか、リンクにより結ばれ参照可能であるべきです。

　コンテンツ利用を広げようとしている出版社が最初に実行するべきことは、契約プロセスの再検証です。出版社は諸権利に関する決定権と、基本概念を壊さない新システムを確立し、維持していく必要があります。

　適当なオープンスタンダードの契約書がある場合は、出版社はそれを基に作業を始めることもできますが、出版界全体で利用できる標準契約書の作成は必要なものです。これは現在進行しているプロジェクトですが、その需要はすでに高く、そしてこれからも増えていくでしょう。

　コンテンツと権利データがリンク／整理されたら、次の仕事は在庫コンテンツに関する方針決定です。選択肢はデジタル、アナログ、新メディアモデルと三つあります。現在締結されている何百万もの契約が物語るように、出版契約とは非常に複雑なものです。しかし出版社は、コンテンツを今よりも広い用途で活用できるよう過去の契約を再検証する必要があります。

編集過程

　編集とは出版社のスタッフが作家と共同で原稿を完成させる過程です。この作業はコンテンツを広く利用できるよう構築する作業ですが、成果物は常に文章です。

　デジタルの普及は、コンテンツ制作に新しい可能性を与えています。読者は拡張版や、別の商品の付属として売られるバンドル購入に期待したり、章別の購入などコンテンツを部品として購入したいと望んでいます。コンテンツ収集のセクションで前述したように、読者は刊行前の本のプレビューの購入に関心を示すかもしれません。

　デジタルワークフローにはさまざまな販売促進効果が期待できます。コンテンツ

Part 1　セットアップ——現在のデジタルへのアプローチ

を組み替える作業の困難性は改善されていきます。編集過程でコンテンツを検索し、文章の整合性やファイル構成上の問題点を識別することは検索規定との整合性および一貫性を改善し、本が人に発見される機会を広げます。

編集過程では前述したようなXMLツール以外にも著作物管理ソリューション、ワークフロー管理、デジタルアセット管理、コンテンツ管理などを行う専門システムが必要になります。デジタル環境での企画立案とコンテンツ管理は、非常に洗練されたものになります。紙の本の制作に特化された現在の編集過程は、この要求に応える必要があります。

この要求へ対応していくと、これからの編集者の役割はプロジェクト・マネージャーのような役割へと移り変わっていきます。これは出版社が直面するもっとも困難な課題かもしれません。出版社は小回りのきくワークフローの導入と常時進化するXMLツールを活用するために企業再編成を断行する必要がありますが、コンテンツへのタグ付けから増版まで、デジタルワークフロー全体を監督するのは編集者です。この役割を担う編集者には長時間の訓練と柔軟性が要求されます。

校正・装丁

校正・装丁のスタッフは出版社内の専門スタッフと下請け業者と協力し、本の製本を担当します。コンテンツの細分化が進み、章別販売などの部分販売が行われるようになると、校正・装丁スタッフの役割は現在よりも重要で複雑なものになります。

校正・装丁といった出版機能は進化します。特に複数のバージョンを一括管理する能力が必要とされるでしょう。適切にデザインされた「ライト・ワンス」デジタルワークフロー〔他のプラットフォーム用に変換の必要がない〕のアウトプットは、アップデートや訂正が容易にできるコンテンツです。また人為的間違いも少なくなります。

効果的にデザインされた校正・装丁ワークフローがあると、比較的小規模な流通

とコンテンツの再利用が可能となります。これは出版社にとって大きな収入源になる可能性がありますが、現在の校正・装丁作業は原稿から書籍を作り出すという目的に特化されているのが現状です。

　校正者の役割が進化するにしたがい、使われるツールも、編集過程で利用されるツール（刊行タイトル管理、XMLツール、ワークフロー管理、デジタルアセット管理、コンテンツ管理）だけではなく、制作管理、ソフトウェア、および編集過程の管理／支援をするシステムなどと幅広くなります。
　現在の校正・装丁をデジタルワークフローに移植するのは簡単ではありません。コンテンツとは紙の本のために書かれ、そして読まれるものという考えから、コンテンツとは複数のプラットフォームで読まれるものへと思考法を大きく転換しなければならないからです。現在のXMLツールは有望ですが、同時に制約もあります。例えば複雑なレイアウトをサポートするワークフローツールは現状では不十分な機能しか持っていません。

印刷・流通

　コンテンツを簡単に利用／再利用するための保管は校正・装丁部門の役割です。通常、事業部などと呼ばれますが、印刷・流通部門の役割はそのコンテンツを印刷や他のフォーマットで流通させることです。倉庫や発送など、紙の本の販売に関してはこれからも事業部が責任を負う分野です。
　事業部がデジタルワークフローを活用できる方法は多数あります。原稿入稿から出版までの期間は短縮されます。またトレーニングによって「Webで印刷」への道も活用できるようになります。
　編集過程から始まり、校正・装丁過程を経たファイルを基に（作業軽減による経費削減）複数のデジタル版を作り出すのは、事業部の仕事です。この利点は計り知れませんが、効果を実感できるのは過去の契約書の整理が終わり、コンテンツの幅広い利用法が計画・実行されるまで待たなくてはいけません。

規格化されたワークフローと信頼性の高いファイルを構築すると、取引先へ支払うレートも低く設定できるようになります。サポートのないプロプライエタリ・フォーマットへの依存によるリスクは、出版社が一般的に考えているよりも深刻なリスクです。またそのリスクは、コンテンツの再利用が整備されるにつれ増えています。オープン規格の文書フォーマットを採用している出版社は、未来のコンテンツ・ファイルを読み理解できる出版社です。

事業部の事業は編集で利用されるツール（制作管理、ワークフロー管理、デジタル財産管理、コンテンツ管理）以外にも、コンテンツ変換、コンテンツ長期保存、コンテンツ収集ツールに依存します。ツールは外部発注されたサービスで代替される場合もありますが、外注に出されるのは通常在庫リストの管理に限られます。

新しい時代のコンテンツ制作と活用を試みる出版社は、前時代の慣習に挑戦する出版社です。InDesignやQuarkなどを含むプロプライエタリ・プラットフォームから情報を抜き出すことは、経費のかかる作業です。そしてこの問題の解決法は考案されることがないかもしれません。本分野ではフリーランスを多用することは経費削減の面から望ましいかもしれませんが、フリーランスの乱用はワークフロー全体を鈍重なものにする可能性もあります。

マーケティング、プロモーション、営業、サービス

長年コンテンツと市場の橋渡しをビジネスとしてきた出版社は、これまでにないほど広くて深い未知の世界の入り口に直面しています。市場は出版社が本を売るための場所ではありません。そこは読者が出版社を見つける場所であり、そして出版社が自社製品やサービスに関する読者の意見・感想を得る場所でもあります。

新しい市場は多対多〔「多数」対「多数」〕マーケティングに対応できる、リンクが充実したコンテンツの上に開発された製品を要求します。インターネットでの検索は読者が本を探し、そして購入する方法を変えました。また検索は出版社が認知度を高める方法でもあります。双方向型になりつつある市場は、コンテンツを理解しその利用法を広げる場でもあります。

デジタルワークフローを持つ出版社は、これまで使われてきたマーケティング手法と販売ツール以外にも検索（コンテンツの可視度および検索精度を改善するツール）やコンテンツ収集（企業内外、他業界、ビジネスパートナーおよびWebから集約されたさまざまなコンテンツへのシングル・アクセス・ポイントを提供するポータル）などからの利益が期待できるようになります。

校正・装丁の場合と同様に、特殊な製品に最適化したマーケティングと営業部門を持っている出版社は、非常に複雑な製品構造という難問に直面します。広告費が低く抑えられ、これまでの商慣行の効率が落ちている時代に複数の流通チャネルを持つことは、同時に利用している流通全チャネルへの対応という難題に出版社が取り組まなければいけないことを意味しています。

出版界は激変の時代を迎えています。マーケティング、プロモーション、営業努力の焦点は移り変わりを余儀なくされ、また出版社はこれまでとはまったく違う組み合わせの製品を扱うことになる可能性もあります。これは時速100キロ近くで走っている車のタイヤを、走行中に交換するようなものだと言われることがあります。少し大げさですが、問題の複雑さを正確にとらえています。ビジョンの価値が、たとえそれが未完成だとしても、今ほど求められたことはほとんどありません。

外部企業との提携

小回りのきく身軽なワークフローを初めて試みている出版社にとって、外部企業との提携は移行をスムーズに行うのと、デジタルワークフローでの最良慣行を学ぶ最適の方法かもしれません。例えばERP（Enterprise Resource Planning 企業資源計画）のプランナーは、合理的なメタデータストラクチャーの範囲設定や種類の選択など、初歩的な質問に答えてくれます。XMLツールに関する知識のあるERPであれば、採用するタグセットの定義および移行に関しても出版社に助言することができます。

出版契約と契約事項に関するプロセスの再検証は、ERPや著作物管理部門が貢献できる分野でもあります。この時、出版社は既存コンテンツの中からデジタルに

変換する必要のあるものを選定し、関連情報をファイル変換サービスを行う企業に知らせ、スタイルシートの採用による経費削減という観点からコンテンツ変換プロセスを検証することができます。

　ワークフローツールを採用するのに必要な出版社内の部門再編成に関しては、ワークフローツールに関する知識のある企業のアドバイスを受けることができます。またその際にオープンソースソフトウェアと商業用ソフトウェアの長所と短所に関する説明を受けることもできます。反復作業や新しく生み出された造語への対応は、編集の現場ではよくあることです。この分野で他の出版社と提携した経験のある企業は、新ワークフローの導入だけではなく、最良慣行などワークフローを効率的に運営する方法に関する助言を他社に対しても行えます。

　デジタルアセット管理システム（DAM）とコンテンツ長期保存システムを請け負う企業は、XML、新ワークフローツール、既存および開発中のコンテンツ管理システムを統合する際の有益なパートナーです。この分野に特化しているERPは、制作管理システムおよびモジュール化に関するアドバイスを提供することもできます。校正・装丁部門の担当である、スタイルシートの選択やInDesignを利用する編集過程を省略する組版制作方法の確立には、変換サービス企業の持つ専門知識が役に立ちます。

　最後に、コンテンツのレンダーや再利用に関してはデジタルアセット流通業者（DAD）が提携先として考えられます。ほとんどの出版社にとって、DADとの戦略的提携は実のある関係です。非常に大量のコンテンツの変換および保存が必要な場合は、外注への発注が賢明な選択である場合もあります。例えばコンテンツ変換は中小規模の出版社にとって非常な重荷ですが、変換を代行できるDADとの提携により、出版社は専業であるコンテンツに付加価値を加えるワークフローの確立に専念することができます。

Web版URL（英語）
http://book.pressbooks.com/chapter/digital-workflow-brian-oleary

7 デジタル時代の書籍デザイン

クレイグ・モド

Craig Mod：PRE/POST創設者。ブックデザイナー、出版人。また開発者として新たなWebサービス開発にも携わっている。Webの情報を読み込み雑誌的に表示するFlipboard (http://flipboard.com/) は、自身の理念を具体化したサービスである。Twitterアカウント：@craigmod

(本章はモド氏のホームページcraigmod.comで公開しているふたつのエッセーに加筆したものです。)

1．iPad時代の書籍

1．コンテンツによる定義

　長い間、私たちは出版という行為を恭しく棚に飾るべきもののように扱ってきました。しかし、あるものの真の価値はその存在自体ではなく、そのものが伝えるメッセージの中にあります。つまりある本の価値を決めるのはコンテンツです。
　コンテンツは大きくふたつのグループに分けることができます：

- レイアウトに影響されないコンテンツ (**無形コンテンツ** 図7-1参照)
- 明確なレイアウトを持つコンテンツ (**定型コンテンツ** 図7-2参照)

　無形コンテンツの代表例としては小説やノンフィクションなどがあります。無形コンテンツはレイアウトと分離できるため、ページにおさまりきらないテキストを次のページにリフローさせても、コンテンツの本質的な意味が損なわれることはありません。

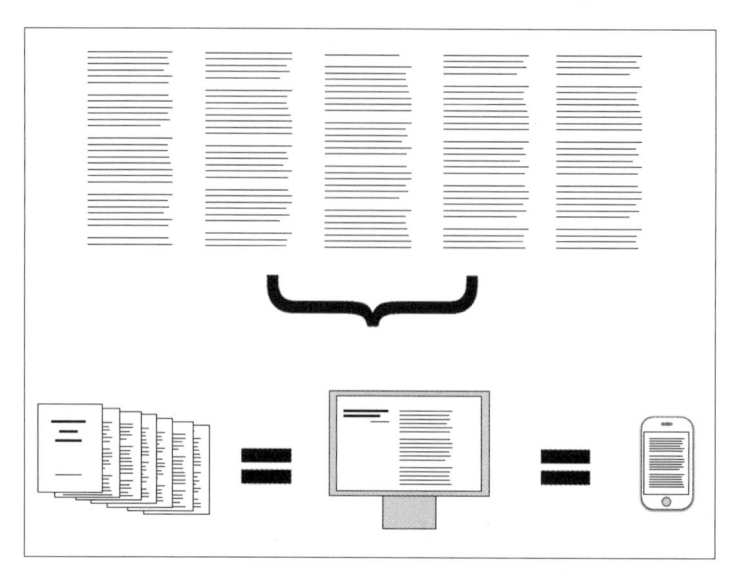

Part 1　セットアップ——現在のデジタルへのアプローチ

図7-1　無形コンテンツ —— どんなコンテナでも意味を保持する。

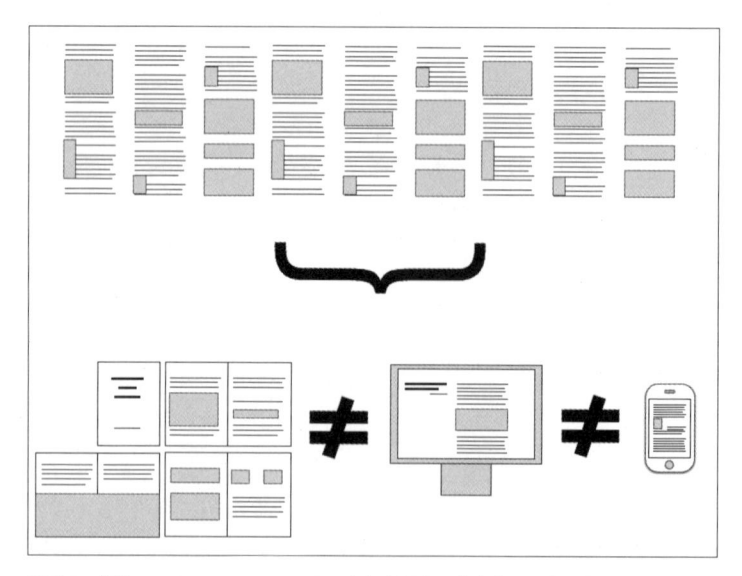

図7-2　定型コンテンツ —— コンテナにより本固有の意味合いが少し変化する。

ある小説家が、例えばダニエル・スティール（Danielle Steele）がパソコンの前で考えているのは、ある種のコンテナ（入れ物）に流れ落ちる文章の滝、つまり物語であり、印刷された本の見栄えではありません。たぶん彼女が本当に思い描いているのは小説の中のちょっとセクシーな小宇宙です。でもその小宇宙の中には最終的な書籍のイメージは存在していないと思います。

一方、明確なレイアウトを持つコンテンツ、つまり写真、図表、グラフ、または詩などが含まれている定型コンテンツは無形コンテンツの対極に位置するものです。定型コンテンツをリフローさせることはできますが、リフローの具合により写真などの表示がずれるため、コンテンツ固有の意味や感じが少し変わります。

でもマーク・Z・ダニエレブスキー（Mark Z. Danielewski）のような小説家であれば、次回作の仕上がりを想像することができます。彼の作品は典型的な定型コンテンツで、彼の作品を原書の意味を保持したままデジタル化することは現実的に不可能です。彼の小説『Only Revolution』は、ふたりの登場人物が織り成すふたつの別々の物語が、それぞれ本の表側と裏側から始まります。読者はふたつの物語を交互に読む必要があり、出版社は8ページずつ読み進むことを勧めていますが、これを毛嫌いする読者はたくさんいます。

無形コンテンツでも著者とデザイナーが協力して適切なレイアウトを制作すれば、付加価値が生まれ、完成品（デザインと文章のコンビネーション）は定型コンテンツになります。

エドワード・タフテ（Edward Tufte）の作品は定型コンテンツの究極的な例です。タフテは書籍の完成形、意味、そして完全無欠なレイアウトを異常なほど追求します。好きか嫌いかは別として、タフテが作家とデザイナーが融合した珍しい例であることは万人が認めています（図7-3参照）。

紙の本、つまり書籍の無形コンテンツと定型コンテンツを比較、分析した場合、**もっとも重要な違い**はそのコンテンツとページの関係にあります。無形コンテンツはページの限界に影響されません。定型コンテンツでは、ページは意識しなければならない重要な構成要素であるだけではなく、積極的に活用されるべき要素です。定型コンテンツの編集では、位置を調整したり、サイズを変更したりして、1ページごとに最適なレイアウトを作り出します。この場合のページはキャンバスです。つまり定型コンテンツはページの大きさを表現方法の制約として受け止め、それらの

7. デジタル時代の書籍デザイン●93

制約を活用して本という物体とコンテンツの価値を向上させ、完成度を高めます。

　端的に言えば、無形コンテンツはコンテナがあることすら気がつかないもので、定型コンテンツはコンテナをキャンバスとして活用するものです。通常、無形コンテンツは文章のみで、定型コンテンツには文章に付随するビジュアル要素が含まれています。

　私たちが出会うコンテンツのほとんどは文章が中心の無形コンテンツです。小説やノンフィクションなどに代表される多くの出版物は無形コンテンツです。

　無形コンテンツの表示に優れているデバイスの数は過去2年間に倍増しました。アマゾンのKindleがその代表格です。アップルのiPhoneは読書デバイスとしてKindleほど目立った存在ではありませんが、小さくても非常に解像度の高いスクリーンは、長い文章を読む時の快適さをこれまでのデジタルデバイスと比べ大きく改善しています。

　これらのデバイスは無形コンテンツをデジタルで読む体験をこれまでにないほど快適なものにしています。

　でもそれは紙の本での読書よりも**快適なものなのでしょうか？**

　たぶん違うと思います。でも、私たちはそこに近づきつつあります。

　この現状を見て、紙の書籍がなくなってしまうと嘆いている人たちがいます。たいていの場合、その人たちが恐れているのは読み心地の悪いデバイスで読書をしなければならない日が来ることです。「目が疲れやすい」「電池がなくなる」「直射日光下ではスクリーンが読みにくい」「お風呂に入れない」などなど。

　これらの不平不満は読書体験の質の低下を恐れる意見であり、デジタル化によって文章の意味が損なわれるという指摘ではありません。デジタル化により本の内容が難しくなることや、混乱することはありません。不満はたいてい読書体験の質に向けられています。

　デジタルテキストはその利便性で、オンデマンド入手、検索可能、軽量（ファイルサイズと重さの両方）など、すでにさまざまな面で紙の出版物を超えています。テクノロジーがデジタル媒体と紙媒体の差を縮め（スクリーンと電池の進歩により）、また付加機能（ノート、ブックマーク、検索）が機能上の差を縮めています。デジタル読書はいずれ、必然的に紙の書籍を追い越すでしょう。

　これまでの出版の方程式は、無形コンテンツは出版しない。熟考された定型コン

図7-3　タフテのキャンバスの活用

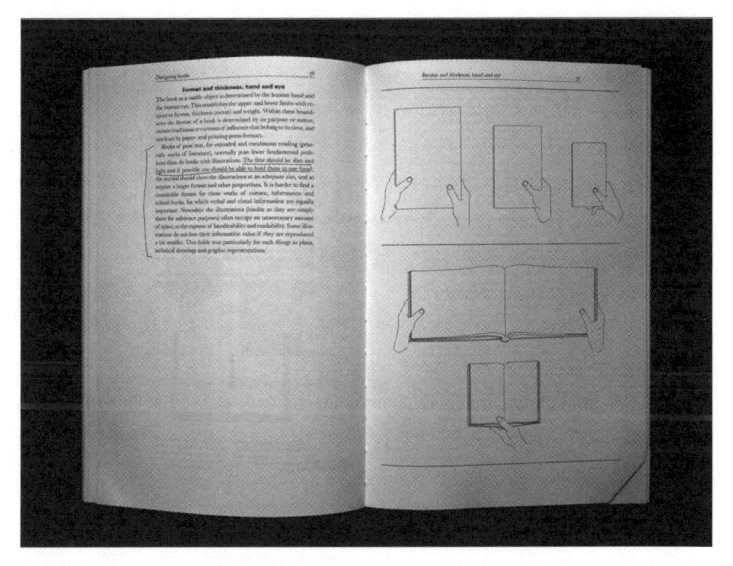

図7-4　書籍デザイン―物理性の認識―

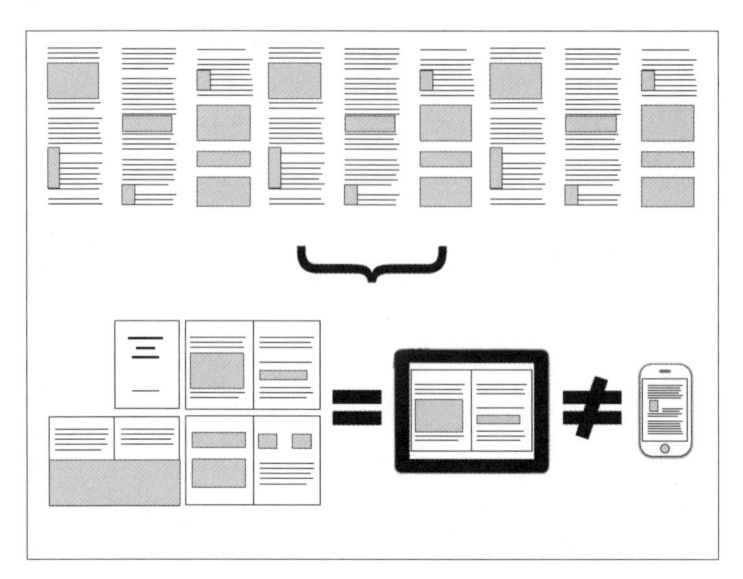

Part 1 セットアップ──現在のデジタルへのアプローチ

図 7-5　新方程式 ── デジタル版でも構造的な意味が保持される。

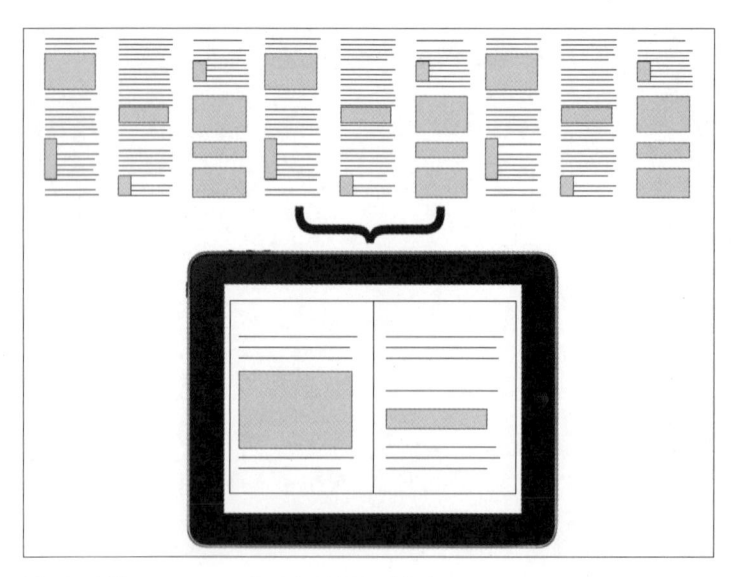

図 7-6　定型コンテンツ ── iPad と 1 対 1 に対応。

テンツのみを出版するという単純なものでした。この方程式を変えたのがiPadです。

2．普遍的なコンテナ

　私たちは紙の本が大好きです。胸に抱き寄せるほど愛しく思っています。デジタル読書はコンピュータスクリーンからデジタルデバイスのスクリーンへと移りつつあります。Kindle、iPhone、iPadに代表されるデジタルデバイスでの読書の感覚はこの抱きしめたくなる感じに似たものがあります。デジタルテキストは身近になり、誰でも簡単に触ることができるようになりました。実際に画面上の文章にタッチするという、一見して取るに足らないような行為がデジタルデバイスでの読書体験を親しみやすいものにする重要な要素になりました。
　KindleとiPhoneは両方とも愛らしいデバイスですが、美しく表示できるのは文章のみで、複雑なレイアウトを効果的に処理することはできません。
　このような読書経験の方程式を変えたのがiPadです（図7-5参照）。iPadはiPhoneやKindleのような文章の読みやすさを、もっと大きなキャンバス（スクリーン）で表示できるデバイスです。親密な読書の快適さと熟考されたレイアウトを大きくて多様性のあるキャンバスに**統合したデバイス**。それがiPadです。
　iPadの登場により定型コンテンツを1対1でデジタル化することが可能になりました（図7-6参照）。でも私はこのソリューションをやみくもに採用するべきではないと考えています。定型コンテンツは特定のキャンバスに、その本のページサイズに合わせて作られています。iPadは本に似た物理特性を持っているかもしれませんが、iPad上で紙のレイアウトを安易に複製すると、iPadが持つ新しいキャンバスとインタラクティブモードの両方を駄目にしてしまうことになります。
　例えばページという非常に基本的な概念ですが、iPadでページをめくると紙の本を模したアニメーションが表示されます。これはすぐに飽きられる画面効果で、すでにiPhoneとiPadの両方で読者にとっては退屈で押し付けがましいものになっています。それよりシンプルさを念頭において本のレイアウトを見直すと、各章を水平に並べて、本文は縦に流すレイアウトも考えられます（図7-7参照）。文章を「ページ」の大きさに合わせた細かいパーツに分けて編集する必要性はなくなりました。

Part 1　セットアップ——現在のデジタルへのアプローチ

図 7-7　章を縦に流す—慣習を破る—

図 7-8　無限に続くコンテンツ

紙の本では2ページの見開きがキャンバスでした。iPadで同様のことを試みるのは簡単です。でもそれはやめましょう。一度に見ることのできる範囲がiPadのスクリーンにより制約されているキャンバスよりも、その向こう側にある無限の空間をスクロールで取り込んだキャンバスの方がもっと面白い作品を作れます。
　これからの新しい物語はこのようなキャンバスに描かれていくと思います。私たちはその生き証人です。これは読者とコンテンツの対話的関係を再構築できるチャンスです。コンテンツクリエイターにとっては素晴らしいチャンスと言えます。
　それでは、紙の本は終わりを迎えるのでしょうか？　そういうわけではありません。
　定型コンテンツのプラットフォームとなるデジタルデバイスの規定はまだまだ曖昧なものです。iPadは登場したばかりのデバイスであり、その標準的特性がはっきりするほど使い込まれていません。私は過去6年間、素材、組版、物理的特性、コンテンツ、さらに私の能力が許す限り、紙の書籍の製本に関して考え抜きました。
　紙の本が前進する上で重要なことは「この本は使い捨てか」と自問することです。
　私が考えついた答えはふたつです。

- 無形コンテンツはデジタル化する。
- 定型コンテンツはiPadと紙の印刷に分ける。

　私はどの本を印刷するかを決定する際には**厳しい基準**を適用するべきだと考えています。本という物のキャンバス（ページ）は、デザイナーと出版社と著者により熟考された組版である必要があります。この方法は紙の本が未来に進むにあたり、その存在意義を保持できる唯一の道だと思います。

　私は、ある本を印刷する時に下記の基準と照らし合わせることを提案します。

- 私たちが印刷する本は**コンテンツと調和して物語を良いものにする本**であること。
- 私たちが印刷する本は**組版と素材の使用に関して自信が持てる本**であること。
- 私たちが印刷する本は**印刷の利点を活用する本**であること。

- 私たちが印刷する本は**永遠に残る本**であること（図7-9、7-10参照）。

この結果、できる書籍は、

- 私たちが印刷した本を手に取ると、それはひとつの物であり丈夫な感じがします。
- 私たちが印刷した本の匂いを嗅ぐと、忘れ去られた遠くの図書館のような匂いがします。
- 私たちが印刷した本を見ると、デジタルに夢中になっている子どもたちでもその価値を理解することができます。
- 私たちが印刷した本を読むと、紙の本は思想やアイディアの「彫刻」になり得ることを常に人々に思い出させます。

この基準を満たさない出版は誤りであり、デジタルが押し寄せてくればその足音の中に消えていくでしょう。

さようなら、読み捨て本。

ようこそ、新しいキャンバス。

2．ポスト出版システムで変わる出版

1．本というシステム

　新しいデジタル読書ツールというコンテキストから、本に関して考え始めると、無形コンテンツ、定型コンテンツともに、「本とは何であるか」、またどのようにして作られるものなのかを改めて別の角度から考えざるを得ません。製本のメカニズムのことだけを言っているのではありません。ツールやシステムの刷新は、鉛筆をボールペンに変えるようなものです。見つめ直すべきなのは、本が本というものになるプロセスそのもの、つまり書籍が生まれ、消費されていく間にある全プロセスです。

　本とは単なる物ではありません。本とはシステムです。

図 7-9　使い捨てではない本（1871 年）

図 7-10　使い捨てではない本（1871 年）

7. デジタル時代の書籍デザイン ● 101

Part 1　セットアップ──現在のデジタルへのアプローチ

　本はシステムから生まれ、本自体もひとつのシステムです。最高のシステムには、必要性に裏付けられた複雑さがありますが、無駄は一点たりともありません。さらに一度完成すると、そのコンテンツのまわりに新しいシステムを構築することもできます。

　本と出版が進む方向性を理解するには、本の制作に関する三つのシステムを理解することがとても重要です。

- **創作システム**……作品以前のシステム
- **作品システム**……作品としてのシステム
- **ポスト出版システム**……出版後のシステム

　本、物語、記事などの文章は**創作システム**で構想され、そして執筆／編集されます。ウィスキーに溺れ、自己不信に陥り、混乱を極め、女遊び三昧のあげく、最後には人生に絶望するというのも、システムといえばシステムです。古典的な、孤立した、ごく少数の人のためのシステムです。このシステムに関わる人間は作家と編集者だけで、まれに出版社が加わることもあります。時には芸術の女神ミューズが加わったこともあったでしょう。でもその本の読者が加わることはめったにない、というのがこれまでのシステムでした。この創作システムが作り出した製品が、私たちが

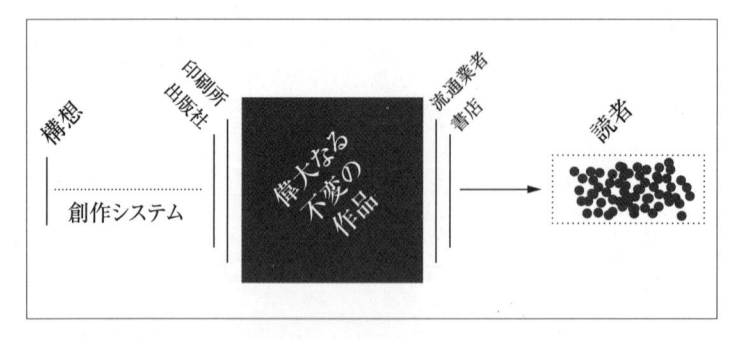

図 7-11　伝統的出版──構想と読者の間には 2 年以上の時間がある。創作システムは孤立しており、偉大なる不変の作品はネットワーク化されていない。ポスト出版システムは存在しないに等しい。

普通に「本」と定義する、アイディアを形にしたものです。

「本」という**作品自体**もシステムです。一般的に本というシステムは孤島のように孤立したシステムで、それは不変であり、また自己完結型のシステムであることから、作品の拡張には大きな労力が必要でした。本は完成するとそれは個人的な知的冒険の思い出となり、心に残ります。

ポスト出版システムは私たちが作品と関係を持つための空間です。古典的にこの空間は比較的静かな孤立した空間でした。友だち同士で読書会を開くことはできます。また大学ではある書籍を中心にした授業を教えることもできます。でも、一般的にそこは他のシステムから孤立した空間で、孤独感であふれています。

これを変えたのがデジタルです。

デジタル化は**創作システム**、**作品システム**、**ポスト出版システム**という孤立した本のシステムを、根本的に変えます。これは推論ですが、デジタルはコンテンツと読者との結びつきを強化し、作品の不変性を変え、読者との常時対話を可能にします。もっと面白いことは、作品の更新や作品へのコメント、作品の議論などが、「デジタル注釈」として、公に記録されるという潜在性があることです。デジタル注釈が作品の上で融合すると、「完成作品」という概念は再定義されるでしょう。

またこの三つのシステムが接続されると、これまでの文学作品という概念は適用できなくなり、私たちが一般的に持っている出版システムという概念の理解も崩壊します。

2．創作システム

KindleとiPadの出現と同時に、出版社、作家、読者、さらにソフトウェア開発者は本という古いメディアをどのような形で新しいメディアに押し込むかについて考え始めました。「書籍をどのように変えたらデジタルでも読めるようになるのだろう？」誰もがそう自問しました。でももっと興味深い問いがあります。「デジタルは本をどう変えるのだろう？」と「デジタルは執筆プロセスをどう変えるのだろう？」です。

この執筆方法の変化は新しい創作システムを理解する上で非常に重要なものです。

デジタル技術の特性である、ある種のはかなさ、短命性を考えると、未来の物語

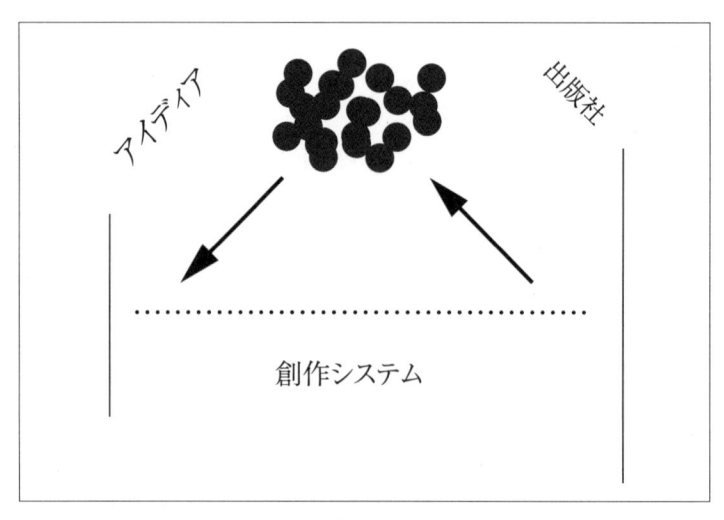

Part 1 セットアップ──現在のデジタルへのアプローチ

図7-12 執筆プロセス初期での読者の参加

と本にとって重要なコンセプトが見えてきます。

1. 私たちがリアルタイムで文章を書き続けることにより、印刷した本に吹き込まれた作品の希少性という考え方が消えていきます。したがって……
2. 時間自体が著述業という仕事の重要な要素になります（永遠に時が止まっているような環境で執筆された作品が突然書店に現れる、というこれまでの出版とは対照的に）。

　ウィキペディアはデジタルが執筆プロセスに与えるインパクトを実証しました。ウィキペディアの土台には反復型執筆方法（iterative writing）という概念が、リアルタイムの共同編集システムという形で埋め込まれています。希少なウィキペディア記事というものは存在しません。文字も、単語も、文も、記事さえもひとつ残らず再検討の対象です。ウィキペディアは絶え間なく変更され続けているシステムにもかかわらず、詳細な変更記録を残すことにより、読者の信頼を得ることに成功しました。

ウィキペディアを百科事典という物理的なアナログ書籍と比べてみてください。ウィキペディアは初期の段階ではあまり役に立つ百科事典ではありませんでした。何千人もの人が執筆／編集し、常に変わっていくWebサイトが、本棚にあるほこりまみれの革装の百科事典に取って代わる可能性があるとは、誰も想像しませんでした。しかしながらウィキペディアは、すでにたくさんの家庭で実体のある百科事典に取って代わっただけではなく、その有用性、質、速報性、および利便性などにおいて紙の百科事典を超えています。実体のある百科事典の編集の倫理はウィキペディアに受け継がれていますが、そのコンテンツの制作、共有、編集はデジタルが生み出したものです。

百科事典に「君をどうデジタル化するの？」と聞くと、マイクロソフトのエンカルタCDが出てきます。百科事典制作の哲学に、「デジタルは私とあなたの関係をどう変えるの？」と聞くと、ウィキペディアが出てきます。

デジタルが物語の創作にどう影響するのかについての意見を聞くと、デジタルは

図7-13 ジェームス・ブリドル氏の「The Iraq War」は、ウィキペディアのイラク戦争に関するページの編集履歴を開戦当時から読めるように編集、印刷、そして装丁した本である。創作システムの物理的な目録だ。

Part 1 セットアップ——現在のデジタルへのアプローチ

「物語に命を吹き込む」、個々の単語は動くようになり、写真は動画になり、物語は「自分で冒険を選ぶ」方式で語られる、という決まり文句ばかりが並びます。デジタルはすべてを可能にすると言われていますが、このような表現方法の変化は文章のデジタル化が引き起こす変化の中でもっとも表層的なものです。これらは「書籍をどうデジタル化するのか？」という問いへの回答にすぎません。デジタルが与える出版への影響を根本的に理解するには、「デジタルは書籍をどう変えるか？」と質問を少し変える必要があります。

いくつかの実例

本が好きな人たちには厳しい現実ですが、前述したような反復型執筆方法はブロガーが10年以上前から実験し、その土台を築いてきました。

37Signalsの『Getting Real』というPDFの本は、「Signal vs. Noise」というブログで1年以上かけて執筆されました。「Signal vs. Noise」をRSS購読している人たちは、気がつかないうちに『Getting Real』を読んでいたのです。ある意味では、『Getting Real』は37Signals自身が知らないうちに書かれていたとも言えます。

図7-14 『Getting Real』

彼らが19ドルのPDFを3万部販売した事実をよく考えてみてください。公の場で執筆された書籍が50万ドル以上の収入（純粋に利益です、流通費や仲介費用は存在しません）をあげたのです。これは2006年の話です。

フランク・チメーロ（Frank Chimero）は書籍をリアルタイムでスケッチしてきました。彼のブログのことです。彼は創造性とデザインに関するアイ

図7-15 『The Shape of Design』

ディアに実体を与えることに長年努力してきた人物で、自身のサポートコミュニティを作り上げ、2011年2月にそのサポートコミュニティから10万ドルの資金提供を受け、本の執筆を開始しました。その結果出版された『The Shape of Design』は出版後も彼のサイトで正式なプロジェクトとして執筆の継続が約束されています。

2010年の春、アシュリー・ローリングス（Ashley Rawlings）と私は『Art Space Tokyo』の第二版を出版するための資金をクラウドファンドで集めるキャンペーンに走り回っていました。私たちは1ヶ月で2万4000ドルの資金を集め、誰かが同様のプロジェクトを試みた際に参考にできるようにプロセス全体の詳細を公開しました。

ロビン・スローン（Robin Sloan）は熱心なファンのために書いた短編を電子フォーマットで発表してきた作家です。彼は現在、ターゲット読者層の間で反響を生んだ作品を長編小説に書き換える作業に熱中しています。

アマンダ・ホッキング（Amanda Hocking）はブログを書いています。アマゾンのKindleで小説を数冊出版した作家でもあります。結果は非常に良好なものでした。過去1年の間、ホッキングは100万冊以上の著書を読者に直接販売しました。

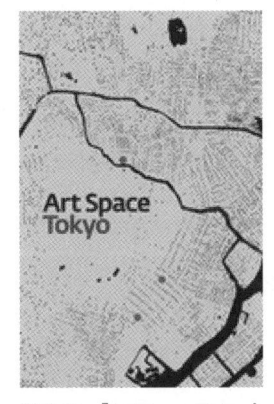

図7-16 『Art Space Tokyo』 　図7-17 『Annabel Scheme』 　図7-18 『My Blood Approves』

Part 1 セットアップ——現在のデジタルへのアプローチ

『I Love Typography』を書いたジョンは今、書籍をリアルタイムで書いています。もちろんブログでです、驚くべきことに！ 今、彼と編集者のキャロライン・ウッズ（Carolyn Wood）とその友だちは、まとめたアイディアを『CODEX』という書籍に仕上げています。美しく上手に編集された『CODEX』には、きちんとした考えの下、集められたタイポグラフィに関する作品が掲載されています。これはジョンのタイポグラフィに対する熱意をマーケティングし、そして価格をつけたものです。彼は素晴らしいコミュニティをうまく活用しています。この作品は、伝統的な出版システムが自給自足のシステムに移行可能であることを証明しています。

図 7-19 『CODEX』

セス・ゴーディン（Seth Godin）は彼のブログの読者から強く影響され、最終的には自分の出版社を起業しました。『ドミノプロジェクト（Domino Project）』は彼が作品を最終的に届けたいと願っていた読者の前で思いついたアイディアに触発されたプロジェクトです。健全な対話からサステナブル（継続可能）なエコシステムが生まれた良い例です。

図 7-20 『Domino Project』
主催：Seth Godin

リストは無限に続きます。もっと大げさな言い方をすると、私たちは否定しようのない執筆プロセスの抜本的変革の中にいる、と言えます。作家と読者の間隔、衝突は消えてなくなります。

「……ページの閲覧数、コメントなどが、微妙に編集に影響していきます」

「ライブ式反復型執筆方法」（live iteration）はこのような変化から生まれ、作家を孤独から解き放ちました（作家は孤独な執筆を選ぶこともできます）。作家と読者は

早い時期から対話を始め、作家は物語を書きながら読者の反応に耳を傾け、さらなる追求に値するアイディアを見定めることができます。37Signals、フランク、ジョン、ロビン、アマンダ、そしてセスは、自身の作家哲学を何千何万もの読者の前で新しいものに見直しました。ブログにポストした、個々の記事のページ閲覧回数やコメントが、微妙な編集上の駆け引きにつながることは容易に想像できます。デジタルが**創作システム**にもたらしたスムーズな対話が（多くの場合には間接的です）、出版される作品に強い影響を与えることは十分に考えられます。

ソフトスカル社（Soft Skull）のリチャード・ナッシュ（Richard Nash）は出版界の有名人です。彼が起業した小説のための会社である「カーソル（Cursor）」は創作システムを視野に入れた出版社です。ナッシュになぜ創作システムの崩壊が倫理的にも必要だと考えているのですか、と聞くと彼はこう答えました。

「私たちは過去100年間の出版モデルが完璧なものであるかのように話す傾向があります。過去20年の間に新しく出てきた独立系の出版社は、全米図書賞（National Book Awards）や、ピューリッツァー賞（Pulitzer Prize）や、ノーベル賞の受賞作品を出版しました。そのことに注目してください。そのような素晴らしい作品は、独立系が出てくる前はどのように扱われていたのでしょう？

出版されなかったのです。もちろん中には出版された作品もあったでしょうが、大多数は……その、ノーですね。過去100年の間、出版社を経営していたツイード・ジャケットを着た白人の男たち、彼らに出版されなかった素晴らしい文化がどれだけあるか？　それを窺い知ることはできません。彼らが素晴らしい本をいくつか出版したという事実は、彼らがそれ以外の多くの作品を無視しなかったという証明にはなりません。私たちの会社はその問題への回答です。カーソル社が目指すものは、執筆と読書エコシステムの中のバランスを自然なものに戻すことです」

彼が新しく立ち上げた出版ブランドである「レッドレモネード（Red Lemonade）」は、多くの場合原稿の完成以前に、その本を囲んだ対話を引き出すように作られています。怖がる人たちはたくさんいますが、レッドレモネードは開かれた創作システムが必然的に生み出した製品です。古い方法論の進化から出てくるさまざまな必

然的な副産物を非難したり誉めたたえたりすることは誰にでもできます。でも、私たちは出版の進化に積極的に参加して未来を形作ることもできます。

　もちろん作家にはこのような変化を受け入れたり、参加したりする義務はありません。でもこの変化はある問題を提起しています。「デジタル作品はどのように始まり、そしてどう終わるのだろう？」「いつ、作品は〈完成品〉になるのだろう？」

3．偉大なる不変の作品の失墜

　eBookは実体がなくて変幻自在で、読者が所有しているようで所有していない、紙の本を模しているのはメタレベルのみという奇妙な怪物です。

> 「何千回も複製されるファイルを編集して、プリンターに送ったことはありますか？　怖い経験です」

　紙の出版の経験があると、eBookがいかに変な怪物であるかを理解できると思います。紙の書籍を作ったことがありますか？　私が聞いているのは「何千回も複製されるファイルを編集して、プリンターに送ったことはありますか？」という質問です。プロセス全体に絶望感が浸透していて、どこかに間違いがあるはずだ、ページ番号と句読点を何百回もチェックしても、書籍という物体を構成する分子の陰に隠れて見落とした間違いがどこかにあるはずだ。経験者はわかると思いますが、これはある種の恐怖です。

　ですから印刷のためにファイルを提出する行為は、作品に究極の信頼を置くことを意味します。あなたはその結果に永遠に責任を負わねばなりません。**正気を保つには**、これはこの状況で自分ができる最高の仕事だと自分自身に言い聞かせ、作品を信頼するしかありません。

　紙の書籍が貴重で重く感じられるのはこのためです。どんなに準備しても、うまく実行できなかったら、足を踏み外したら、苦情が何千回も送られてきます。

　「本」という時、出版人が想像するのはこのような経験です（こう考える世代は私たちが最後かもしれません）。厚い表紙、計算されつくした内部構造、書籍の永遠性、そして言葉が印刷されている紙、本には物理的特徴があります。今日、印刷された物は

明日になってもまったく同じ物です。紙の本はそう言う意味では信頼できる媒体です。

　上記のような紙の本の特性は、eBookでは人為的に作られています。eBookでは長さを束縛する厚い表紙はありません。カラー印刷だからといって印刷費が増加することもありません。永続性は消え、神聖とされた変化しないという文章の性質は存在しなくなります。eBookの更新は非常に簡単にできます。今読んでいるeBookを明日開くと、それは今日読んでいるeBookとは違う版かもしれません。

　このような明白で表面的な違い以外に、デジタル作品が紙の作品と劇的に違う点がふたつあります。

1. デジタル作品は、**創作システムとポスト出版システム**に深く織り込まれている。
2. デジタル作品が伝統的な意味で「完成品」なのは、ほんの一瞬の間です。

創作システムとデジタル作品の関係は明白なものです。例えばウィキペディアの記事を「作品」として出力すると、それは反復型執筆方法のスナップショットであり、また非常に特化された**創作システム**の製品でもあります。

　セス・ゴーディンのドミノプロジェクトが生み出した作品はその全存在を、アイディアのポストや読者との対話など、創作システムに負っています。

　紙の本は「完成」し、印刷され、製本され、そして搬出されると終わりです。もう修正することはできません。自分が持っている本の余白にノートとして修正を書き込むことはできますが、となりの人が読んでいる同じ本は違う本であり、当然のことですがあなたのノートは書き込まれていません。その人たちが手にするのは、余白に何も書かれていない、あなたが最初に手にしたものと同じ「完成品」です。

　デジタル作品が伝統的な意味での完成品として存在しえるのは**非常に短い間**で、人気作家の場合は数秒かもしれません。Kindle版のeBookはダウンロードされて読者がハイライトを入れた瞬間に変化します。次の人がダウンロードする同じ本は、「完成品」にコメントやハイライトといった欄外注が追加された新版の電子本かもしれません。欄外注システムと作品の統合が進むほど、これからの本を囲む対話が未来の読者に与える影響は大きくなります。

　デジタル作品は、創作システムとポスト出版システムの間をつなぐ枠組みです。

フォーマット

システムの間の枠組みはフォーマットにより定義されます。EPUB、HTML、MOBI、iOSアプリなどが人気のあるフォーマットの例です。EPUBとMOBIは実質的にはHTMLを特化したサブセットですから、もっとも浸透している電子書籍フォーマットがHTMLであることに疑いをはさむ余地はありません。EPUB 3には強力なHTML5、CSS3、さらに強化されたJavaScript機能が組み込まれています。

代表的なデジタルフォーマットは三つのカテゴリーに分かれます。

- **無形コンテンツ**：EPUB、MOBI、HTML
- **定型コンテンツ**：PDF、EPUB 3（HTML5／CSS3）
- **インタラクティブコンテンツ**：PDF、EPUB 3（HTML5／CSS3）

無形コンテンツと**定型コンテンツ**というコンセプトはこの文書の始めに説明しました。無形コンテンツとは固有のビジュアル要素がないコンテンツで、つまりリフローにより意味が変わることがないコンテンツです。小説のペーパーバックを思い浮かべてください。

定型コンテンツはページ構成（要素の配列）が文章の意味と絡み合っているコンテンツです。教科書を思い浮かべてください。

インタラクティブコンテンツはビデオやノンリニア物語〔物語の進行の順番が決まっていない〕など、インタラクティブな要素が必要な作品です。

カテゴリーに重複があるため、上記のリストにはEPUB 3が数回現れています。これは、状況によってはページのビジュアル構成とインタラクティブ機能の両方をコントロールする必要があることを示唆しています。

iOSアプリは三つのカテゴリー全部に対応していますが、適切なツールであるとは言えません。私たちは2010年にデザインされ配信されたiPad雑誌を見てきました。この雑誌のほとんどはPDFやHTML5文書として制作できるものでした。また、読者にとってはそのように制作された方が良かった出版物です（比較的小さなダウンロードファイル、選択可能な文字、検索可能、サイズ変更可能、「本物」の文章など）。

「EPUB 3は王者となるか？」

すべてのカテゴリーを制覇するのはEPUB 3のようです。なぜでしょうか？

1. EPUBはすでに軽量で、きちんと定義されているフォーマットである。
2. EPUBにより出力される文書は、固有のテキストで構成されており、またiBooksやKindleや出版社からの直接ダウンロードなど、簡単にアクセスできる流通システムに最初から組み込まれている。
3. EPUBには最新のHTML5レイアウト機能とインタラクティブ用の強力なJavaScriptがすでに組み込まれているため、未来に進むにあたって足並みをそろえるのが容易である。

もし創作システムが作品を生み出し、デジタル作品が創作システムとポスト出版システムの架け橋であるならば、ポスト出版システムを構築しているコンポーネントは何なのでしょうか？

4．ポスト出版システム

コンテンツが読者へ届けられるプロセス（図7-11）をふたたび見てください。

- 読者との関係（コミュニティと対話の構築）は**創作システム**の初期から始まります。
- 「**構想**」と「**読者**」の間にあった2年間の沈黙は、数週間、数日間、数時間の単位にまで短くなります。
- **出版社**と**作者**を分ける線は不鮮明になります。
- 印刷を選ぶと、これまでの「**偉大なる不変の作品**」ではなく、「**不変の作品**」が印刷されます。
- デジタル作品の制作期間（入稿から出版まで）は、紙の作品と比べて非常に短くて済みます。
- デジタルでは伝統的な流通網へのアクセス権が非常に軽視されています。アマゾンのKindleストアやアップルのiBooksストアなどのデジタル流通チャネルは、誰でも利用することができます。EPUBファイルさえ持っていれば、全世

- 界への流通が可能です。
- 真にネットワーク化された**ポスト出版システム**で行われる対話や欄外注は、デジタルの世界のみで存在します。

今、するべきこと

前述したように、「紙質」「スクリーンのピクセル密度」「カバーに使われるクロス」「ハイライトのためのインターフェース」「ページ単位の位置確定方法」「段節単位の位置確定方法」などに関しての議論は常に行われるでしょう。

実はこれらは重要なことではありません。それらは表面上の問題であり、あくまでも副次的なものです。

私たちが**努力しなければならないのは**、
溝を掘ることであり、
丈夫な土台の敷設であり、
未来の書籍のための土台にコンクリートを流し込むこと。
私たちが議論しなければならないのは、
システムの範囲の明確な定義であり、
オープン・プロトコルの明確な定義。
私たちが作らなくてはならないのは、
シンプルで静かに存在するクリーンなインターフェースを持つツール、
変化する文章との関係を有機的に表面に出すこと。

このような努力の結晶、システムの統合、
そして良質で丁寧に開発されたツール。
それは出版物と出版のためのプラットフォームであり、
また書籍の未来なのである。

Web版URL（英語）
http://book.pressbooks.com/chapter/book-design-in-the-digital-age-craig-mod

Part 2

将来への展望
本が歩む次のステップ

8 本とWebサイトがひとつになる理由

ヒュー・マクガイア

Hugh McGuire：出版とインターネットの接点となるツールとコミュニティの開発者。本書が執筆／編集されたプレスブックス（PressBooks http://pressbooks.com/）の創業者でもある。またリブリボックス（LibriVox.org http://librivox.org/）というボランティアにより構築された世界最大のパブリック・ドメインのオーディオ・ブック・ライブラリーの創立者でもある。Twitterアカウント：@hughmcguire

　2011年のある日、深い啓示か何かに気がついたような瞬間があって、私は思わずTwitterでこうつぶやきました。

　「インターネット」と「本」の区別は完全に恣意的なものであり、5年以内に区別は消滅する。速攻調整開始すべき。

　今から考えてみると、取るに足らないようなことですが、それでもあれはショックを受けた瞬間でした。「本」とは単語と文章と図表をある特定の順番で並べたもの。Webサイトは、単語と文章と図表と音声と映像をある特定の順番で並べたもの。「本」とWebサイトを比べた時、それを完全に別物であると決めつけるのは不自然です。単語と文章の集合体についてあるものを「本」と呼び、また別のものを「インターネット」と呼ぶのは、主に歴史的な理由からにすぎません。

　私の頭の中には次々と疑問が浮かんできました。「なぜ、このような決まりができたのだろう？」「なぜ、ある特定の種類の単語や文章の集合体のみが印刷所に送られ、紙に印刷され、製本され、書店で売られるものと決められたのだろう？」

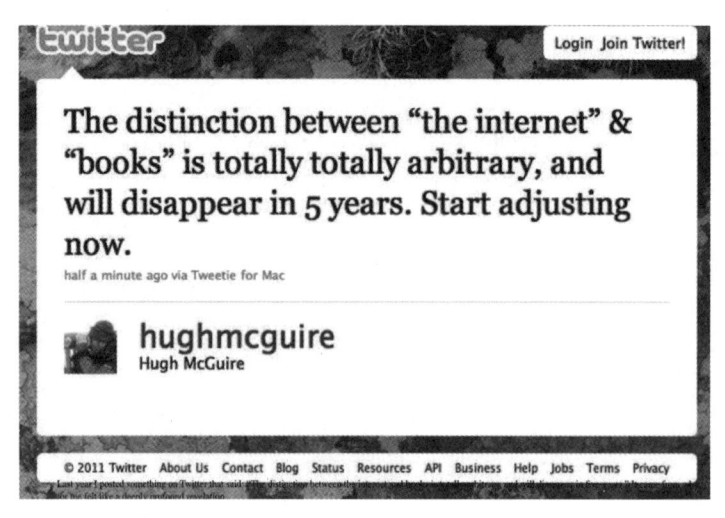

> The distinction between "the internet" & "books" is totally totally arbitrary, and will disappear in 5 years. Start adjusting now.
>
> half a minute ago via Tweetie for Mac
>
> **hughmcguire**
> Hugh McGuire

図8-1 「インターネット」と「本」の区別は完全に恣意的なもの

図8-2 本とインターネットの対決

（Kindle ストアでも売られていますが、それは微々たる違いでしょう）そして、「なぜ、その他の種類の単語と文章はキーボードで打ち込まれ、どこかのサーバに送られ、そして世界のどこかにいる読者のコンピュータやスマートフォンのスクリーンに送信されるものと決められたのだろう？」「二者の違いは何なのだろう？」

　Twitterからある答えが返ってきました。送信主はダミアン・G・ウォルター

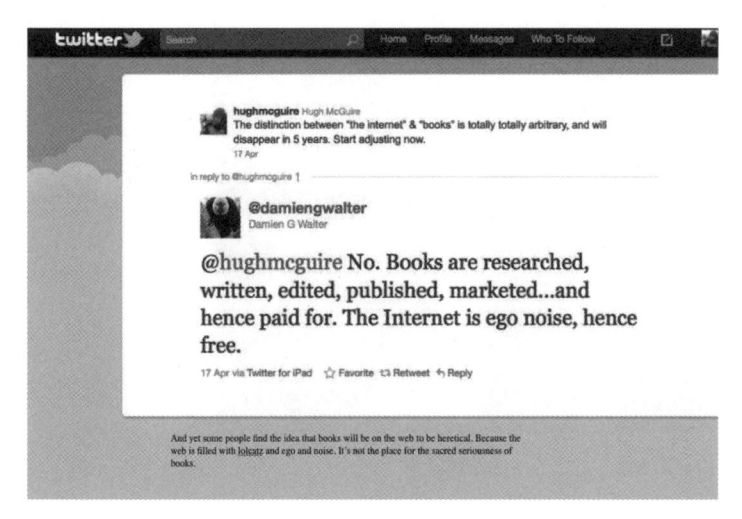

図8-3　インターネットとはエゴとノイズ

（Damien G. Walter）[1] です。

> @hughmacguire　いいえ。本とは取材され、執筆され、編集され、広告され、したがってお金が支払われるもの。インターネットとはエゴとノイズのこと、しかもタダ。

なるほど。このつぶやきには説得力のある視点がふたつあります。ひとつは作品の質とディテールへの配慮。彼は本の中身を「重要」な作品ととらえています。

もう一方のインターネットとは何なのか？　有名人のゴシップと口ゲンカ、それに自己中心主義者か現実離れしたブロガーの空間。おまけにTwitterみたいなものまで備わっているところ。

私はこの主張を、「ジョイス・チーズバーガー論」と呼ぶことにしました。

「本」と「インターネット」を分けるひとつの基準は、文章の品質であるという意見です（「取材、執筆、編集、校正された文章」が本であり、インターネットは「エゴ

8. 本とWebサイトがひとつになる理由 ● 119

図8-4　ジョイス vs. チーズバーガー

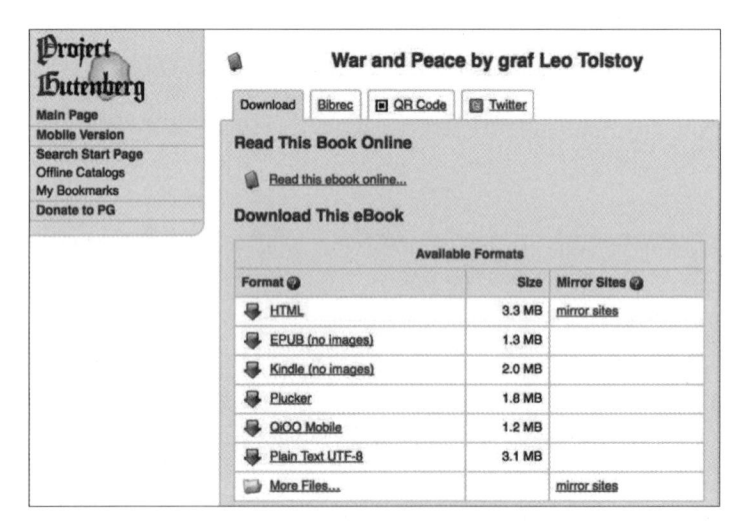

図8-5　プロジェクト・グーテンベルクの提供する無料 eBook

とノイズ」)。

　しかしながら、この**文章の品質**という基準は、つまり本という、取材、執筆、編集、校正された文章の集まりが、インターネット上では存在し得ないという理由にはな

りません。マイケル・ハート（Michael Hart）が1971年に始めた、もっとも初期のWebサイトのひとつであるプロジェクト・グーテンベルク[2]は、著作権の有効期限が過ぎた文学作品をインターネット上で無料提供するためのWebサイトでした。

プロジェクト・グーテンベルクは40年も続いています。でもこれまでスクリーン上の本が人気を集めたことはありません。なぜでしょう。理由は文章の品質や制作費とは関係のない、もっと単純なものです。つい最近まで、読者はスクリーンで本を読む気にならなかったのです。私もその一人です。ブログ、ウィキペディア、メールなどはスクリーンで読んでいましたが、プロジェクト・グーテンベルクが提供しているような素晴らしい無料eBookでも、長い文章をスクリーンで読む気にはなりませんでした。

つまりスクリーンで本を読む読者の絶対数が少なかったため、出版社は本をスクリーン上で読めるものにする理由がなかったのです。同時に読者は喜んで紙の本を読み、インターネットで過ごす時間はおかしなネコの写真を制作したり、自分の朝食をブログに投稿したり、世界最大の百科事典へ寄稿する時間、そう使い分けてきました。
ここに登場したのがアマゾンのKindleやバーンズ＆ノーブルのNookなど、巨大なマーケティングを後ろ盾にした読書デバイスです。その中でも個人的にもっとも印象が強かったのは、アップルのiPhoneでした。実は私は、iPhoneで『戦争と平和』を読むまでeBookを読んだことがありませんでした。iPhoneでの読書体験は便利で心地良く、目からウロコが落ちました。私はデジタルというドグマにより改心したのではなく、デジタルデバイスでの読書が好きになったから改心したのです。これは私の予想ですが、読者が新しく登場したデバイスの利点に気がつけば、eBookとデジタル読書は読者に受け入れられると思います。

そして今、eBookは急速に広まっています。2008年、私が『戦争と平和』をiPhoneで読んだ年ですが、eBookの売り上げは書籍販売金額の約1％でした。それが2011年には20％に迫り、2015年までには50％にまで成長するだろうと予測されています。インターネット上の本はまだまだ少数ですが、読者が持つKindle、iBooks、Nook、Koboの中はeBookであふれています。

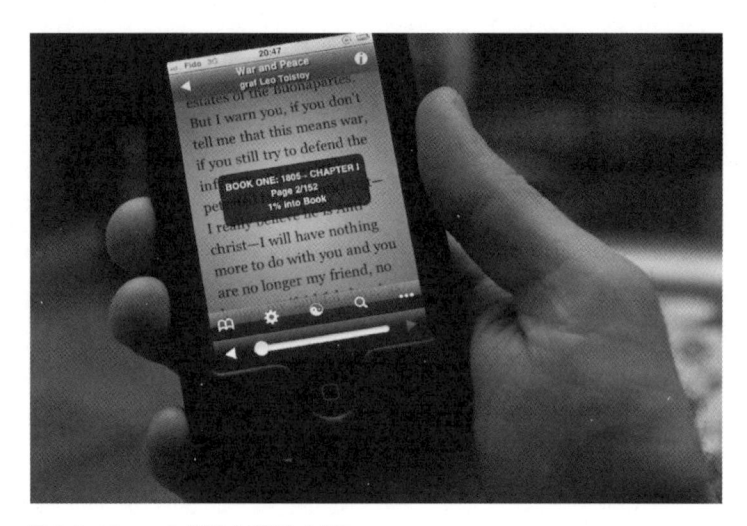

図8-6　iPhoneで『戦争と平和』を読む

eBookを考える

　長編の文章を読む手段を提供するテクノロジーは大きく変わりつつあります。しかしながら、読者が本を入手するための構造自体（入手経路ではなく）に大きな変化はまだ起きていません。読者が本を手にする現在の構造（出版社→書店→読者）は、紙の世界の構造そのものです。出版社は本を印刷し、それを読者へ販売する書店に出荷するというこれまでの流通経路が、出版社が制作したEPUBを読者へ販売するオンライン書店に送信するという流通経路に変わっただけです。

　したがって出版社、書店、読者のような主要なプレイヤーにとって、現在のeBookビジネスは紙の本のビジネスと非常に似ているように見えています。

　このように紙の本と同じように扱われているeBookですが、素材を見てみるとeBookは紙の本とは似ても似つかないものであることがわかります。

　よく見てみると、eBookの素材は紙の本よりもWebサイトに似ています。もっと言えばeBookとWebサイトは**ほとんど同じ**です。eBookはHTMLという、Webサイトと同じプログラム言語（マークアップ言語と呼ぶのが好きな人もいます）により

```
ブリトニー・スピアーズに関する
ハフィントン・ポストの
記事のHTML

<link rel="canonical" href="http://www.huffingtonpost.com/2011/03/30/britney-
spears-dolce-gabbana-femme-fatale_n_842399.html" />

<meta name="keywords" content="britney, spears, dons, dolce, &amp;, gabbana,
in, 'femme, fatale', promo, pics, (photos), style" />
<meta name="description" content="In case you haven&#39;t heard, Britney
Spears is back, better than ever, as they say, and dressed by Dolce &amp; Gabbana
in the promotional pics for her &quot;Femme Fatale&quot; album. But what&#39;s
more -- sounds like BritBrit has earned the designers&#39; praise." />
<meta property="og:type" content="article" />
<meta property="og:site_name" content="The Huffington Post"/>
<meta property="og:title" content="Britney Spears Dons Dolce &amp; Gabbana In
'Femme Fatale' Promo Pics (PHOTOS)" />
<meta property="fb:app_id" content="46744042133"/>
<meta name="title" content="Britney Spears Dons Dolce &amp; Gabbana In 'Femme
Fatale' Promo Pics (PHOTOS)" />
<meta name="category" content="Style" />
<meta name="author" content="Hilary Moss" />

<meta name="publish_date" content="Wed, 30 Mar 2011 08:03:11 EST" />
<link rel="image_src" href="http://i.huffpost.com/gen/261732/thumbs/s-
BRITNEY-SPEARS-DOLCE-GABBANA-large.jpg" />
<meta name="image" content="http://i.huffpost.com/gen/261732/thumbs/s-
BRITNEY-SPEARS-DOLCE-GABBANA-small.jpg" />
```

図 8-7　ハフィントン・ポストのサイトの HTML

```
『ドン・キホーテ』の
EPUBのHTML

<?xml version="1.0" encoding="utf-8"?>
<html xmlns="http://www.w3.org/1999/xhtml" xml:lang="en">
<head>
<meta name="generator" content=
"HTML Tidy for FreeBSD (vers 25 March 2009), see www.w3.org" />
<title>Don Quixote</title>
<link rel="stylesheet" href="css/main.css" type="text/css" />
<meta http-equiv="Content-Type" content=
"application/xhtml+xml; charset=utf-8" />
</head>
<body>
<div class="body">
<div class="text">
<p><strong>TO THE DUKE OF BEJAR, MARQUIS OF GIBRALEON, COUNT OF
BENALCAZAR AND BANARES, VICECOUNT OF THE PUEBLA DE ALCOCER, MASTER
OF THE TOWNS OF CAPILLA, CURIEL AND BURGUILLOS</strong></p>
<p>In belief of the good reception and honours that Your Excellency
bestows on all sort of books, as prince so inclined to favor good
arts, chiefly those who by their nobleness do not submit to the
service and bribery of the vulgar, I have determined bringing to
light The Ingenious Gentleman Don Quixote of la Mancha, in shelter
of Your Excellency's glamorous name, to whom, with the obeisance I
owe to such grandeur, I pray to receive it agreeably under his
protection, so that in this shadow, though deprived of that
```

図 8-8　『ドン・キホーテ』の EPUB ファイルの中の HTML

8. 本と Web サイトがひとつになる理由 ● 123

構成されています。例えばインターネット新聞ハフィントン・ポスト (Huffington Post) に掲載されているブリトニー・スピアーズ (Britney Spears) の記事ですが、比較してみるとソースは『ドン・キホーテ』のEPUBとほとんど変わりません。

　前述したように本とは単語とメディアに特定の構造（章、見出し、それと題名、作者名、表紙などのメタデータ）を与えた集合体です。eBookを作る時、兄弟のような存在であるWebサイトの構築に使われているのと同じプログラム言語を採用することは理にかなっています。両者はほとんど同じものなのですから。

　ここでひとつの問題に突き当たります。出版社はWebサイトとインターネットが怖いのです。同じものだと考えたくないのです。これまで音楽業界、新聞業界、映画業界の変容を見てきた出版社にとって、この恐怖は当然です。インターネットが既存のビジネスモデルを飲み込んではカオスを吐き出すのを見てきたからです。このようにインターネットが持つ出版業を激変させる潜在力を考えれば、出版社の恐怖は理解できます。

　この恐怖感に対する現在の対応策はeBookを「束縛」してしまうことです。しかしこれではネットのさまざまな常識がeBookには通用しないことになってしまいます。コンテンツをコピー&ペーストしたり、引用を友だちに送ったり、ファイルを他の場所に移すなど、他のデジタルグッズでは当たり前のようなことでも、DRMやデバイス、プラットフォームを私企業が管理していること、そしてEPUBフォーマット上の制限などの理由により、現状のeBookでは大きく制限されています。

　eBookとインターネットは同じ部品 (HTML) で作られています。出版社はこれまで、ワイルドなインターネットと比べるとeBookを比較的おとなしく飼いならすことに成功してきました。

　守るべきビジネスモデルを持っている場合、これはグッドニュースです。確かに出版社と作家には現行のビジネスモデルを守りぬく正当な理由があります。

　でも出版社はこの目的を達成するために、eBookを**役立たず**にするという代償を支払いました。つまりeBookをWebサイトではなく、紙の本のように動作させようと意図的に制約を課してきたのです。

　下のリストはインターネットでは常識でも、eBookではできないことのごく一部の例です。

- コピー＆ペースト
- 特定の章またはページへのリンク
- インターネットからeBookコンテンツを検索した後、そのeBookの中に直接入れるリンク
- 感想や意見を一元的に管理する場
- eBookに関するクエリーを簡単に実行できるAPI
- 位置情報の抽出、その検索
- などなど

　ここで読者としてのあなたに質問があります。ある何かを**紙の本**ですることができて、また違う何かをeBookですることができて、さらにまた違う何かをWebブックですることができるとします。読者にとってもっとも利点があるオプションはどれでしょうか？

　回答は紙の本とeBookを両方とも手に入れることでしょうか？　それともeBook、紙の本、Webブック、すべてを手に入れることでしょうか？　私の回答は、これは純粋に数学的な結論ですが――紙の本、eBook、それとWebブックを全部手に入れることです。

紙の本 ＋ eBook ＜ 紙の本 ＋ eBook ＋ Webブック

　それでは、ネットワークと結ばれた本とはどのようなものになるのでしょうか？
　この問いに正確に答えられる人はいません。でも、この誰にもわからない「何か」が、本は最終的にはWeb上のものとなるだろうという私が持つ確信の根拠です。
　ネット上であるものが公開されると、頭の良い人たちが面白いものを作り始めます。本とネットワークが結びつくと、私たちが想像もつかなかった新しいものが生まれてくるでしょう。私たちはこのプロセスを何回も目の当たりにしてきました。手紙を電子メールで送り始めた時のことを、Twitterでの対話が始まった時のことを、グーグルが地図をインターネットにあげて、それをAPIを通して提供した時のことを考えてみてください。ネット上で何かを利用可能にすると、その中からは想像できないような興味深い、新しいものが生まれてきます。

市場経済とネットの発明精神は、新しい「価値」の流通方法を見つけた人たちに報いるという点に関しては素晴らしく効率的なシステムです。その計り知れないほどのビジネスチャンスと、クリエイティブな可能性が、今は及び腰の出版社にとって、結局はネット上の本を推進する原動力になることは間違いありません。本がネット上にあった方が、読者にとって便利であることは明確です。そのビジネスモデルがどのようなものかはわかりません。サブスクリプション（定額制）？　宣伝？　関連商品の販売？　シリーズ本の刊行？　それともこれまでに考えられていたものとはまったく違う何か？　今この疑問に答えられる人はいません。けれどこの疑問に答える、勇気ある出版社は必ず出てきます。

　古い出版社は追随を余儀なくされるか、それでなかったら消えていくでしょう。

　ネット上の本というアイディアを異端視する人がいなくなることはありません。それはネットが戯言とエゴとノイズであふれているからです。

　でも大切なのは、過去に人々がネットに掲載したマヌケなコンテンツではありません。本がネットと接続された時に可能になる、素晴らしい「何か」が何であるかということです。この「何か」が持つ可能性が、本とネットを愛する人たちの夢なのです。

Web版URL（英語）
http://book.pressbooks.com/chapter/book-and-the-internet-hugh-mcguire

1　http://damiengwalter.com/
2　http://gutenberg.org

9 Web文学：ソーシャルWeb出版

イーライ・ジェームズ

Eli James：2006年にノベラー（Novelr.com）を設立、2008年に「Webフィクションガイド（Web Fiction Guide http://webfictionguide.com/）」の制作に力を貸した。Webベース書籍の形態および機能についてほぼ四年間にわたって取り組み、現在も自ら設立に寄与したパンダミアン（Pandamian http://www.pandamian.com/）で仕事を続けている。Twitterアカウント：@shadowsun7

　今日、とりわけインターネット関連企業の間には「成功の鍵はソーシャルにある」との信仰があります。これは勝手な思い込みではありません。Facebookの台頭が証明している通り、人々が消費者向けインターネットに病み付きになってしまうのも、インターネット自体の利用価値があがるのも、ソーシャルがその中心的役割を担っています。実際、「ソーシャル」活動が一般人向けのインターネットを作ったと言っても過言ではありません。インターネットの起源であるパケット通信ネットワーク、アーパネット（ARPAnet）を設立した研究者らは、共同研究が目的でした。アーパネットがインターネットとなり、電子メール、ビデオチャット、Facebookといった Web に続くソーシャルな発展をみせました。この発展こそが、おばあちゃんたちをもネット世界に誘ったのです。

　現在では写真のソーシャルアプリ――インスタグラム（Instagram）、フリッカー（Flickr）や、ブックマークのソーシャルアプリ――デリシャス（Delicious del.icio.us）、ファインディングス（Findings）があり、最近では読書のソーシャルアプリ――グッドリーズ（Goodreads）、リードミル（Readmill）も登場しています。では出版のアプリはどうでしょう。

Part 2 　将来への展望──本が歩む次のステップ

　ソーシャル活動は出版業から距離を置く傾向にあります。YouTubeの自家製チャネルがハリウッドから遠く離れているのと同じです。でも、プレミアイベントや実際に映画館に足を運ぶ行為とともにあるハリウッドとは違い、出版界の未来はWebでの流通プラットフォームと切り離しては考えられません。出版社が、まもなく自前のデジタルプラットフォームを発表しなければならないのは目に見えています。さらに、そうした活動を通して、出版社は今後ソーシャルな要素を自社プラットフォームに組み込むことを考えるでしょう。では、そうしたソーシャルなWebを出版活動にどのように組み込んだら良いのでしょうか。実際、インターネットは本の書き方をどのように変えてきたのでしょうか。

　ここでは、Webベースのソーシャル出版の周辺を掘り下げてみます。具体的に言うと、著者、読者、そしてWeb出版を実験的に試みている（大半は小規模の）出版社の話です。彼らの活動を見ていくことで、出版界にいる他のプレイヤーたちも利用できるアイディアがいくつか見つかると良いと思います。少なくとも、インターネットとの関係をますます深めていく未来について、また本の未来の形について示唆らしきものを手にできればと思っています。

ファンフィクション

　まずは、誰も語りたがらないけれど無視できないことの議論から始めましょう。ファンフィクション（fan fiction）のことです。2011年7月の『タイム』誌の記事で、作家のレヴ・グロスマン（Lev Grossman）はファンフィクションを出版宇宙界の暗黒物質だと称しています。本流からは見えませんが、**信じられないほど巨大である**と。その通りです。

　2011年3月時点でファンフィクションの代表的サイトfanfiction.netには、短編から『指輪物語』風の大作にいたるまで、実に660万タイトルが存在しています。他にもさまざまなアーカイブがあり、ライブジャーナルのブログがあり、いまも機能しているリストサーブ〔メーリングリスト・マネージャーの一種〕があります。そこに数々の小さなコミュニティが発生し、人々は作品を積極的に投稿し、読み、互いに意見を交わしています。

ファンフィクションはWebより長い歴史があります。記事中でグロスマンがその起源としているのが1964年～1968年に放映されたテレビ番組「The Man From U.N.C.L.E（邦題：0011ナポレオン・ソロ）」で、そこから誕生したファンフィクションがコピーで作成されたファンジンというものになり、手渡しとクチコミで広まりました。もちろん現在のその姿は変わっています。今日のファンフィクションは大半がネットベースとなっています。ネット界に移ったのはWeb幼少期のことで、まずは古くさい掲示板への書き込みから始まり、メーリングリストをへて、現在は前述の非営利サイトfanfiction.netのようなWebベースのデジタルアーカイブが主流となっています。

ファンフィクションが注目に値する理由は単純です。それは必要に迫られてではありますが、その道の人たちが、どこよりも古くからWeb出版を行ってきた事実です。ファンフィクション・コミュニティは数々の興味深い機能を育んできていて、そのいくつかはこれから見ていく通り、他のWebベース出版活動の機能と共通しています。

ここではそのなかでも特にベータリーダー（ベータ読者）、ワークス・イン・プログレス、レビューの三つの機能に注目したいと思います。

ベータリーダーとはファンフィクション用語で、従来の作家にとっての編集者にあたる責任を果たす読者（または作家仲間）を指します。ベータリーダーは普通デジタル手段を通じてコミュニケーションを取り、公開前のファンフィクション作品の文法、構造、一貫性の誤りがないかを確認します。ベータリーダーと著者の関係は時として相互的関係となります。つまり、他の著者の「ベータ」役を果たす著者は、引き換えに他の著者に「ベータ」役になってもらうというものです。

注目に値するのは、ベータリーダーがファンフィクションに限った存在ではない点でしょう。自費出版でも、著者は編集過程において一人、ないし二人のベータリーダーの助けを借ります。ゾーイ・ウィンターズ（Zoe Winters）は著書『Smart Self-Publishing: Becoming an Indie Author（賢い自主出版――インディー著者になろう）』の中で、彼女が仕事をともにするベータリーダー全員とソーシャルネットワーキングを通じて知り合ったと言っています。

従来型の作家もベータリーダーの力を借りることがあります（クリティーク・

Part 2 将来への展望──本が歩む次のステップ

パートナーやライティング・パートナーなどと呼ばれます)。サンフランシスコ・ライターズ・グロット〔作家や他の分野に携わる人に「場所」を提供する団体〕で私が話をしたフィクションライターのほとんどが、お互いにクリティークをし合うパートナーがいるか、探しているという状況でした。彼らが知っている作家仲間の大半もそうしたパートナーがいるということでした。もっとも、こうした伝統的な出版をした、つまり紙の書籍を出版した著者たちが、作家の集まりや会合でクリティーク・パートナーと知り合ったのに対し、Webベースの作家は当然ながら、Webを通じてベータリーダーを見つけています。

ファンフィクションの世界には**ワークス・イン・プログレス**という形態があります。著者がサイトに章を公開するとすぐに、その章などに対し読者がコメントできる形態です。ブロゴスフィア〔ブログ圏：すべてのブログとそのつながりを包含する総称〕と比べて何ら新しいものではありませんが、これはこれで、他のやり方ではまずあり得ない、読者と著者との緊密な関係作りに役立っています。また、ファンフィクション作家のモチベーション維持にも役立ちます（後で検証する通り、この二点はさまざまな理由から重要な意味を持っています）。

最後に**レビュー**。レビューはサイト上に作品がある間は、その作品が完成前でもいつでもfanfiction.net[1]に投稿できます（いずれの場合も、レビュアーは章番号を記すので、読者はそのレビュアーがどの章について書いているのかがわかるようになっています）。YouTubeのコメントと同じく、レビューの質にはかなりばらつきがあり、わずか1行のものから（次の章を読ませてください！──ニック、2012年12月12日、『Harry Potter and the Methods of Rationality』について）、著者の作品のなかで試されているアイディアを分析する長いものまで多岐にわたります。

fanfiction.netに寄せられるレビューの大半は、著者と直接コミュニケーションを取ろうとするものです。例として「ホブル」と名乗るユーザーから送られたレビューの最後の段落を見てみましょう（2011年12月13日、『Harry Potter and the Methods of Rationality』について）。

でも全体として見れば、素晴らしい作品。僕は、僕ら全員がそう思います。そ

れとしゃれた物言いの数々……素晴らしい。こんなにも素敵な愛の労働にお礼を述べるとともに、あなたのとほうもなく多彩な才能がこれからも磨かれることを願います。もらって当然の、輝かしきレビューをいくつか読みましたが、うなずくしかありません☺。それからもうひとつ、元神童として、自分を重ね合わせられるキャラクターを作ってくれてありがとうございます（孤独と孤立感のことで、他のことではありません）。
　あらためて感謝。

　サイトへの参加者が行っているのは、昔から読者と著者がやってきたことと変わりません。読者とお気に入りの著者の間で交わされるコミュニケーション、双方に同じくらいの喜びをもたらすコミュニケーションです。ただし以前は手紙でのやり取りだったのですが、デジタル読者対著者の交流はWebという高速メディアを介してなされています。

　交流の速さが重要な理由は他にもあります。ブロゴスフィアやニュースサイトにおけるコメントと同様、ファンフィクションは現代の若者たちにとっては当たり前の参加型の読書文化を作り出します。これは一笑に付せるようなものではありません。2008年の『ニューヨーク・タイムズ』紙の記事「Literacy Debate: Online, R U Really Reading?（識字討論──オンライン、本当に読んでいるの）」は、十代の大半がオンラインでの読書を好む実態を明らかにしています。ファンフィクションの書き手および読み手で（「ブック」フィクションよりファンフィクションを好む）15歳のナディア・コニック（Nadia Konyk）は「大学に入りたいならもっと本を読めだなんて、誰にも言われたことないわ」と語っています。
　コニックがファンフィクションを好むのは、「独自のキャラを足せるし、好きなように話を変えられるから」だと言います。前出のグロスマンの記事に登場する別のファンフィクション読者／作家も「即興的で楽しいから」、そして「ちょっと政治的行為でもあるから」参加しているのだと語っています（例：「ＭＧＭは腰抜けだから、メガヒット作品にゲイの男を出さない……ふむ、では手直しと行きますか」）。
　ここでの論点は、民主化された市場における反知性主義ではありません（それについて論じている本もありますが。ジャロン・ラニアー（Jaron Lanier）の『人間は

ガジェットではない』(早川書房刊)を参照)。私が指摘したいのは、ソーシャルインターネット界への移行を考えている出版社は、好むと好まざるとにかかわらず、参加型の特性を持つ媒体とつきあっていかなければならないという点です。ネット上では、読者と著者はしばしば一体となっていて、彼らは**原著に手を入れて**いきます。これを著作権侵害と見る向きがある一方、ファンはこれを愛情から生まれた労働とみます。デジタル優先の出版社ならば、これを受け入れ、順応するのが得策でしょう。

本論でファンフィクションの合法性について語っていないのは、ここではその必要がないからです。なぜかというと、今の著作権法下では、ファンフィクションがビジネスとしての出版活動とみなされることはまずないからです。ここまでWeb読書を支える基本的特性や傾向を見てきましたが、次は出版社にとって使い勝手の良い形態に目を向けてみましょう。

Webフィクション

Webフィクション(Web fiction:別名Web文学〈Web Literature〉またはウェブリット〈WebLit〉)はWeb用に執筆、出版されるオリジナルのフィクションを指します。フォーマットはファンフィクションと共通するところがありますが、まずは相違点から見てみましょう。

ファンフィクションと違い、Webフィクションはブログやブログ風のWebサイトから出版されます。Webフィクションの著者は、ファンフィクション作家よりもさらに本格的な道を志しているのが普通です。Webフィクションの著者が連作ものを書き、それを完成させた時点でeBookとして出版するのは珍しくありません。Webフィクションの決定的特徴は、もっとも大規模で、もっとも成功しているWebフィクションサイトには、大きなコミュニティと呼べる多数の読者が集まり、著者が1章分をポストするやいなや、たちまちのうちに活発な議論が巻き起こるという点です。

例えばそうしたWebフィクションサイト「The Legion of Nothing」[2]のコメントセクションで交わされた議論を以下にあげてみましょう。

サイラスコヴァ：
　ブッチ（男役のレスビアンの呼び名）でもいいじゃない。

　どういうわけか、サムの人物像をすぐに忘れちゃって、しょっちゅう戻っては確かめています。でも彼女はすごくクール。

　またまた月曜にぴったりの読み物。

キャプテン・ミスティック：
　プラスチックの破片が、壊れたトランスポンダーか何かだったら別だけど、どうしてサムが彼らの場所を突き止めようとしたかわからない。それとトロールたちがブッチなら、あの追跡能力はロッドが持つのが筋じゃないかな。この形容詞は使うの、よそう。

マッドニンジャ：
　サムは魔法使い、だから車のプラスチック片を使って誘拐犯を探し当てられるんだよ。

トーマス：
　マッドニンジャに賛成、魔術的類似の法則でしょう。キャプテン・ミスティックなら、それくらいわかって当然だと思うけど。
　ただ、うーん、ブッチは必ずしも褒め言葉じゃないかも。そう呼ばれたいなら別だけど。

ジム（著者）：
　キャプテン・ミスティック／マッドニンジャ／トーマスさん：それがおおよそ僕の狙いです。

サイラス：
　サムにはふたつの描写があって、そのうちのひとつの方が、もうひとつのと

比べるとリアルっぽい気がします。そのあたりをもう少し掘り下げられたら、もう少し違った……。

ロジャーウィルコックス：
「彼らは誰どこ」って？

ジム（著者）：
　ありがとう。入力ミスは、他の人が見ると一発でわかるんですよね、毎回驚かされます。

　こうしたやり取りには中毒性があります。これは経済的にも有益な意義があります。もしもジム・ゾーテウェイ（Jim Zoetewey）が『The Legion of Nothing』〔The Legion of Nothingはサイト名と同時に作品名〕のパート1をまとめて出したら、私やコミュニティの読者の多くは発売と同時に買う（そして知り合いに宣伝する）でしょう。

　Webフィクション界では他にも興味深い試みがなされています。作家のマイケル・C・ミリガン（Michael C. Milligan）はかつて「ノベル+」なる実験を試みていました。毎週、自身のサイトに新しい章をアップし、待ちきれない読者はお金を払い、Web上およびPDFファイルで作品の全編にアクセスできるロックを解除するという仕組みでした。作家のM・C・A・ホガース（M.C.A Hogarth）の連作『Spots the Space Marine』には「スポンサー（資金援助者）」が付いており、読者がスポンサーとなって次章執筆の資金援助をする仕掛けです（スポンサーが集まらない限り、新しい章も出てこない）。現在のところ、作家と読者の双方にとってうまく機能しています。

　ただ残念ながら、Webフィクションにおけるこうした値付けの実験は、eBookの人気があがるにつれて勢いを失いつつあります。Webフィクション作家の多くは今や、連作を執筆してネットで公開し、コミュニティを構築し、eBookの発売というパターンを踏襲しています。また、こうした実験的値付けモデルがWebへの移行を考える出版社に合うかどうかも定かではありません。こうした戦略は、採算は取れ

るでしょうが、出版業界で起きているeBookの爆発的消費量とは比べようもありません。eBookは「楽」にもうかります。そのため、それだけに専念する方が理にかなっています。

　ここでひとつ興味深い疑問が浮かんできます。**一人だけで書き、eBookを出版するほうが経済的に理にかなっているにもかかわらず、なぜWebフィクションを書く**のでしょうか。

Webフィクション：双方向性

　答えは驚くほど簡単です。鍵は双方向性（インタラクティビティ）にあります。双方向性は時を移さず満足感が得られる**魅力の源**です。自分が作家で、ちょうどひとつの章を書き終えたところを想像してみてください。読者からすぐさま反応が返ってくるのは楽しいし、努力が報われたとの思いを完成してすぐに味わうことができるのはうれしいでしょう。投稿してから何時間もしないうちに、読者は登場人物の気持ちについて討論し、前の章を振り返り、さらなるアップデートを求めて熱弁をふるってくれます。

　読者のコミュニティが大きければ、読者からの反応が作家の出版したい気持ちを満たしてしまうこともあります。Webに書くことで十分な満足感や、やりがいが得られるので、以前ほど熱心に本を出したいとは思わなくなったと語るWebフィクション作家を私は何人か知っています。自費出版の道もあるなか、原稿を出版社に送っては断られるパターンを繰り返すこれまでのやり方を選ぶ。Webフィクション作家にとってそんなことをする理由はないのでしょう。

　ユーザーをひきつけるのに、ソーシャルインタラクションを餌にするのが有効であることは、インターネット新規事業者には以前からよく知られています。多くの人たちがFacebookを繰り返し訪れるのは、友人が自分のことを（あるいは自分に）何か言っていないか確認するためです。新しいメッセージがあるとの知らせがくれば、多くの人がすぐさまTwitterやメールをチェックします。

　フィードバックがあれば数百万の人間を執筆に携わり続けさせられることは、

ファンフィクションが証明しています。量と質がある程度保たれれば、そうしたフィードバックが作家の出版したい気持ちに勝ることをWebフィクションが証明しています。この二点はeBookの話題が注目されている現在、あまり論じられていませんが（実際、eBookの議論は経済性に関する話題が大半を占めています）、今後、Webを優先する出版に移行すれば、当然論じられることになるでしょう。Webフィクションはツールのひとつとして、出版社が理解しておくべき事柄でしょう。

Webフィクション：発見性

　Webフィクション作家が出版社と共有する問題は他にもあります。Webフィクション作家が読者数を「増やす」ことと、作品を「売る」ことに真剣であるというのはつまり、出版界でおなじみの問題に彼らも直面しなければならないことを意味します。その問題とは、発見性（ディスカバラビリティ）です。

　Webフィクションのコミュニティはこれまでいくつかの方法でこの問題に対処してきました。読者数を増やす責任は、最終的にWebフィクション作家自身が負っています（やり方は行き当たりばったりと言わざるを得ませんが）。過去に成功した試みには次のようなものがあります。Webコミックサイトでの宣伝、クチコミ、クロスプロモーション——Webフィクション・アンソロジーを介して、あるいは似た話題を語るブログのゲストブックへの投稿を通じて、などです。

　実際、Webフィクション作家が試してきた戦略の多くは、サイトオーナーがトラフィック数を増やすために行ってきた一般的手法と変わりません。これは考えてみれば当たり前です。Webフィクションは、小説や書籍となる可能性がありますが、それと同時に、まず最初はWebサイトとして誕生するからです。

　クリス・ポワリエ（Chris Poirier）やWebフィクション・コミュニティの作家、編集者らとともに、2008年、私はWebフィクションガイド（webfictionguide.com）でのWebフィクション用のフィルター（filter）作りに協力しました[3]。このサイトは推薦エンジン、エディトリアル・レビュー・システム、レビュー活動をまとめるフォーラムも提供します。ここで提案された利点には、インディー作家がアマゾンなどのアグリゲーテッド・プラットフォームで作品を販売する時に、使い続けてき

た種類のネットワーク効果などが含まれます。

　この利点をさらに提供しやすくするために、ポワリエがサイトの再デザインに取りかかるなか、私たちは現在いくつかの要素を見直しています。ただし、アマゾンのエコシステム外での作品販売を考える出版社および作家はいつか、ネットワーク化された推薦システムを失うコストがどれくらいかを考える必要に迫られるでしょう。独自のプラットフォーム構築はひとつの可能性ですが、困難を伴うし、費用がかさむ場合もあります。それでも希望はあります。次に紹介するインディー作家のマーケティング手法が、私たちに代替戦略のヒントをくれるかも知れません。

インディー作家とソーシャルWeb

　インディー作家とは、従来型の出版社の力を借りずに執筆、編集、出版を行う自主出版著者のことを言います。今日のインディー作家は次のような形（一般的ではありますが）でアマゾンのネットワーク効果に依存しています。

1. 自身のブログ、Twitterやグッドリーズ、Facebookのアカウントを利用して読者をメーリングリストに登録させる。
2. メーリングリストはむやみに使用せず、例えば（a）著者が新作を発表した時、または（b）著者が販促、コンテスト、無料サンプルの配布を行う時などに限って利用する。
3. 新作が完成したら、著者は電子メールでの告知をリンクでつながっているアマゾンのセールスページに送る。
4. 最初の売り上げ増を受け、その本のアマゾンのeBookランキングが上昇する。前段階1がうまくいっていれば、メーリングリストはそれなりの規模になり、その本はアマゾンのランキングが効果を生み出す地点に到達する。そうしたリストを通じて新たな読者がその本を発見し、購入の好循環が始まる。

　これはもちろん理想の話です。すべての作家がこれを成しとげているわけではありません。しかし成功した作家はこの基本戦略に似たものを利用しています。1冊

の本に満足した新たな読者の一部がその作家の他の本も買うので、多作な作家は段階4でさらに利益を出しています。

　ここで果たすソーシャルメディアの役割の大きさは見逃せません。インディー作家は作品をWebフィクション作家のようにWeb上で公開はしませんが、大半は熱心なブロガーです。そうしたブログは彼らの読者が集まる中心的な場所となっています。

　こうした作家たちはアマゾンで発見される可能性を高めるべく、無料eBookを配布（あるいは驚くほどの安値で販売）します。メーリングリスト登録の謝礼として無料eBookを提供する賢い者もいます。メーリングリストは自身のブログと併せて、インディー作家の販売戦略のすべてとなっています。

　セス・ゴーディン（Seth Godin）はこの手法を「アーニング・パーミッション（earning permissionパーミッション獲得）」と呼びます。彼は自身の出版実験「ドミノプロジェクト」の期間中にこの手法を用いました。編集者のマンディ・ブラウン（Mandy Brown）も同様のことを言っています——いわく、出版社は販売を行う資格免許としてコミュニティを育む必要がある。根本にある考えは変わりません。ジム・ゾーテウェイが本を出すと決めたら、私がそれを買うのと同じ原理です。著者のメーリングリストに登録している読者はその著者による新しいeBookの購入に気持ちが傾きやすいし、出版社のコミュニティに参加している読者はそうでない人よりもお金を出す可能性が高いというものです。

　出版社はコミュニティを構築すれば、アマゾンのネットワーク推薦への依存度を抑えることができます。そうした出版社は言うなれば、読者の積極的な参加によって発見される可能性を手にしていると言えるでしょう。

出版社にとっての教訓

　ここまでいくつかの点を検証してきたわけですが、ここから何かひとつ核となる考えが浮かび上がってくるとしたら、それは何でしょう。

ソーシャルなインタラクションには中毒性がある。満足感を与えてくれる。利用しない手はない。これが私のエッセーの中でいちばん大切なメッセージです。これまで見てきた通り、ソーシャルなインタラクションは執筆過程におけるベータリーダーから、コメント、レビュー、Webフィクションおよびインディー出版界のブログ会話にいたるまで、今日のWeb出版のあらゆる面に浸透しています。読者とのインタラクションがWeb作家の欲求を満たし、従来型の出版を求める思いを抑える様子も見てきました。また、ソーシャルなインタラクションによって、数百万もの作家がファンフィクションに携わり続けていることも述べてきました（Webフィクション、ファンフィクション双方のコミュニティの事例は、現在の一部の若者たちの間でファンフィクションが**フィクションの書き方を学ぶきっかけ**となっていることを示しています）。

伝統的な出版形態により近い自費出版の著者も、自身のブログやFacebookおよびTwitterのアカウントを通して読者と関わっています。基本的にこれは、昔ながらの作家が受け取ってきたファンレターと何ら変わりません。ですが、先に見た通り、今日のインディー作家は、そうしたソーシャルメディアを自著の売り込みだけでなく潜在的読者の獲得に利用していることも私たちは知っています。

しかし「真剣」な出版には、これがほとんど見られません。世界がeBookに移行しつつあるなか、インタラクティビティがさほど論じられていない点は前にも述べました。多くの出版社の最大関心事は経済性にあるので、経済第一の点は理解はできます。しかし「イーブッコノミクス（ebookonomics）」についての議論が重要である一方、インタラクションがWeb活動の大半を占めるという事実を出版社は避けて通ることはできず、いつか正面から向き合わなければならないでしょう。私たちもまた、社会として参加型デジタル文化へと移りつつあります。出版社がデジタル様式に移るのなら、この現実への対処を迫られます。

では、出版社はソーシャルメディアをどのように利用できるのでしょうか。もっとも簡単な方法は、インディー作家が利用しているマーケティング手法を取り入れ、ネット上で顧客とつながることです（この方法は押し付けがましくなく、誰でも考えつきます）。これとは別に、実施がやや難しい方法もあります。それは、著者に読者とのより良いインタラクション手段を提供するというものです。技術の進歩がこ

れを可能にしています。その著者の本がWebサイトとして存在するのなら（形はWebフィクションと同じですが、その存在場所はペイウォールの向こう側、つまり利用料を支払った読者だけがアクセスできる場所になるでしょう）、出版社は、Web作家が自分の作品から得られるのと同じ価値や喜びを著者に提供することができます。文章をめぐって読者たちと直にやり取りしてもらうのです。

これは思うよりも実行する方がずっと簡単です。もっとも基本的な方法は、出版社が著者のブログからWebサイト、メーリングリストまで、すべてを構築および維持してあげる方法です。そうすれば出版社は、その著者を見つめる観客（読者）を新たに作れるし、既存の観客の目を著者のサイトに向けさせることもできます。

ネット上に読者と作家のための会話スペースを出版社がもうける機会はあります。数百万に及ぶそうした会話がWeb上で毎日行われていると証明されている時にはなおさらでしょう。出版社が運営するサイト、トール（tor.com）[4]は、こうしたスペースの良い例でしょう。この手のスペースはデジタル出版社に読者に対する「パーミッションを提供してくれるもの」と言えます。インディー作家が読者をメーリングリストに登録させるのと同じような手法です。たとえこれが狙いどおりに行かなかったとしても、高いレベルのインタラクションだけでもサービスの提供に値する価値ある提案であることに変わりありません。著者のモチベーションが読者の反応によってあがるのならば、出版社にとってもそれに勝るものはないでしょう。

この可能性に賛同するしないに関わらず、ファンと作家がこれまでそうしてきたように、出版社がソーシャルWebを受け入れる必要があることは間違いありません。インターネットの参加型文化がそれを求めています。そして、これは良いことです。出版社、出版社が抱える作家、作家が抱える読者にこれまでなかった数々の可能性を与えることができます。ワクワクさせられますね。

追記：ソーシャル出版における他の実験

このエッセーのなかでまだ語られていない他の実験について、簡単に触れてみましょう。

1) 複数で共著するクラウドライティング（集団執筆）が、うまく行かないことはすでにわかっています。2007年、ペンギン社とデ・モントフォート大学のメディア専門家らがウィキベースのクラウドライティングプロジェクト「ミリオン・ペンギンズ」を立ち上げましたが、あらゆる点で失敗しました。アリス・フォーダム（Alice Fordham）は2007年の『タイム』誌で「プロジェクトは〈小説A〉と〈小説B〉に分裂し、異なるエンディングにつながる複数リンクもあった」と報じ、おかしな一人の書き手がやたらと物語にバナナを登場させたがり、意味がわからないと一段落を割いて述べています。

2) 一方、うまく行くかどうかが、まだはっきりとしないソーシャルリーディングの形態も数多くあります。本の未来研究所（The Institute of the Future of The Book）は2008年に「黄金のノートプロジェクト」[5]と題した実験を行いました。7人の著名な女性にドリス・レッシング（Doris Lessing）の『黄金のノート』（エディ・フォア刊）を5～6週間で読んでもらい、そのWebベース本の余白に随時コメントを書いてもらいました。プロジェクトは成功し、イフ：ブック（if:book）のディレクター、ボブ・スタイン（Bob Stein）は参加した女性たちがみんな大いに楽しんでいたと語っています。

3) Webフィクション作家マイケル・C・ミリガンは、「ライブライティング」と称する実験を行いました。Web上で小説を三日間で書き上げ、その様子をライブで公開するという試みでした。執筆はJavaScriptを使ったフロントエンド上でなされ、タイプした文字はすべてその場でデジタルキャンバス上に表示されました。それだけではありません。観客（読者）はTwitter、チャット、執筆の模様を中継するライブ・ビデオ・ストリームを通じてミリガンとインタラクションを行いました。これらのチャネルは読者の意見を物語に取り入れるために利用されました。ミリガンは毎回、新たな章を書く前にいくつもの質問を読者に向けてツイートし、物語を微妙に変えていきました。そして三日目の最後に編集し、購入を希望する観客、およびライブ執筆中に購入した人に作品を送りました。

これらはいずれも今すぐ経済価値につながるというものではないかもしれませんが、その一方で、Web出版で可能なさまざまな形の参加型形態を示してくれています。こうした実験で発見されたアイディアのどれかが未来のデジタル出版社にとっ

て有益なものになることは十二分に考えられます。今日、これまで述べてきた事象が私たちに出版の近接領域の可能性〔adjacent possible：ある新しいテクノロジーが創造されると、今まで可能でなかった事柄が可能になってくるということ〕を示しています。

Web版URL（英語）
http://book.pressbooks.com/chapter/web-literature-eli-james

1　http://www.fanfiction.net/
2　http://www.legionofnothing.com
3　http://webfictionguide.com/
4　http://tor.com/
5　http://www.thegoldennotebook.org

⑩ 言葉から本を作る

エリン・マッキーン

Erin McKean：ワードニク（Wordnik.com http://wordnik.com/）の創設者。オックスフォード大学出版局の米語辞典の編集長を務めた経験を持ち、新オックスフォード米語辞典第二版の編纂者でもあった。Twitterアカウント：@emckean

　古くから物書きの頼りとする道具箱の中には、辞書とシソーラス（時には引用文集やその言葉が言及された例を集めた本なども含まれる）が入っていた。シソーラスは言葉を体系立てて整理した辞書のことである。どちらも他の本を書く時に使われる。自分たちが書こうとする説明や物語を完成させる前、あるいはセンテンスやパラグラフを書き上げる前に、その言葉が持つ勢いや妥当性を書き手に伝えるものである。

　しかし、多くの著者はこれらの道具を使わない。あるいは使わないように教えられてきた。サーカスでも安全ネットを使わない空中曲芸師がいるのに似ている。ヘミングウェイは「もし作家に辞書が必要なようなら、そいつは書くべきじゃない」[1]と言い、サイモン・ウィンチェスター（彼自身は『オックスフォード英語大辞典』にまつわる二冊の本の著者である）はシソーラスを「語彙に対する横着な道具」[2]と呼んでいる。自動スペルチェッカー[3]の欠点を非難する声は大きく、耳をふさぎたいほどだ。

　そのためこれらの道具に警鐘をならす人々がいるのは驚くにあたらない。時間とともに変化しない紙や電子の辞書やシソーラス（または引用文集や言葉の言及がな

10. 言葉から本を作る●143

された例を集めた本)は、時代遅れで、不完全で、不適当な内容になりやすい。それはこの種の本が備えている性格による。辞書やシソーラスは、すでに出版済みの限られた数の作品の中から言葉の意味や使い方を追っているだけだ(現在の『オックスフォード英語大辞典』オンライン版ですら、わずか300万の作品の引用を含んでいるだけだ。『オックスフォード英語大辞典』第一版では4500の作品の引用があるにすぎない)。例えば辞書がどうやって新たに生まれた語彙をとらえるのかご紹介しよう。まず書き手が言葉を生み出し、あるいは言葉の意味を変える。そしてその新たな言葉が作品として出版される。続いて辞書の編纂者がそれを見つけ、新たな言葉が収められた辞書が出版される。こうした一連の長い過程が必要なのだ。新たな言葉が発見される、あるいはその言葉が収められた辞書が出版されることは、数少ない。この過程においては、拾われずに埋もれてしまう言葉の方が圧倒的に多い。

　辞書もシソーラスも長い間、紙の印刷物であった。だからもっとも広く当てはまる意味、あるいはもっとも一般的な使い方に言葉を圧縮する必要があった。紙の辞書では、その言葉が使われるはずのすべての文脈、すべての言葉を網羅するのは不可能だ。また、紙のシソーラスでは、細心の注意を払う書き手に対して本当に助けとなるすべての類語、反意語などの情報を与えることはできない。

　だが、すべての本が「真の意味のデジタル、なおかつユビキタス」であれば、伝統的な辞書やシソーラスは無用となる。集められた言葉の海原そのものが多少の数学的な助けを借りるが、まさに「辞書」となるのだ。つまり、辞書は独立した存在ではなくなるか、辞書とシソーラスのふたつに、はっきり分かれたものとなる。その辞書はすべてのデジタルテキストとそれと合うコンテンツや文脈の上に重なり、ユビキタスなメタレイヤーとなる。文を作り、意味を理解する時の答えとなる。

　真の辞書のメタレイヤー。これは刻々とアップデートされるものだ。その情報は無尽蔵であり複数のレイヤーが重なる。脈絡により導かれ、文が豊富で、インタラクティブで、最終的には読む、書くという作業の中の感覚的な部分と一体化していく。将来のある時点では、辞書を取り巻く状況がプル技術〔インターネット上の通信方法のひとつで、クライアントより発生する通信リクエスト〕ではなくプッシュ技術〔プル技術の逆。通信リクエストが出版社側やサーバから発生する〕となる可能性も

ある。読み手や書き手の行動を学習し、知らない言葉を推測し、当てはまる言葉やフレーズを欄外に表す。また何度も使われすぎた形容詞があれば、自動的にその代わりの言葉をわかりやすく示していく。どんなテキストでも利用できて、インターネットのように、また物質の原子と原子が結びついているように互いに直接、接続していることが理想だろう。

　どんな言葉でも、読み手や書き手はその言葉に対し「もっとも近い」（あるいはもっとも適切な）情報を呼び出すことができる。読み手や書き手は他の例を探すこともできる。同じ本、同じ著者、またはそのテーマに近い作家、同じジャンル、同一あるいは同様のテーマ、同じ出版社、同じ年に出版されたテキスト、同じ地域から、その言葉に対する他の例や情報を探すことができるのだ。また、共有する文脈例を見つけることもできる。例えば、りんごが金であるというすべてのセンテンス、そしてこの形に近い表現が使われているセンテンスを古代ギリシャ神話の中から探すことができる。

　また、双方向のコミュニケーションも可能となる。読み手や書き手はコメントや投票が可能となる。それ以外にも、その言葉の一定の使い方、意味、配置、その他フレーズや引用文について、賛成か反対か、あるいはそれぞれの立場から主張し合うことも可能だ。言葉の用法に頑固な意見を持つ人々（彼らのことを「文法ナチス」とも言う）は、もちろんこの双方向コミュニケーションに割り込んでくることができる。「Impact」という言葉が動詞として使われていたり、あるいは「funner」という単語が比較形容詞として用いられていたりした場合などに、自らの意見を主張してくる。言葉と言葉のつながりをその使用法（書かれる頻度と読まれる頻度の両方）と文脈（言葉の違いをはっきりと示し、類語を選ぶプロセスがさらに的確となったシソーラス）から確認することができる。

　現在のスペルチェック用プログラム、そして文法チェックのプログラムにも同じことが言える。どちらも「心の理論」というべきものが欠如しているために、何度も何度もしつこいほどに、意固地ともいえる提示を繰り返す。この今のプログラムの代わりに、私たちは文の脈絡に導かれるファジー・マシーンを得ることができる。このファジー・マシーンは「there」と「their」の違いを認識するばかりではなく、正しい名称や、新たな形態素〔言語学の用語で意味をなす最小の単位〕の組み合わせも

理解する。このファジー・マシーンでは「fallacious〔人を惑わす、ごまかしの〕」と「omni〔すべて、すべての場所、すべての時〕」という接頭語を理解した場合、「omnifallacious〔すべての場所、すべての時に同時に存在する悪。例えば悪魔など〕」という言葉でつまずかない。ファジー・マシーンの技術（「バスティ・Nグラム法」[4]などという素晴らしい名前がつけられている）はアイディアが作られていく形跡を追うことができる。あるいは盗用者を見つけることもできるはずだ。語彙と思考のパターンを見つけ出す技術は、有名な言葉にリンクを張り自動的にハイライトすることができる。その言葉の語彙化の歴史ともいえる引喩をはっきり示すことも可能だ（もちろん、すべてをはっきりとさせずに、発見の面白さを奪わずに残すこともできる）。

このファジー・マシーンの情報レイヤーには、伝統的な情報源、つまり今ある辞書やシソーラスを組み入れることができる。その組み入れ方はひとつではない。普遍性のある広範囲なものに焦点をあてることもできるし、逆に専門性のある特定範囲に焦点をあてることもできる。また、すべてのテキストを「言葉」についての知識の情報源として扱うこともできる。言葉を、ものごとを説明するための単なる道具とするのではなく、言葉自体とテーマとするセンテンスは数多い（Wordnik.comはテキストの中にある「言葉」をテーマとするセンテンスだけの検索を行う――私はこれを「フリー・レンジ・ディフィニション」と呼んでいる）。なかにはとても教訓的なものがある。

「アグアンテイドラ（aguantadora）とは『それ』と戦い続け、先に進むことをやめない人間だ――『それ』とは何であっても、人生が我々に向かって投げつけてくるものだ」[5]

また、もっと挿入句的なものもある。

「このシンポジウムは、アソシエーション・コピー〔著者がかつて所有していた、あるいは著者が注釈書きを記した本〕とその類の本が、いかにより良い読書体験をもたらすかについての新たな52のエッセーを紹介する。そのなかには語源学の情報が含まれているものがある[6]。例えば、『Absorptive capacity（吸

収のキャパシティ）』。二十世紀後半に登場した言い方。新たな情報の価値を認識し、どの部分を採用し、技術革新や変革に応用するかの能力を指す[7]」

〈コンピュータ技術が従来の辞書で利用されたとしても、電子の辞書が苦手とする分野は残る。それは語源学のはずだ。つまり、仮に意味というものが、その言葉の周囲からの統計的データだとするならば、語源学は人間的で専門的な調査を要する言葉の系譜を探る作業だろう〉

　また、明らかな感情、あるいは暗示的な感情を加味させることもできるだろう。例えば「私はXという言葉が好き」で検索すれば、Xという言葉に対して「げっぷ」「もの珍しいもの」「ドゥーシュバッグ〔仲間内の呼びかけの言葉、うざい奴、膣洗浄用の器具〕」などという言葉が現れる。「私はXという言葉が嫌い」とすれば「知恵遅れ」「節制」「ハビー（夫）」「自制心」「湿った」などが現れる。同様なテクニックがサックス・ロックス[8]のサイトでも使われている。
　辞書と百科事典の違いは、主にその対象にある。辞書は言葉を対象とした専門的百科事典ということができるし、百科事典はものが対象となっている。それゆえ、私たちのテキストの海原は、百科事典タイプの事象の検索も可能なはずだ（明らかにセマンティックWeb[9]に近い）。歴然とした事実に基づくステートメントを検索した場合（あるいは、「ユニコーンは美しい動物だ」「ジョン・カーターは南北戦争に参加した戦士で火星に送られた」などという想像上のものに対する事実のステートメントを検索した場合）、私たちの百科事典タイプの記載は、他から出典された記述や人間である編集者がそこまでやる必要がないと感じ、その記載に含めなかった文を自動的に作り出して補足することができる。
　次の理論的なステップは、その言葉の情報だけではなく、その言葉に関係するコンテンツを見つけ出すことだろう（この考え方が多くのデジタル化プロジェクトの背後にある推進力の源となっている）。トピック・インデックスや関係書目録、著書目録はさらに充実され、さらなる索引づけも可能となり、さらに機能的なものとなる。この状況はもちろん情報過多になり「もう少しだけソースを見てみよう」という症候群に陥る可能性が大きくなる。

Part 2　将来への展望――本が歩む次のステップ

　言葉の海原で探す質問は、その言葉の意味、誰が使ったか、どう使ったかなどの言葉に対する伝統的な質問だけではない。大規模なテキスト分析を行い、言語や文化についてのさらに広範囲な質問に答えることができる。リサーチャーに言葉で代表されるアイディアを調査するツール（まだ荒く初歩的であることは認めるが）を与えるという目的のため、500万点を超えるデジタル化された本がグーグルのeBookストア、Googleブックスからリリースされている（Nグラム法カウントの形態により[10]）。

　例えば、「-ess〔女性を示す名詞語尾〕」というフォーム（例えば、proprietor〈所有者〉に対するproprietress、ambassador〈大使〉に対するambassadressなど）の相対的なトレンドを、変わりゆく女性の役割という事象とともに調べることが可能だ。2010年12月『サイエンス』誌に掲載された論文は、「カルチャロミックス」というこの新たな分野の概要を述べている。「カルチャロミックス」を定義すると、「高い情報量データの収集能力と文化人類学の研究・分析を相互に応用させたもの」となる。この論文の著者たちは、英語語彙の52%、あるいは「英語書籍の中で使われている大半の言葉」は「語彙的暗黒物質」であり、これまでの参考文献のなかでその言葉についての記載を探しても見つからないという。

　すべてのデジタルテキストを単一の言葉の海原として扱うことで、さらに楽しくさらに学問的な何かが生まれるのは間違いない。ひとつのテキストをもとに、その先につながる言葉を道案内として、他のテキストに移っていく方法を考えてみよう。

　　「みんな同じ部屋で寝ていたことは確かだ。だが、自分のハンモックがあって、自分の毛布で身を包んで、自分の好きなように寝るんだ（sleep in your own skin）」

　『白鯨』（ハーマン・メルヴィル著）の一節だが、同じフレーズ（your own skin）で終わるセンテンスが『アンクル・トムの小屋』（ハリエット・ビーチャー・ストウ著）にもある。

　　「ここにひと月いたら、誰かを助けるなんてことはもうしなくなるさ。自分の面倒をみるだけで本当に大変だってわかるさ。（You'll find it hard enough to take care of your own skin）」

長いフレーズを使って、テキストからテキストへと最小のステップでたどり着くといったゲームも考えられる。また、かけ離れたテキスト（日付、出版された場所、トピック、著者たちの政治的発言の内容など）の思いもよらないつながりを見つけることもできる。例えばナボコフ（Nabokov）、シェークスピア（Shakespeare）、ノーラ・ロバーツ（Nora Roberts）が使った言葉でプレーすればボーナス・ポイントがもらえるとするゲームなども考えられる（その出版社や著者の認知度を高めるために、出版社がスポンサーとなってゲームの賞品を提供することもあるだろう）。マッドリブ、クロスワード・パズル、ワードサーチ・ジャンブルなど、言葉遊びの可能性は無限だ。

デジタルテキストのひとつの強みは人による注釈、ブックマーキング、シェアリングが可能となることだ。人が作るデータのマイナス面はバイアスがかかる可能性と、人の集中力に限界があるところだろう。テリー・ジョーンズ（Terry Jones）は彼のエッセー「eBookはなぜ書き込み可能になるか」（本書11章）でこんな質問を投げかけている。

「ただそう仕向けさえすれば、ユーザーは喜んで興味のあるものやWebページについて教えてくれる。それなのに、どうして複雑な記号論や自然言語を理解しようと苦労する必要があるだろうか」

ユーザーは多くの場合「みんなが知っていること」を無視し、特別な事象に注意を向ける。『オックスフォード英語大辞典』は早くからこの問題に直面した。読者は珍しい言葉や知識として身につけた言葉に集中し、日常に使う英単語は無視した。編集主幹のジェームズ・マレー（James Murray）はこう不満を述べている。「**Abusion**〔濫用、Abuse〈アビューズ〉、不適当などの意味〕について、我々は50回もメモ記載を見つけた。**Abuse**〔濫用、悪、不適当などの意味〕は5回もない……」[11]。統計学のテクニックを使えば、人々が注意を向けるホットスポットを見つけることができるが、そこにはギャップや脱落も出てくる。ハーバード大学のバークマン・センター・フォー・インターネット＆ソサエティが、ニュースの論争点を探るメディア・クラウド[12]・プロジェクトで同様の手法を使っている。

Part 2　将来への展望――本が歩む次のステップ

　この言葉の海原は、他のさまざまなツールに適応可能だ。テキスト、ジャンル、トピックスのホットスポット地図、読書や文書パターンの即座の可視化、事象表現の変化の可視化（おたく発明家だった人が業界のリーダーとなったのはいつか。Locavore〈地産地消主義者〉のことを説明付きの括弧でくくる必要がなくなったのはいつからか）。現在は、ある種のきっかけの存在やある種の問題が見えてきたにすぎない。私たちは、今後忘れ去られた宝石を見つけるのか、それとも見当はずれな情報ばかりのバイトの大海原で溺れてしまうのか。

　もちろん、言葉の海原を作り出し、その海を航海していくのには、明らかな問題が横たわっている。テキストすべてを貯蔵する単一の入れ物がないのだ。十七世紀英国の詩人ジョン・ミルトン（John Milton）は、一説には、読むべきものをすべて読んだ、あるいは読むことができた、ヨーロッパで最後の男と言われている。もしも情報のレイヤーを超え、我々の手にするすべての小さなバケツやカップがまとまった統計やインデックスやメタデータをシェアできるようになるならば、ミルトン以来、読者や作家が熱望してきた、知識をユニバーサルにとらえる方法を創出するという、その長い道のりへの一歩を踏み出すことになるだろう。

Web版URL（英語）
http://book.pressbooks.com/chapter/books-words-erin-mckean

1　http://bit.ly/MkDNVm
2　http://www.wordspy.com/waw/20031111115209.asp
3　http://en.wikipedia.org/wiki/Cupertino_effect
4　http://bit.ly/NPrX8A
5　http://bit.ly/OkQFeH
6　http://www.nytimes.com/2011/02/21/books/21margin.html?_r=1&hp
7　http://hbswk.hbs.edu/item/6702.html?wknews=05022011
8　http://sucks-rocks.com/
9　http://semanticweb.org/wiki/Main_Page
10　http://ngrams.googlelabs.com/
11　http://bit.ly/O46yte
12　http://www.mediacloud.org/dashboard/view/1?q1=64024

11 eBookはなぜ書き込み可能になるか

テリー・ジョーンズ

Terry Jones：フルイドインフォ社（Fluidinfo http://fluidinfo.com/）の創設者・CTO。情報の新しい形態のためのディストリビューテッド・ストレージ・アーキテクチャーを構築している。そして、その基礎アーキテクチャーを使用するさまざまなアプリケーションを作り出している。Twitterアカウント：@terrycojones

　歴史的に、読者が出版された情報に寄与する能力は極めて限られたものだった。出版とは、ほとんど例外なく、出版社が情報を生産し、読者がそれを消費する一方的なプロセスだと考えられてきたし、その考え方は現在も変わらず根強い。だが、読者は決して受動的な存在だったのではない。読者は読みながら独自の情報を生成し、それを頭の中や、余白の書き込み、巻末の注などに豊富に蓄え、それを共有してきた。読者が編集者に宛てて書く手紙、書評、誤植の訂正と改訂版の出版、また本の裏表紙に賞賛の引用を載せる慣習などはすべて、読者が出版情報に結びついてきた例である。図書館から借りた本の利用者カードには、しばしば社交的ともいえる読者による注釈が書かれている。どこまで読んだか忘れないために本にブックマークを挿んだり、ページの隅を折ったりするシンプルな習慣でさえ、ユーザーの寄与するメタデータのひとつの形である。

　デジタル・システム ── コンピュータとネットワーク ── の出現のおかげで、ごく普通のユーザーが、情報に寄与し、そして情報をシェアするシステムを夢見ることが可能となり、次いでそのシステムを使うことが可能になった。この考察は過去一世紀にわたるポール・オトレ（Paul Otlet）[1]、ヴァネヴァー・ブッシュ（Vannevar

Bush)[2]、ダグラス・エンゲルバート (Douglas Engelbart)[3]、テッド・ネルソン (Ted Nelson)[4]、ティム・バーナーズ＝リー (Tim Berners-Lee)[5]、その他の人々の記録に残る業績を通してみることができる。この歴史を系譜的にみるには、『Glut: Mastering Information Through The Ages』[6] を参照していただきたい。

ユーザーの生成するコンテンツ

「デリシャス (Delicious)」[7] をはじめとする、ユーザー側が生成するオンライン上のソーシャル情報システムの出現は、「あの山には金が埋まっているぞ」[8] 的な潜在的価値の認識をもたらし、その価値を現金化するために無数の試みがなされてきた。

URLに対してつけられるソーシャルタグのような、ユーザーが生成するコンテンツは、主にふたつの理由から貴重である。第一に、一般のユーザーに自身の情報を掲載させることで、新しくかつ個人的な形の検索と組織化が可能となった。これはユーザーにとってはもちろんだが、データにアクセスできるとすれば、出版社にとっても潜在的に価値のある情報だ。ただそう仕向けさえすれば、ユーザーは喜んで興味のあるものやWebページについて教えてくれる。それなのに、どうして複雑な記号論や自然言語を理解しようと苦労する必要があるのだろうか。第二に、もしユーザーの生成するデータをシェアできるなら、データ自体がある種ソーシャルなものとなる一方で、付加的な価値が生み出される。シェアされたデータは、特定の他人（たとえば友人）が何をしているかをわかるようにさせることで価値を生む。それはまた不特定の発見をも可能にし、ネットワーク効果を作り出し、同一のことに関する別々で異質な情報が予期しないコンビネーションを形成することも可能にする。

この価値の認識は――エンドユーザーにとっても、コンテンツの作り手にとっても、広告主にとっても――ユーザーたちに声を与える方向へテクノロジーを向かわせている。今もそれは、アプリケーションのコンテキストにおいて特定の縦方向の積み重ねで行われている。つまりひとつのことに対する意見を、アプリケーション内でユーザーが積み重ねる形で追加していくのだ。一方、ユーザーの声を横断的に組織する例としては、ウィキペディア[9]がある。これは（編集者によるコントロール

を原則として）あらゆることに関して書き込みの可能なWebページである。ウィキペディアを現金化する試みは（今のところ）なされていないが、その価値は計り知れない。私個人の意見だが、ウィキペディアは、それをサポートするコンピュータのインフラも含めて、もっとも素晴らしい人類の産物である。

　この価値に気がつくことで、出版社は読者に、より正確にいえばダン・ギルモア（Dan Gillmor）[11]の言う「もと読者」[10]に、声を持ってもらう方向へと進むことができる。

出版はどの時点で始まるのか、出版に終わりはあるか

　ブライアン・オレアリ（Brian O'Leary）[12]は出版社に対して説得力のある警告[13]を発している。それは、コンテンツの「入れ物（コンテナ）」（物質的なものも、最近ではデジタルによるものも）による伝統的な出版モデルはすでに時代遅れだとする警告だ。彼はその代わりに「コンテキスト」に注目するようにと言い、最終的な情報コンテナのフォームは付随的な副産物に留まるべきだと論じている。コンテキストとは、すなわちコンテンツの周囲をとりまく豊かな情報のかたまりで、伝統的に出版という行為の中で作り出されてきたものである。コンテキストではなくコンテナだけに注意が集まる場合、特定のコンテナに合わない貴重な情報は、必然的に編集室の床に捨てられてしまう。この観点からすると、コンテキスト —— 本体のコンテンツの周囲にある同時発生的な情報 ——は、出版の可能性がある部分と見なされるべきである。例えばそのコンテキストは、伝統的な意味でのコンテンツになる以前は、本に関するメタデータを含んで作られ、出回っていたのかも知れない。

　ここでいくつかの疑問を述べよう。読者が出版された情報に関する情報を生成し、蓄積する多くの場合、その情報を他のところ（心の中、本の欄外の書き込み、別のノートブックなど）に蓄積するとするなら、この活動も一種の出版であるとの立場をとることはできるだろうか。そして読者からのその情報が、例えばある一冊の本に「関する」ものであれば、その情報はその出版物の一部分と言えないだろうか。もし、デジタルの出現によって、今後さらに読者がコンテンツに寄与することができ

るならば、どの時点が出版行為の終わりになるのだろうか。もし終わりがあるとすればだが。

　上記の質問は、出版という行為の見方の変化を示している。伝統的なモデルでは、出版期日は、はっきりしていた。出版コンテナに適合しないコンテキストの情報は捨て置かれていた。「読み取り専用」のコンテンツが読者の手に届けられ、読者は個々にそれを消費して、その間に出版社は次の出版作業に取りかかっていた。

　このモデルをデジタルの場合と比較してみよう。デジタルでは柔軟性のないコンテナからの拘束を逃れ、読者がコンテンツに寄与できるメカニズムを取り入れて、出版という行為がずっと早い時点から始まる一方、初期の配布段階では出版行為は終わりにならないと見なすほうが理にかなっている。事実私は、出版という行為に終わりはないと論じても正当であると考えている。物質的な形をとった本の最後の一冊が消滅したあとでさえもだ。その本の記憶、それが実在したという事実、それに関する批評、その他のメタデータ──言葉を変えれば「コンテキスト」──は存在し続け、また蓄積され続けるのだから。

デジタルおよびオンラインでの本の出版

　eBookとeBookリーダーは、ここ数年で急激にその数を増やしてきた。アマゾンは、現在ある種のタイプの印刷本より多くのeBookを売り上げていると発表した[14]。しかし、さらに大きな変化が起ころうとしている。その変化の理由はeBookリーダーがネットワークにアクセスした状態にあるからだ。

　eBookデバイスがアクセス状態になれば、ネットワーク上で動的なAPI（Application Programming Interface）コールとなって情報をやりとりすることが可能になる。そのデバイスとコンテンツは静的なものではない。付随的なコンテンツ（コンテキストのことだ！）を遠く離れたサーバから引き出すこともできる。例えばグーグルのWebブラウザ型eBookリーダーは、個々の単語の操作を何種類かサポートしている[15]。新しいコンテンツ（ユーザーの生成したもの、またそうでないものも）をアップロードすることもできる。

こうした状態のeBookのデバイスに載せられる「本」は、今の出版の定義よりも、さらに広範囲になることを意味する——より早い段階から始まり、実際に留まることのないものである。それはまた、コンテンツが送られるコンテナの中には、ある意味で不適切なものが入っていることを意味している。これに対してはいろいろな見方があるだろうが、結論としては、情報は外的なネットワークの世界と、非常にフレキシブルな汎用コンピュータを使用するユーザーの間で交わされるということである。トップレベルのソフトウェアがユーザーに表示する「コンテナ」のフォームは、必ずしも適切なものではない（どのデータのフォーマットがサポートされるかという論争をさしあたり無視しても）。もしそれらの機器がネットワークから自由な形の情報を引いてきて、それをその時の必要に応じて（そもそもコンテナ自体が必要なのかという段階にまで）組み立てることができるなら、私たちはジャストインタイムのコンテナというフォームに到達する。オレアリの言葉を借りるなら、コンテナが単なる「デジタルのワークフローのアウトプット」となる段階である。

この状況は、現代のWebブラウザの状況と極めて似ている。HTMLが伝統的なコンテナと考えられる一方で、今日の現状は、数多くの人気Webサイトが、Webサーバと頻繁にコミュニケートしているクライアント側のJavaScriptの力を借りているということである。これは、その結果がスクリーン上で見るものの基礎を成すドキュメント・オブジェクト・モデル[16]の構造とコンテンツをアップデートしていた非同期網のコールを介して、**ひとつのページを見ている間**に起こることである。確かに、多くのケースにおいて、本質的に**ページというものはない**と断言したほうが正確だろう。Webサーバは、いくつかの基本的なタグや一連のJavaScriptのコードを含む、事実上、空（から）のHTMLドキュメントを届けている。このコードは、現れるべきコンテンツを決定し、生成するために動的な要求をする。

ブラウジングが大部分において、前もって作られた静的なHTMLコンテナの配信から、オンデマンドで構成されアップデートされるページを見るためのモデルへと移行してきたのに伴い、eBookの世界も同様に、前もって作られた静的なeBookコンテナの配信から、動的なものへと移行しうるものと考えられている。ブラウジングがそうであるように、ネットワークとのつながりが失われるとき、eBookの体験

は劣悪なものとなる(恐らくインタラクティブではない静的なコンテンツを見せるだけのものに後退するだろう)。フォーマルなコンテナがコンテンツ――ひとつのプログラム――を含む若干のHTMLのタグにすぎないものにまで小さくなってしまう時、コンテナはデバイスとサーバの間のハンドシェイクのプロトコルの一部のようになってしまう。ユーザー体験の裏でコンピュータによって動かされるのは、純粋なアプリケーションそのものである。それは静的な個々の「ページ」(伝統的なWebサイトや本のような)というより、ゲームのように内側で動かされる。確かに、静的なeBookの中間的なステップは、いくつかのケースでは完全にスキップされてしまう。これについては次で論じることにしよう。

オープンに書き込みのできるストレージ

　選択肢を与えられれば、私たちは情報を、もっとも有効に使える場所、ゆえにもっとも価値のある場所に保存する。これは日常のさまざまな取るに足らない行動にみることができる。会議のときに何気なく首からさげるネームタグを例にとってみるとよい。また、私たちは本の**中に**ブックマークを挿んだり、どこまで読んだかの目印としてページの隅を折ったりする。ポストイット[17]を使うことにも慣れきっていて、情報がもっとも有用になるところにそれを貼りつける。これらはみな同じ事象を示す例である。すなわち、機会が与えられる時、私たちがどのように自然に情報をコンテキスト(またこの言葉が登場してきた)に入れる傾向があるかということの例だ。デジタルの世界ではウィキペディアが、ほとんどすべてのことに関する情報を貯蔵する、常に書き込み可能なロケーションを人々に提供している。ただし、恐らくはウィキペディアの編集者の気まぐれに従ってではあるが。

　今日のデジタル界のデフォルトの設定は、書き込みが常にできないようになっている。ほとんどの場合私たちは読み取り専用の世界にいて、理論上は情報に寄与できる場合でも、寄与することができるのは、予定されたやり方に従い、ある種の許可が得られた時だけだ。これは情報を用いて作業する時とは、大きく異なる環境である。何かに関する追加の情報がある時、それを他のところに書き込むように強制されると、その情報の価値は低くなってしまう。共有情報への寄与は人類にとって、

ウィキペディアの事象ではうまく作用している一方、それと同じことを行おうとするアプリケーションの枠組みとしては、ふさわしいものではない。

フルイドインフォ社[18]で我々は、失われたアーキテクチャーの核とでも言うべきものを構築中だ――シェアされたストレージである。フルイドインフォは独自のシェアされたオンラインストレージのプラットフォームである。ウィキ(Wiki)と同じく、フルイドインフォはあらゆることを書き込みできるロケーションを有している。ウィキと違う点は、フルイドインフォが認可システムを取っているところだ。コンテンツの所有者が、他のユーザーやアプリケーションへの読み取りや書き込みのアクセスを、その許可システムを使ってコントロールできる。それはまた、打ち込まれたデータと、MIMEタイプ(画像、音声、PDFなど)を伴う決められたデータをサポートしている。データ検索のためのクエリー〔問い合わせ言語：データベースの中から特定の内容をエンドユーザーが取り出すときに用いる英語に似た形式の言語〕も備わっている。

フルイドインフォのようなオープンに書き込みのできるストレージのプラットフォームの利点は、私がここまでにあげてきたような世界を可能にすることである。オープンに書き込みのできる対象が本であるとすれば、出版社は好きな情報(コンテキストやメタデータ)の貯蔵場所を持っているわけである。アプリケーションは、ユーザーの生成した情報を貯蔵するために、まったく同じ場所を使用することができる。こうした情報はすべて、もっとも有効に使える場所、すなわち、それらと関連性のある場所に保存される。フルイドインフォのプラットフォームは、柔軟性のあるストレージを提供するために作られている。アプリケーションやユーザーに、コンピュータ的計算処理に煩わされない形でのデジタル情報の扱いを可能にする。それももっとも使い勝手がよく、価値が発揮できる形での提供が可能だ。

経済的な側面

これまで論じてきたような変化が、ソーシャルユーザーが生成したデータからの

Part 2 将来への展望——本が歩む次のステップ

価値によって推し進められる一方、経済的な動機で推し進められる変化もある。静的で一枚岩をなす情報を（本やHTMLをeBookのフォーマットで）出版する際に、常に問題となるのが収入モデルである。機器がネットワークから断片的な情報を集めるプログラムを動かし、集めた情報をユーザー体験に結びつけ、さらに豊かでダイナミックなコンテンツを提供するばかりではなく、より成功の見込みが高く、より面白い形の収入モデルを提供する。そんな世界への移行が必要だ。

例えばフルイドインフォのようなプラットフォームは、出版社がすでに有してはいるが、これまでのコンテナの世界では放棄を余儀なくされてしまっていた付随的なコンテキストを、現金に変えることを可能にする。コンテキストをコンテンツから分けることは、ユーザーに見せる内容を細かく調べることを意味する。その情報が、コンテキストの中でも、その本に関する別のメタデータと同じものの上に貯蔵されれば、さらに好都合である。出版社がキース・リチャーズ（Keith Richards）[19]の自伝『ライフ』（サンクチュアリ・パブリッシング刊）[20]のデジタル版を販売し、彼の手による脚注や注釈を文中に挿入するために読者が少しばかり刊行後に追加のお金を支払うことは、容易に想像できる。この豊かで貴重なコンテキストの情報は、さまざまなフォームとして存在することが可能だ。

代替モデルを試みることも可能だ。これはひげ剃りの替え刃で商売する、つまりサプライ品でビジネスするフリービー（freebie）マーケティング[21]を含む。すなわちコンテンツの一部を無料で提供し、完全バージョンに課金するのである。子音を無料で提供し、母音に課金するといういささか乱暴なアイディアもある。どんな方法も可能だろう。

分散したコンテンツ、APIコールが可能なネットワーク化されたデバイス、それに静的で画一的な情報フォーマットからの脱却というコンビネーションは、私たちを新たな収入の機会という世界へ導いてくれる。このモデルが一般的に共有される書き込み可能なストレージ機能に支えられれば、エンドユーザーが価値のある情報を付けて、その情報に対し課金することも想像するに容易である。批評や注釈という形をとった読者の寄与は、他の読者にとっても価値あるものとなるかも知れない。このような注釈は、誤植やランク付け、推薦、その他さまざまな形をとれば、出版社

にとっても貴重なものとなりうる。既存データへの第三者の寄与は、次に論じるように、より豊かな体験とこれらの第三者への収入の機会をもたらすかも知れない。このような世界では、著者と読者、出版社と消費者の区別は、極めて曖昧なものとなる。

こうしたアイディアの、楽しくて興味をそそるデモンストレーションが、ロンドンでブック・ハックデイ（Book Hackday）[22]に「あの本をハッキングする（Hacking THE book）」と題したトークで発表された。ニコラス・トラヴィー（Nicholas Tollervey）[23]がフルイドインフォ（Fluidinfo http://shop.oreilly.com/product/0636920020738.do参照）に、欽定訳聖書[24]の所定の巻の中の詩歌にあるオブジェクトを、動力学的に尋ね、探し当てさせる、小さなプログラムのデモンステレーションを行った。これはLOLCATの聖書[25]とブリック・テスタメント[26]〔聖書の世界をレゴを使って描いた本〕からその情報のオブジェクトが含まれたタグを検索し、結果を自動的にEPUB[27]のドキュメントに集めて、広範囲のeBookデバイスで読めるようにしたものだ。

LOLCATの文体で書かれ、ブリック・テスタメントのレゴのイラストが入ったバージョンの聖書は、明らかに多くの読者の興味はそそらないものの、それはこうしたものがどのようにカスタマイズされ、個人向けになるかを示している。こうしたプログラムは、意見、ランク付け、注釈、友人たちが読んでいる箇所までのページ番号などを容易にリクエストし、表示することができる。それはまた、定義づけ、翻訳、脚注、追加の画像、リンク、その他さまざまなものを提供することもできる。付加的な情報は、その「本」が必要に応じて再び作られ、動的にアップデートされる際、他のアプリケーションによって同じ対象物に独自にタグ付けができる。

中間段階の省略

もし、静的なeBookコンテナが中間の段階、つまり、紙の本から、どちらかというとアプリケーションに近い「本」に移るステップを指すなら、あるケースではその段階の省略も可能になるだろう。こうしたことはすでに現実となりはじめている。例

えば、ピアソン（Pearson）[28]の系列会社のドーリング・キンダースリー社（Dorling Kindersley）[29]は、「APIデベロッパーイニシアティブ」[30]を同社のガイドブック『アイウィットネス・トラベル』[31]に関連して発表した。「アメリカでは、海外旅行のガイドブックの売り上げは2007年から2009年のあいだに20％減少した」と、『シドニー・モーニング・ヘラルド』紙の記事[32]は伝えている。旅行情報に価値があることに変わりはない。しかし、GPS[33]内蔵の携帯電話がすでにあるので、ガイド本を持って旅行する必要はもはやないことを人々はすでに理解し始めている。

　貴重なコンテンツをデジタルのeBookフォーマットに移行させることでそのコンテンツの新たな調整を図るというリアクションがある一方で、必要なときにAPIコールができるデバイス用の「旅行本」アプリケーション作りにまっすぐ進んだ方が理にかなっているという考えもある。そこでは個々の小さなコンテンツをプル（あるいはプッシュ）したり、検索をかけたりできる。例えば、「ほどほどの値段でもう（あるいは、まだ）開店している近所のインド料理のレストランをすべて表示せよ」というように。ドーリング・キンダースリー社は、すでに必要な情報をすべて集め、作り出し、管理し、それを本のフォームにする作業を終えている。それを抜粋して細分化し、APIを介して利用できるようにし、ユーザーのインターフェースを構築するステップは比較的、安上がりだ。

　このアプローチは、出版されるコンテンツが現代のモバイル・コンテキストとしてアクセス可能であり、それゆえにその価値を保つ、あるいは価値を高める確実な方法として非常に理にかなっている。APIは出版されたコンテンツに対しライセンスされたプログラムに従ったアクセスの可能性を開き、サードパーティのアプリケーション作成を可能にする。多くのケースにおいて、もっとも費用効率の高いユーザーのインターフェースはモバイルのWebブラウザとなるだろう。この事実はインターネットアーカイブ（Internet Archive）[35]のスポンサーを受けている、ブックス・イン・ブラウザーズ（Books in Browsers）[34]がなぜ人々の強い興味を引きつけているかの理由となっている。

　この話をさらに一歩進め、シェアされた既存のストレージの話とこの例とをつなげるために、ボブ・アーノ（Bob Arno）とバンビ・ヴィンセント（Bambi Vincent）[36]の特筆すべきキャリアについて考察してみよう。ふたりは「Thiefhunters in

Paradise（パラダイスにいる盗人ハンターたち）」[37]というブログを運営している。ふたりは何十年もかけて数百に及ぶ都市を訪れ、犯罪者を撮影したりインタビューしたりして、路上犯罪に関するユニークかつ貴重なデータを集めた。もしこのデータがピアソンの情報と同じ場所に保存されれば、旅行のアプリケーションとしてボブとバンビの情報をふたりから追加的にライセンスし、表示することができる。その表示はありふれたテキストによるコンテンツの形を取ることもできるが、機能を拡大しさまざまな形で提供することも可能である[38]。携帯電話を手に取るだけで都市犯罪の概略を「見る」ことができ、危険な地域を知ることができるのだ。街の危険なところにあなたが足を踏み入れたことを携帯電話が感知して、バイブレーションで警告してくれるかも知れない。可能性は無限だ。SFじみた話に聞こえるかも知れないが、そんなことはない。このタイプのアプリケーションはすでに市場に出回っている[39]。

これらの糸を結びあわせる

　ここまで、本にまつわる貴重なコンテンツのうち、まだ本格的に使われていないふたつのエリアを見てきた。すなわち、出版社が蓄積しているが、どこにも振り向けるあてのないコンテキスト情報と、出版後に生まれるユーザーからの生成によるコンテンツである。画一的で、読み取り専用という本の性質は、eBookのフォーマットも含めて、付加的なコンテンツが貯蔵され、使用され、結合され、拡大され、現金化されるのに適した場所とはならない。

　自然界は、関連性のある情報を同じ場所に保存することで、その情報をより役に立つと同時に貴重なものにさせることがいかに多いかを示している。つまり第一のポイントは、出版とは、時の中で常に広がりをみせるプロセスとして、終わりのないものとしてとらえることができる点である。従来考えられていたよりも早い段階からその過程は始まる。もし私たちに、認可システムも含む、自由な書き込みが保証された情報の蓄え場所が与えられるとしたら、それはつまりeBook周辺のメタデータをいつでも貯蔵できる場所と、そのデータに反応した行動をとる場所を得ることになる。この付加的なデータの持つ価値は、システムを新たな方向に推し進め、静

11. eBookはなぜ書き込み可能になるか● 161

Part 2 将来への展望——本が歩む次のステップ

的な読み取り専用のコンテンツ（コンテナ）をさらに遠ざけることになる。

　もしユーザーと他のアプリケーションが情報の付加を許されるなら、その情報を入手し、それを付け加えるためのeBookデバイスのメカニズムが必要となる。APIとネットワークのコールがそのメカニズムを提供する。情報がAPIに現れたら、デバイスはそれをオンデマンドで小さなかたまりとして引き出することができるようになるだろう。eBook全体ではなく個々の情報レベルでオペレートできる認可システムがあれば、その情報へのアクセスが無料ではなく、アプリケーション開発者がコンテンツをライセンスし、その結果そのアプリケーションを販売し課金できる世界へと自然に移っていくだろう。

　こうした世界では、ユーザーまたは興味を抱く第三者が付加的なメタデータに寄与し、課金することができる。デジタルの「本」の読者が一種の汎用ネットワーク化されたアプリケーションであるとも言えるこの状況では、EPUBのようなフォーマルなコンテナフォーマットは、HTMLの場合でもそうだったように、重要さを失うだろう。事実、ブラウザ、JavaScript、それにHTML5の広範囲な能力は、素早くかつ安くその種の世界に変わる自然な道筋を示している。コンテンツは、より動的になり、個人化され、読者は自らの情報を載せられるようになる。そしてその情報はシェアされるがゆえに、社会的なものと見なされるだろう。それはまた、さまざまなアプリケーションから集まってきていることから、異種性のあるものとなる。同じ事象に対する異質のものからなる情報は、豊かな潜在能力を発揮する。それを提出した本人にも想像がつかなかったようなコンビネーションで使用され、より多くの価値と機会を生み出すからである。

　要約すると、私はeBookの世界、またデジタルの世界全般は、今よりはるかに興味深いものになろうとする境目に到達していると信じている。その一方で私たちはポール・オトレとその継承者たちの描いた未来像へと容赦なく進みつつある。私たちは、シェアされる書き込み可能なストレージと、それに伴う利点に基づいたアプリケーション（eBookリーダーも含む）の世界に移行しつつあるのだ。

Web版URL（英語）
http://book.pressbooks.com/chapter/books-databases-terry-jones

1 http://en.wikipedia.org/wiki/Paul_Otlet
2 http://en.wikipedia.org/wiki/Vannevar_Bush
3 http://en.wikipedia.org/wiki/Doug_Engelbart
4 http://en.wikipedia.org/wiki/Ted_Nelson
5 http://en.wikipedia.org/wiki/Tim_Berners_Lee
6 http://bit.ly/PEjw0p
7 http://delicious.com
8 http://en.wikipedia.org/wiki/Dahlonega,_Georgia
9 http://wikipedia.org
10 http://oreilly.com/catalog/wemedia/book/index.csp
11 http://www.oreillynet.com/pub/au/1201
12 http://magellanmediapartners.com/
13 http://bit.ly/etwb70
14 http://lat.ms/j4szQ5
15 http://bit.ly/kHOJPG
16 http://en.wikipedia.org/wiki/Document_Object_Model
17 http://en.wikipedia.org/wiki/Post-it_note
18 http://fluidinfo.com
19 http://en.wikipedia.org/wiki/Keith_Richards
20 http://en.wikipedia.org/wiki/Life_(book)
21 http://en.wikipedia.org/wiki/Freebie_marketing
22 http://bit.ly/WLNocC
23 http://ntoll.org/
24 http://en.wikipedia.org/wiki/Authorized_King_James_Version
25 http://www.lolcatbible.com/index.php?title=Main_Page
26 http://www.bricktestament.com/
27 http://en.wikipedia.org/wiki/EPUB
28 http://www.pearson.com/
29 http://dk.com/
30 http://bit.ly/l20aKt
31 http://us.dk.com/static/cs/us/11/travel/intro.html
32 http://bit.ly/g204um
33 http://en.wikipedia.org/wiki/Global_Positioning_System
34 http://www.archive.org/details/booksinbrowsers
35 http://www.archive.org/
36 http://bobarno.com/

Part 2　将来への展望——本が歩む次のステップ

37　http://bobarno.com/thiefhunters/
38　http://en.wikipedia.org/wiki/Augmented_reality
39　http://en.wikipedia.org/wiki/Augmented_reality#Applications

12 読書システムの垣根を越えて：ソーシャルリーディングの今後

トラヴィス・アルバー
アーロン・ミラー

Travis Alber：リードソーシャル（ReadSocial 本やWebサイトにソーシャルレイヤーを加えるサービス会社 http://www.readsocialapi.com/）の共同創設者であり社長。ブックグラットン（BookGlutton BookGlutton.com http://www.bookglutton.com/）創設者のひとり。Twitterアカウント：@screenkapture

Aaron Miller：リードソーシャル、ブックグラットンの共同創設者。ネットギャラリー（NetGalley）のテクノロジーディレクター兼チーフエンジニア。ファイヤーブランド・テクノロジーズ（Firebrand Technologies）のシニア開発者。Twitterアカウント：@vaporbook

はじめに

　人は昔から本を通じてつながってきた。今、本同士が互いにつながる時代となった。改めて私たちは読書という行為そのものについて見直す必要がある。変わりゆく本の形態、本を通じて人々がつながる方法、そして新たなインタラクションの仕方などについて、自由な実験に取り組まねばならない。未来において特に大事なのは、すべてのものが他のすべてのものとつながるだろうということだ。複数の読者が互いを識別し合い、市場原理によって生み出される恣意的な分断を越え、目的意識を持って集まる方法を見出す時がくるだろう。読者はグループとなり、そのグループの嗜好は、ひとりの読者よりさらに大きな意味を持つ。ひとりの読者は往々にして単なる消費者、つまり受動的なオーディエンスの個にすぎない。そんな消費者もグループになればより強力なものになれる。コミュニティになれるのだ。

読者のネットワーク

　本がいくところに読者はついてくる。これは出版業界の変わらぬ知恵であり、今後もそう変わることはない。本を手にすれば、おのずと読むという行為が始まる。出版産業は、コミュニケーションの目的や形にはこだわらない。出版とは、潜在的かつ偶発的な需要をとらえることを目的とした、生産と流通、プロモーションからなるシステムだ。もっとも崇高な部分においては、出版とは人類が最高の思索と創造性の結晶を純化し、独特な形に仕上げて供給しようとする昔ながらの仕組みである。しかし、それでもなお、するべきことははっきりとしている。すなわち出版の役割とは、コンテンツを入手し、パッケージし、しかるべき読者に届けることだ。読者には本について語ってもらえるようにする。できれば好意的に。だが最終的な目標は、その本を売ることだ。ただ売ること。そうすれば読んでもらえるからだ。

　では、**本はいかに読まれるべきなのか**。採算の問題を超えてこの問いに答えるには志が必要だ。言うまでもなく、この問いの奥は深い。単にハードカバーで読むかペーパーバックで読むかの問題ではないし、Kindleで読むかNookで読むかの問題でもない。今後、本がアプリケーションになってしまうかもしれないとか、アメリカで発売されるのと同時に諸外国でも発売になるかという問題でもない。書体とか、奥付とか献辞とかの問題でもないし、誰に序章を書いてもらえるかの問題でもない。そしてこれまで培ってきた経験に由来する問いでもない。これは完全に形而上学的な問題だ。**なぜ人々は本を読むのだろうか**。この問いから始めるべきことなのかもしれない。

　私たちは、人はつながりを求めて本を読む、と一言で答える。深い意味を持つ答えだ。つながりは、反復的なパターン認識レベルでの問題として考えられるし、概念的また精神的レベルでも考えられる。いずれにせよ読者は何らかのつながりを求めていて、その高度な思索の基本的な形は、現実世界の内と外にしばしのあいだ、存在し、内と外の、ふたつの世界を行き来しながら何本もの線を交差させていく。

　文字による作品にはすべて、つながり作りの認知的プロセスがあり、それが読む

という行為を構成している。グリフ〔文字の骨格となる抽象的な概念〕が文字となり、文字がつながって単語になり、単語が節や文になり、文がパラグラフになり、パラグラフがつながってひとつの意味の概念になる。読むという行為は、基本的にこうしたパターン認識の直線的なリズムを刻んでいくことだ。もちろん、その間に私たちは著者の主張や登場人物の性格、あるいは歴史的事実などへの理解を深めていく。非常に小さなパターンをつなげて大きなものにしていく行為を通じて、私たちはそれらのコンセプトを現実の世界や現実の人や場所につなげていく。

　パターン認識の部分は直線的なプロセスで、脳がそれらのコンセプトを理解するのに必要な、単調な行為かもしれない。しかし私たちにとって大切なのは、自分とは違う思想へとつながる接線だ。それこそが、言葉や文章を処理していく単調な作業に耐えたことへの報酬と言ってもいい。その過程で意外なつながりがたくさん作られていく。その意外性こそが読むという単調な作業の励みともなる。夏の日の道路の描写から、若き日の自転車旅行を思い出すかもしれない。牛乳の成分表から、何となくアイスクリームを食べたくなるかもしれない。スピリチュアルな世界の話を読んでいて、ふと目を上げたら運命の人と出会った。そんなつながりもありうる。
　本とそのパターン、本を読む時に座っていた場所、その時出会って恋に落ちた人。そのすべてが忘れがたいつながりを形成する。こんな経験があると、もう私たちは読書から離れられなくなる。読書は孤独な行為だと言われるが、実は意外なところで現実世界とつながることができ、それが読書を一段と魅惑的なものにしている。このつながりは、さらに大きな隔たりを超えた時、もっと楽しくなる。実在しない、あるいは滅亡した世界の話は、現実世界の話より面白い。架空のキャラクターが、現実の個性を真似したり反映させたりする時、私たちは虜になってしまう。奇想天外なＳＦ[1]も、それが現実世界の寓意だったり、現実の問題を極端に脚色して描いていたりするから面白い。異星人の世界がどこか私たちの世界と似ていたりする。こうした意味のあるつながりこそ、読むという行為の究極の目的だ。自分たちの住む世界、一緒に暮らす人々についての理解を深める（あるいは理解した気になる）。それこそが読書を通じて得られるもっとも深いつながりだ。この点で、読書は優れたソーシャルな行為だと言える。

Part 2 将来への展望——本が歩む次のステップ

　こうした理解をふまえ、もう一度、形而上学的な問いに戻ろう。次の問いは「本はいかに読まれるべきか」だ。本のあり方が今、変わってきたという状況も考慮した上で、本はいかに読まれるべきなのか。
　本が「デジタル」になるというだけでは答えとしては足りない。私たちはいまやまったく異なる状況で本を読んでいる。自分の蔵書すべてを持ち歩けるし、辞書は本の一冊ごとについていた方が使いやすいと気づいただけではない。一冊の本の出版の周辺で膨大な量のツイート、ビデオ、ポッドキャスト、ブログ、ディスカッション・スレッド、それにYouTubeビデオが生まれるというだけでもない。どこで、どう本を読むか（本を読んでいるのと同じ機器で、高速道路の入り口までの道を調べていたり、または夕食のメニューについて誰かとテキストを送り合っていたりするかもしれないのだ）の問題だけでもない。
　本当の問題は新しいメディアの出現にある。伝統的な本に取って代わるメディアとしてのWebである。モノや場所、人、出来事をつなぐというアイディアを具現化するメディアとして、Webはこれまでにない可能性を秘めている。Webがこれほど急速に普及したのも、Webの持つその可能性が人々の心をとらえたからだろう。言うまでもないが、Webの世界では「つながり」の機能を「リンク」[2]と呼ぶ。本を読む時に私たちが行う、心の中で文章の世界と現実の世界をつなぐ行為も、概念的にはリンクと似ているのではないだろうか。つながりを基本構造の一部とするWebというメディアに本が移行していく。それは何を意味するのか。

　本をWebの世界に導くのは、次世代のeBookや読書インターフェースを開発するWebデザイナーたちの役目であり、その流通チャネルを築き上げる起業家の仕事だ。今後も本は「本」と呼ばれ続けるかもしれないし、新たなWebページの集合体という意味で「Webバインディングス」などと呼ばれることになるかもしれない。いずれにせよ、Web上にあるものの常として、未来の本はさまざまな形で互いにリンクされているはずだ。

　しかし、まだ解決しなければならない問題がある。eBookを読むという行為は基本的に何かとつながる行為である。そして読む装置（読書端末）もつながりを作る能力を秘めている。しかし今のところ、実際につなぐことはできない。つまり、現時点

ではまだ、私たちは本を「いかに読者へ届けるか」を問うだけで、「いかに読むべきか」の問いかけはできていない。点在するサイロ、そこに蓄えられたおびただしい紙の断片、そこへまた本を配送するがごとく、つながりを欠く機械や装置に本を押し込めただけだ。本をWebの世界へダイレクトに導こうとはせず、私たちは無駄な遠回りをしている。読者にとっても、読書の未来にとっても不幸なことだ。

本が本質的にソーシャルなものかどうかについては、確かに議論の余地がある。ソーシャルなものだとされる場合も、読むという行為自体はいかなる意味でもソーシャルなものではないという意見がある。このような議論の場合、まず読書は孤独な行為であるとされる。ただひとりによってなされるものであり、今までもそうであった。もし、将来そうでなくなるとしても、それはかなり遠い話で、当分は考える必要がないというのだ。

だがこうした議論は「本」「ソーシャル」「読む」という言葉をあまりに狭い意味に押し込めている。こうした言葉を議論や仮説の中に持ち込むのはやめた方がいい。もちろん、読書が孤独な行為であることはありうる。しかし孤独なものである**必要性**はない。何かを理解したいから、楽しくくつろげる時間が欲しいから、人は孤独な状態で読書をするのだ。誰の手も借りず、物理的にも社会的にも孤立した状況で行われる読書は、たいていの場合、理解または娯楽を目的としたものだ。何かを理解するためには集中力を高めなければならず、そのためには外界を遮断する必要がある。何かを楽しむためには、その世界にどっぷり浸らなければならないから、これまたひとりきりでやるのに適している。だからどちらの読書も孤独な行為になる。

しかし、読むことを学ぶ子どもは別だ。親の手を借りる。教師の指導の下で文学作品を読み、理解を深めることもある。読書会に参加し、最新のベストセラーについて論じ合うこともある。孤独の読書で本と最初のつながりを持った後に、その本をめぐる理解や楽しみを深める機会はたくさんある。読書体験を分かち合い、一人ひとりがその本にどんなつながりを見出したかを知れば、ひとりだけでは気づかなかった価値も見えてくるものだ。

この点で、Webは本というメディアの可能性を大きく広げることができる。そもそもWebは人やコミュニティのネットワークであり、読書好きのネットワークでも

ある。コンテンツの利用に関してWebは非常に多様性に富み、進化を続ける視覚的なメディアである。だから孤独という特質、読むという体験面の特質を育むことができる。そしてネットワークとして、異なるメディアとして、ソーシャルインタラクションとして、読書要素の社会的、教育的、分析的な側面を強化することもできる。

私たちはみんな「本の虫」

　2005年当時、Web上のeBookは著作権の保護期間が終了し、パブリックドメインとして公開された無料本に限定されていた。しかもスクロールして読むだけのテキストファイルとして存在していた。読書インターフェースはブラウザのスクロールバーとeBookが存在するURLをシェアする機能、そしてマウスの右クリックでできる通常のコンテキストメニュー程度だった。言い換えれば、当時の読書体験はブラウザでできることに限られていた。

　そのページを見て、本の内容や意味を議論することなどできなかった。本のオンライン化を試みようという人々のしていることは、私にすれば、要するに本を裸のままWebに放り込んでいるだけという感じがした。それなりの改善を目指すプロジェクトはあったが、Webデザイナーやデベロッパーなら誰でも考えつきそうなオンラインならではの本の形を生み出す動きはなかった。一方、オーディオやビデオなど、他の昔からあるフォームを含む、それ以外のWeb媒体は、リフロー可能なレイアウト、デジタルタイポグラフィー、ビジュアルデザイン、ユーザー体験性など10年間の慎重な設計の試みから恩恵を受けていた。

　あの頃、オンライン読書の選択肢はごく限られていたし、あってもWebの利点を十分に生かし切ってはいなかった。しかし私たちは、Webなら無限の可能性を秘めた、新しい読書体験を提供できると考えた。それはオフラインでは不可能で、もちろん紙の形でも不可能、しかしWebを使ってきた人々には当り前の体験となるものだった。そんなアイディアが形になったのは、イリノイ州シャンペインの町の小さな店で、そんな話によく出てくるように、紙ナプキンの上とバーボンが注がれたグラスのまわりで生まれた。コンセプトの基本は、どこにいる人ともつながることができて、本のある特定のページをみんなで読みながら、それについて一緒に議論できる

Webベースの読書システムだった。もちろん愛すべき本の姿（ページごとのレイアウトや余白の取り方、読みやすい文字など）はできるだけ残し、そこに私たちが気に入ったWeb機能を重ねる。その機能とは、遠くにいる別の読者とのつながりとか、共通の体験をしているという感覚、他の人たちの意見を読んだり、それに答えたりできる仕組み、自分の意見を付け加えられるものなどだった。

　時間があり、まだ存在しない何かの話をした時のWebデベロッパーの性（さが）として、私たちはあることをした。私たちは実際にそれを作り上げたのだ。2006年10月、私たちは後にブックグラットン（BookGlutton）と呼ばれるようになるサイトの設計に取りかかった。本をたくさん集め、誰でも自由に、誰とでもブラウザ上で読めるサイトだ。当時はまだ、いわゆるソーシャルWebは立ち上がったばかりだった。マイスペース（MySpace）が先頭を走り、オーカット（Orkut）やフレンドスター（Friendster）が追走していた。学生向けだったFacebookが一般ユーザーへサービスを広げたのは2006年9月[3]、Twitterの立ち上げはその2ヶ月前の2006年7月にすぎなかった。

　2008年1月、私たちは初代のBookGlutton.comを公開した[4]。読書家へのアクセスと本の中身（コンテンツ）へのアクセスを合体させたWebサイトやサービス、機器はまだ他に存在していなかった。ライブラリーシング（LibraryThing）やグッドリーズ（Goodreads）、シェルファリ（Shelfari）といったサイトはあったが、いずれも本に関するメタデータを探したりシェアしたりするにすぎず、本の中身には手をつけていなかった。例えばライブラリーシングは、特にエディション（版）によるメタデータを追跡するのに適していたし、グッドリーズはユーザーによる短い書評に特化していた。シェルファリ（立ち上げの半年後にはアマゾンに買収された）は気の利いたインターフェース作りと、同じ本をすでに読んだ人を探すことを主眼としていた。読書家の多くはどのサイトにも利用登録していたが（登録は無料だった）、重複した情報も多く、よく使うのは自分の目的に合ったひとつのサイトだけだった。どのサイトにもソーシャルな要素は豊富にあったが、あいにく本の中身はなかった。
　本の中身に関しては、プロジェクト・グーテンベルク（Project Gutenberg）やメニーブックス（Manybooks）、フィードブックス（Feedbooks）、そしてアマゾンが

あったが、いずれもダウンロードした本はオフラインで読むしかなかった。先駆けとなったのはプロジェクト・グーテンベルクで、どんな本もすべて無料だった。メニーブックスはすべてのフォーマットを提供することに注力し、フィードブックスはそこらじゅうで新発売され始めたモバイル端末に対応する高品質なエディションを提供した。どのサイトからもたくさんの本を購入できたが、買える本はいまだ印刷物の域を出なかった。eBookには急成長の予感があったが、入手できる本について言えば、まだよちよち歩きの段階だった。意外なことに、iPhoneはオンライン読書の可能性を大きく広げた。スタンザ（Stanza）と呼ばれるアプリがWeb上から無料の本をかき集め、タッチ操作でページめくりができるようにした。画面は小さくても解像度は高いので読みやすかった。これを組み合わせた結果は、とても触知的だった。リフロー可能な読書体験と豊富なコンテンツの選択肢があった。一方、読書機能に特化した端末としては2007年11月にKindleやSony Readerが登場し、液晶ではなくeインクを使った端末の技術標準が確立された。

　こうしたコンテンツ配信業者、ハードメーカー、ソーシャルなブックネットワークの間で、ソーシャルリーディングの概念を提起したブックグラットンは注目を集めた。他の人々とつながりながらの読書、つまり隔離されたものではなく、つながる行為としての読書というのがソーシャルリーディングの考え方だ。この領域には製品やサービスはまだ存在していなかった。本は常にソーシャルなものだという、見落とされ、忘れ去られがちな要素に光を当てたものだった。本は昔も今も、社会的な反応や変革、対話、あるいは信念を生み出してきた。本は教育のツールであり、プロパガンダのツールであり、宗教の中心として存在している。本は親から子へと受け継がれ、さまざまな知識や歴史、科学的な知恵や哲学を伝えてきた。本のせいで戦争が起きたことも、平和が訪れたこともある。その社会的な影響力を恐れたゆえに焼き捨てられたこともある。本には私たちの想像が、そして歴史が詰まっている。本は論争を巻き起こし、法律に影響を及ぼす。読む人を楽しませ、もっと楽しいものを作ろうという気にもさせる。長い年月の口承歴史から多くの本が生まれた。組織や委員会が大変な労力をかけて練り上げてきた本もある。いずれにせよ本はその入れ物よりも、もっとずっと大きなものを運んでいるメディアだ。本には、間違いなく社会全体の交流の記録が詰め込まれている。

そして今、本とは何かを考える上で重大な変化が起きている。本に秘められていた可能性をWebが解き放とうとしているのだ。本が物理的な形から解き放たれるというだけではない。物理的な形に閉じ込められ、商品化されてきた長い歴史からも解き放たれるのだ。お金を払って買い、ひとりで読み、読んだら終わり。それが本だという考え方はWebの登場によって時代遅れになった。これからの本は、あなたのプロフィール（生きてきた軌跡）に含まれるひとつの残像であり、その像はあなたを他の人につなぐものとなる。それはバーチャルな集団をまとめる題材であり、あなたのブログを象徴するバッジ（記章）のひとつであり、時事的な対話を促す媒体であり、あなたが今までに受けてきた教育の記録でもあるだろう。今は多くのバーチャルな場所からツイートが送れるようになった。本は、アナログからデジタルへと移行しただけではない。それはオンライン上に移り、本をめぐる自然な対話がすでに生まれ（それはずっと前から存在していたものだが）、私たちの想像をはるかに超えるほど、膨れ上がろうとしている。

　この社会的な広がりの可能性はアナログの商品化の中にも、その形跡がみられる。アメリカの教科書市場は今でも100億ドルを超える規模だ。これは、その使用場所を共有できる社会環境（教室や大学）に置き、はっきりとした社会的アイディア（私たちの社会の若者にさらなる知識を会得させ、彼らを世間に旅立たせる準備を整える）を目標とした本の流通としては十分な額だ。
　大手出版社のベストセラーにさえも本の持つ社会的な可能性が見て取れる。ベストセラーになる本の著者の多くは、セレブや政治家など、社会的に強い影響力のある人たちだ。こうした本のソーシャルネットワークの影響力はファングループの規模やWebサイトの登録会員数、Facebookの「いいね！」やTwitterのフォロワーの数で読み取ることができる。しかし、本がある日突然、ソーシャルな存在になったわけではない（本は昔からずっとソーシャルな存在だった）。そのソーシャルな可能性が、いまWebと一体化することで花開いたのだ。Webはどんなものも飲み込む大食漢だ。この言葉は社会的に決してよい意味であったことがない。しかし、本を愛する者にとっては事情が違うようだ。彼らは、この社会的な食料をむさぼると誇らしげに宣言する。Web自体が、本も含めて、物を飲み込む大食漢だ。そして私たち全員が、その無尽蔵の豊かさの社会的消費者である。決して境界が存在しない

Part 2　将来への展望──本が歩む次のステップ

だけでなく、常に規模として大きくなっている。無限の大食漢でさえ、そのすべてを消費することは不可能だ。私たちがみな、最高に肯定的な意味で「本の虫」になる未来が待ち構えている。

ブラウザでのグループ読書

　ブックグラットン[5]は魅力的なWebサイトであり、読書システムであり、無料の書籍カタログであり、コミュニティでもある。他のソーシャルネットワーク同様、参加者は自由にグループを作り、互いにつながることができる。よそと違う点はサイト上のブラウザの中で本を読めることだ。ユーザーは一冊の本ごとにグループを作り、そこへ友だちを招き、段落ごとにコメントを加えていく。他の人が書き込んだコメントを読み、それに答えることもできる。コメントは非同期で、時がたつにつれて増えていき、その本についての意見のレイヤーがどんどん厚くなっていく。その本に関するチャットや、章ごとの議論にも参加できる。

　私たちは一貫して、ブラウザこそデジタルテキストを読む最高の環境だと信じてきた。この点に異論があることはもちろん承知している。コンテンツの種類、サイトの違い、その議論がなされた時代によって私たちの意見への評価が変わってくるのはわかっているが、全体として、ブラウザの最近の傾向などを見ても、どのプラットフォームよりもブラウザが、デジタルコンテンツを読む最高の環境を提供すると信じている。最近の進歩、特にブラウザがメインに使われるタブレットが普及したことにより、さらにこの傾向に弾みがついた。ブラウザ上の読書に関する不満（文字フォントが少ない、オフラインで読めない、ページで区切られていない、目障りなものがあり過ぎるなどの問題）の多くも、新たなスタンダードやオープンソースにより、驚くほどのスピードで改善され、ほとんど解決済みか、または解決されつつある。そして今、ほとんどのブラウザにはオフラインでの読書、サードパーティ製フォントのサポート、ページ単位の表示などの機能がついている。リーダビリティ（Readability）やインスタペーパー（Instapaper）のサービスは、Webの読書コンテンツからクラッタ〔クラッタとは、レーダーの電波が海面や雨などによって反射されて発生する、不要な

電波のこと〕や広告、その他の目障りなものを減らしてくれる。そして今では、2006年当時と違って、読みやすくて使いやすいブラウザベースの読書システムも豊富だ。

ブラウザ上で本を読むようになるのは当然の成り行きだったと、今なら言えるだろう。しかしブックグラットンを立ち上げたころは異論も多く、今述べたような問題点もたくさんあった。しかしブラウザ主流の考え方の生き残る道が明らかになるにはそう時間はかからなかった。そして、生き残るだけではなく、それが大きな流れになっていった。アマゾンのKindleがマルチデバイス、マルチプラットフォーム戦略であることが明らかになり[6]、アップルがタブレットを発表し、しかも良質なeBook用アプリも提供した。グーグルも独自のeBook書店を立ち上げてブラウザベースの読書環境を提供し、アマゾンも追随してブラウザベースのKindleアプリを発表した。こうなると、eBookの未来においてブラウザが中心的な役割を担うであろうことは、もはや否定しがたいと言える[7]。追い討ちをかけるように、アマゾンはKindle Fireを発表し、アップルのiPadに対抗する構えを見せている。アマゾンのこの動きは、機器の目新しさを誇るというより、広告取りを狙ったものだった。さらに、本をWebの世界に引き入れるような決定的な動きがあった。2011年の国際電子出版フォーラム（IDPF[8]）がEPUB 3のスペックを発表し、Web上のほとんどの文書に使われているマークアップ言語の最新版であるHTML5[9]との密接な連携が確認されたのだ。

読者獲得の競争は厳しいが、ブックグラットンにはすでに3万を超える会員と4000以上のグループがある。パブリックドメインの古典作品を読む教室も300ほどある。グループはEPUBの本を自由に追加でき、どの本も他のユーザーとシェアできる。中心となるカタログは当初700点だったが、今は約5000点にまで増えた。ブックグラットンの魅力は、昔も今もブラウザ内での読書体験とバーチャル読書会の融合にある。それはいわゆるソーシャルリーディングの生きた実例である。

読書システムの構築で私たちが目指したのは、読書のふたつのモードを提案することだった。邪魔が入らずに読書に集中できるソリタリー（孤独）モードと、テキストや他のユーザーとのインタラクションが可能なソーシャル（交流）モードだ。どちらのモードでも中心的要素であり主役となるのは本だ。当初は、ソーシャル機能を

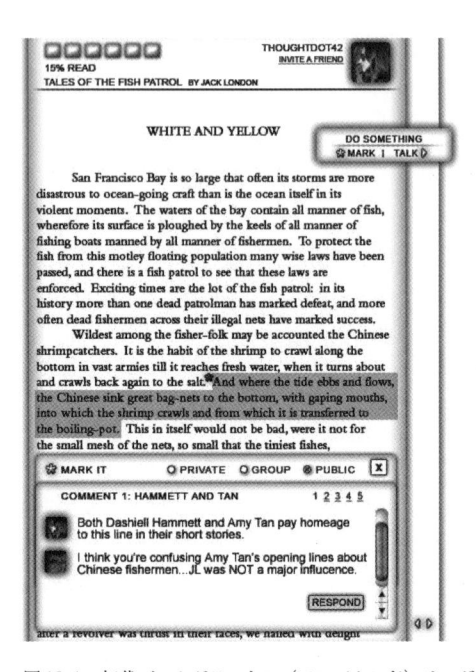

Part 2 将来への展望——本が歩む次のステップ

図12-1　初代ブックグラットン（アンバウンド）リーダー

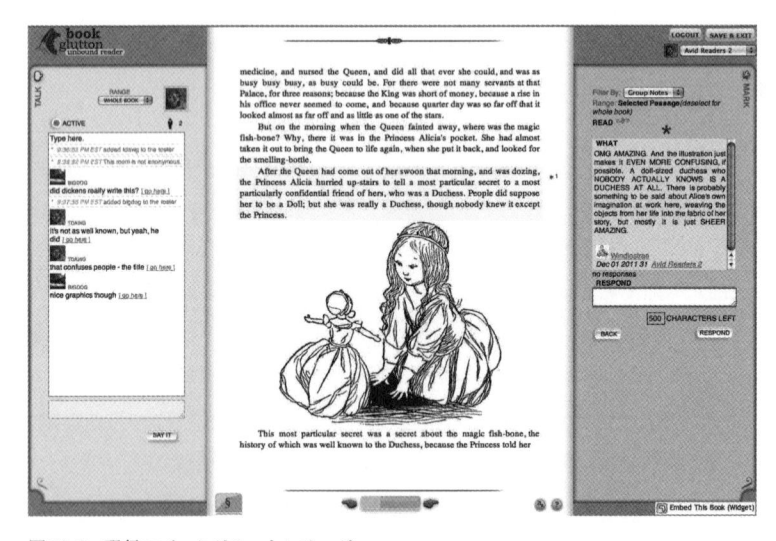

図12-2　現行のブックグラットンリーダー

176

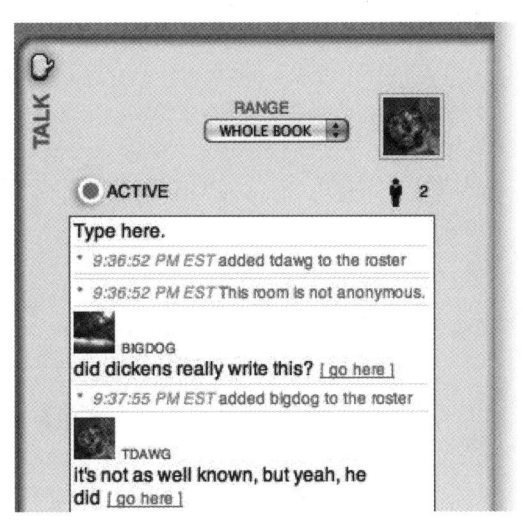

図12-3　プロキシミティ機能つきブックグラットンのチャットウィンドウ

　ページの前面に位置するダイアログボックスに表示し、ユーザーがドラッグにより移動できるようにしていた。これだと小さめのスクリーンにも収まるが、コンテンツの邪魔になってしまう（図12-1）。これは当時、許されない機能構成のように思われたが、そのうち多くのモバイル端末が同じような機能を搭載し始め、許せる範囲の不便さだと考えられるようになった。発表までにノートＰＣ向けのスクリーンをデザインし直し、開閉する垂直なスライド式のウィンドウを左右に追加して、ソーシャルコンテンツの表示・非表示を選べるようにした（図12-2）。

　ブックグラットンの読書システムは、ユーザーが本のどこを読んでいるかを追跡し、お互い相手がその本のどんな内容のところまできているかを知ることができる。大きなパーティで友だちの居場所を探すのと同じように使えるソーシャルマップだ。画面左のチャットウィンドウには「プロキシミティ・ファクター（接近度ファクター）」という機能がある。これはユーザーが読んでいる箇所と各インスタントメッセージの関連を表示することで、文脈に沿った会話を促し、ネタばれを防ぐためのものだ。

12. 読書システムの垣根を越えて：ソーシャルリーディングの今後 ● 177

Part 2 将来への展望——本が歩む次のステップ

　ブックグラットンではさまざまなタイプのコミュニケーションを提供しているが、なかでも人気があるのは非同期的なコミュニケーションだ。パラグラフにコメントをつけるには、パラグラフを選んでクリックすればコメント用のスライドウィンドウが開き、文字を入力できる。コメントはそのグループに公開するものと非公開とが選べる。言葉の意味に関するコメントだけを非公開でつけているユーザーもいれば、質問や気になった文章についての意見を書いて公開するユーザーもいる。また、すべてのコメントには返信ボタンがついている。シンプルさを保つため、返信コメントは入れ子状には表示しない（質問の下にチェーン状に続かない）。

　コメントを読むのは簡単だ——何らかのアクティビティがあったパラグラフは本の余白に、小さな赤いアスタリスク（＊印）が表示される。

　読者は手動でコメントウィンドウを開き、本のどこにコメントがつけられたのか確認することができる（クリックすれば、そのページに移動する）。ひとつのパラグラフに対し、一度に何千ものコメントがつく場合もあるが、特定のグループに関連するコメントだけが表示される仕組みになっている。さらに、ひとつのパラグラフに複数のコメントをつけ、それぞれに返信することも可能だ。こうして本の上でたくさんのデータが息づくこととなる。

　ブックグラットンをWebサイトとして、またコミュニティとして運営・研究するなかで明らかになってきた点がある。それは、おそらくすべてのソーシャルWebにおいても言えることだと思う。その点とは、ソーシャルなインタラクションを育むグループの重要性、とりわけ現実世界での足場を持つグループの重要性だ。
　もちろん、ソーシャルWebのなかでグループは常に形成されているが、それはふたつの典型的なタイプに分けられる。一方は、話題、ミーム、製品、セレブ、料理、記事など、物事を中心にした、知らない人間同士の集まりだ。こうした人々の絆は、えてして弱い。ひとりが誰かを何らかの行為に誘ったとして、それが実現する可能性はきわめて低い。
　もう一方は、現実生活でお互いを知っている者同士で作るグループだ。こちらは、相手を何かに誘った時にそれが実現する可能性は極めて高い。ブックグラットンの

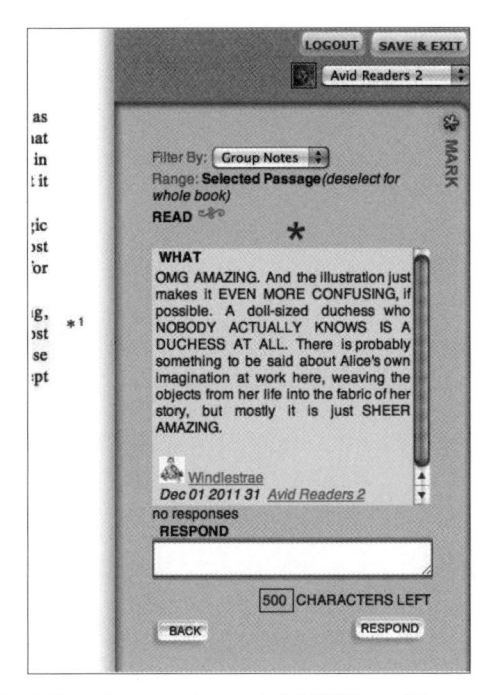

図12-4　ブックグラットンのアスタリスクによる注釈ウィンドウ

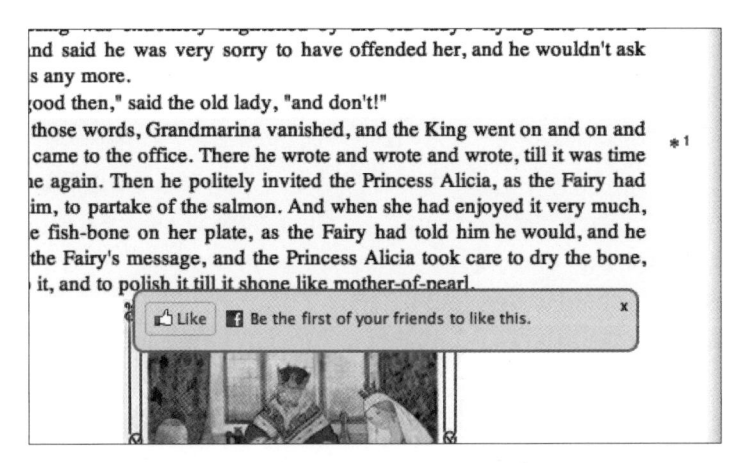

図12-5　ブックグラットンのアスタリスクによるハイライト表示

12. 読書システムの垣根を越えて：ソーシャルリーディングの今後 ● 179

Part 2 将来への展望——本が歩む次のステップ

　サイトができて間もないころは、あるグループのメンバーが新しいメンバーを招待する場合、実生活で相手を知っているケースがほとんどだった。そして招待を受けた人が実際にメンバーに加わる確率（コンバージョン率）は80%近くもあった。現実世界での人間同士の絆が強いほど仮想世界グループ内での、反応やお互いの交流は良いものがあった。
　こうして書くと当たり前のことのようだが、ソーシャルネットワーキングの初期の取り組みの多くは、この当たり前のことの重要性を無視していた。このことに気づいた数少ないネットワークは高い成長率を誇っていた。Facebookが最初にユーザー数を激増させたのは、その展開メソッドによるところが大きかった。一度にひとつの大学キャンパスだけを対象として参加を募ったのだ。メールアドレスのドメインを見れば同じ大学の学生かどうかを確かめられ、現実世界と同等の絆を仮想世界でも維持できる。このため、極めて高いコンバージョン率と猛烈なまでの成長率を達成した。
　このような観点からすると、ソーシャルアクティビティとしての読書は、その他のソーシャルアクティビティとなんら変わりはない。本の読者同士のインタラクション、本そのものへの関わり、そしてグループメンバー間の絆は、いずれも現実世界においてつながりを持つグループ（教室でも、大学でも、家庭でも、教会でもいい）を土台とすれば飛躍的に向上する。

　ブックグラットンを始めたとき、書籍関連のサイトへの要求が急激に「本のタイトルを検索し、見つけ、ダウンロードして、サイトではないどこか別のところで読む」ことへと変わりつつあることに私たちは気づいていなかった。この種のユーザーはたちまち私たちに失望した。私たちの構築したシステムが彼らの期待と違うものだったからだ。私たちが構築したのはグループによる読書システムであり、テキストの共用体験やグループによる注釈、読書と注釈という行為を中心とするコミュニティの感覚をシェアするためのシステムだった。1冊の本について学ぶにはグループで取り組むのが一番よいと知っている人や、あるいはお互いに同じ本を読むことでもっと仲良くなりたいと願う人にとっての理想的な場だった。私たちは、ブックグラットンのグループ的な側面を強調しきれていないと気がついた。多くのユーザーが定期的に訪れるようになったが、彼らは皆、そうしたグループ体験を本に求めて

図 12-6　ブックグラットンのグループページ

いた人たちだった。

　現行版では、ユーザーがブックグラットンに新規登録すると、そのユーザーのためにグループがひとつ自動的に与えられ、各グループには読書リストが提供される。ユーザーは自由にそのグループに友だちを招待したり、読書リストにコンテンツを追加したりできる。ユーザーは好きなだけグループを作ることができる。グループの核となるのは、人と人とのつながりだ。多くは本やコンセプトを基軸にしたグループだが、特に成功しているグループの多くは、オフラインでも良い関係を築いている。

　グループアクティビティの中心はグループページだ。ユーザーはこのページから読書中の本のページへジャンプしたり、メンバー全員にメッセージを送ったり、掲示板にメッセージを残したりできる。メンバーは誰でも、グループの読書リスト内で読書中の本を変更できる。複数のコミュニケーション方法を使って、さまざまなニーズに対応可能だ。

　ブックグラットンのコンテンツは幅広いソースから集められる。無料のパブリック

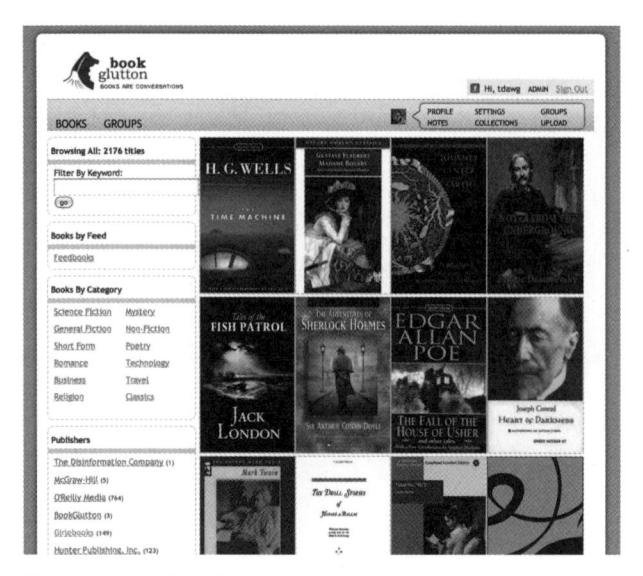

Part 2　将来への展望——本が歩む次のステップ

図12-7　ブックグラットンのカタログ

　ドメインの作品から、フィードブックス（Feedbooks）やガールブックス（Girlbooks）などのサイトの無料書籍、ランダムハウスやマグロウヒルの出版作品からの抜粋、ブックグラットンのオリジナル出版物、オライリー社（O'Reilly）やホルアーツ・ブックス（Holarts Books）のセール本までさまざまだ。またブックグラットンでは、サイトでEPUBフォーマットの自作品を議論してもらいたいと思っているライターのために、HTMLからEPUBへファイルフォーマットを変換するコンバーターも提供している。

　ブックグラットンでのアクティビティの大半は、抜粋や無料もしくは安価なコンテンツを中心に行われている。著名な作家が自身の作品の抜粋にコメントをして、読者が返信することもあれば、新進の小説家が作品をアップロードしてフィードバックを募ることもある。英語を第二言語とする人たち（ESL）が、英語の文脈や語彙を学ぶためにも活用している。また、およそ300の学校・大学で、オンライン学習のツールとして教室で使われ始めている。

こうした実際の利用方法から、グループがいかにインタラクションし、オフラインまたはオンラインでのつながりが互いに影響し合っているのかについて、有益な情報が得られる。ある時点で、グループへの招待のコンバージョン率が79%に達し、新規ユーザーの20%がグループを追加で作成するようになった。私たちが予想もしなかったことが目の前で起きていた。だが何よりも大きな知見を得たのは、ブックグラットンをはじめて丸一年が過ぎてからだ。私たちは、その頃には三つのビジネスを運営していた。コンテンツの販売、コンテンツのプロモーション、そしてコンテンツのソーシャル化だ。私たちがもっとも興味を抱いたのは、まさにこの三つ目のビジネスだ。誰も、それがビジネスだとすら考えていないようだった。私たち自身もまだ定かではなかったが、本のあり方を決める重要な側面になるだろうと予感していた。

リードソーシャル宣言

ブックグラットンを4年にわたって運営し、小規模な実験的プロジェクトもいくつか手がけてきた時点で、私たちの進むべき道に関していくつか方向性が見えてきた。ひとつは、コンテンツのネットワーク、読書プラットフォーム、そしてサイトのソーシャルレイヤーは、まったく異質なビジネスだということ。この三つのどれにも、技術的な側面や戦略、ビジネスプラン作りの面で専門性が求められる。小さな会社やグループがそのすべてを扱うのは無理だ。大企業でさえ、その企業の得意分野の外に足を踏み出せば苦労するだろう。

第二は、ソーシャルレイヤー（私たちは「グループレイヤー」と呼ぶ）は新しい分野なので、それなりに深く考え、実験し、力を合わせねばならないということ。きちんとした読書体験を提供するには、すべてのユーザーインターフェースに工夫を加えなければならない。コメントを投稿する際の手続きからグループの定義、コメントをいつまで保管するかなどだ。またユーザーがネット上のソーシャルネットワーキングに慣れてくれば、サイトに対する期待感も変わるので、交流機能をどこまで読書システムに一体化させるかの判断も迫られる。最初から適切に対応するのは難しい。

| Part 2 将来への展望——本が歩む次のステップ

インタラクションが鍵だ。メンバー数を増やすために何度か試行錯誤をしなければならない。この点の対応は、利益を追求する大企業にとっては特に難しいだろう。

もうひとつ、私たちが気づいた点がある。1冊の本に関する他人のコメントをブラウザ上で気軽に読む人はたくさんいるけれど、コメントを返す人はすごく少ない

図 12-8　リードソーシャルの活用の仕方

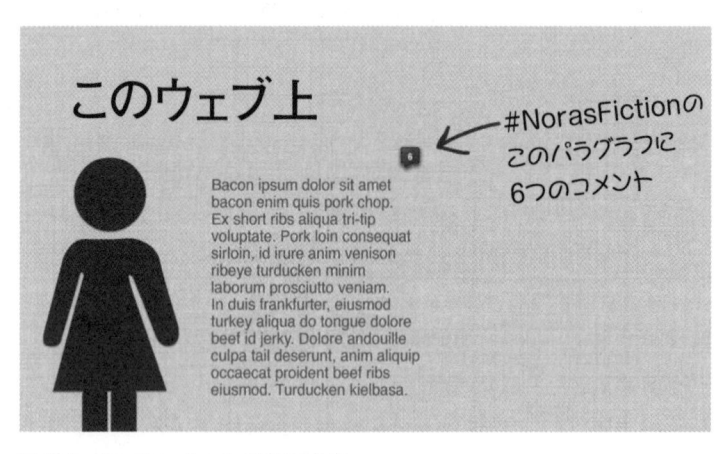

図 12-9　リードソーシャルの活用の仕方

という事実だ。しかし読書グループのような仕組みの中では、ある種の命令系統ができていて、宿題を出したり、グループとしての目標を設定したりするので、ユーザー間のコミュニケーションが促される。そういうグループ内なら相手も信用できる。そして相手を信用できれば、より交流が活発となり、その本への関わりもさらに深くなる。

　本に関しては、同期性よりも非同期性の方がいいこともわかった。これは予想外だった。Webの世界は限りなくリアルタイムであることを良しとしてきたし、私たちも読者は本を開くたびに自分の意見を言いたがるものと想定していた。実際、Twitterはそういう目的で使用されているが、本の場合は違った。間髪入れぬリアルタイムの議論が有益な場合もあるだろうが、本は異なる。たいていの場合、人は他のメディアよりも長い時間をかけて本に関わり、じっくりと時間をかけて読む。人はその本の世界にどっぷり浸かり、その内容を噛みしめ、思索をめぐらす。本によっては、よほど勉強しないとそのメッセージを理解できない場合もあるだろう。だから読書体験は非同期的になるのだ。複数の読者が同じ時に同じ地点で出会う可能性は少ない。私たちの結論は次のようなものだ。「24時間・どこででも」のインターネットだからこそ、本のように消化するのに時間のかかるメディアでは、非同期のコミュニケーションの方が好まれるのだ。

　こうした発見に基づき、私たちは新しいシステムを構築した。それがリードソーシャル（ReadSocial）だ。これは、さまざまな読書システムの垣根を越えて人々をつなぐことに特化した、交流型の読書システムだ。コンテンツ（たとえばeBook）を備えた特定の目的地（例えばWebサイトなど）を提供するのではなく、リードソーシャルはすべてのコンテンツ所有者が自らのシステムに、グループベースの非同期なコメント書き込み機能を加えられるようにする。ブログの運営者であれ小規模なeBook出版社であれ、iPadの雑誌アプリであれeBookの読書システムであれ、どんなコンテンツ所有者もReadSocial.netにアクセスしてユーセイジティア（usage tier）を選び、リードソーシャルのシステムに結ばれているコードの一片を取得できる。こうすれば、そうしたコンテンツの利用者は誰でもグループを立ち上げ、コメントや画像、リンクを添付し、コメントに返信できるようになる。

　リードソーシャルはオープングループだが、「#janeaustin」とか「#peoria_

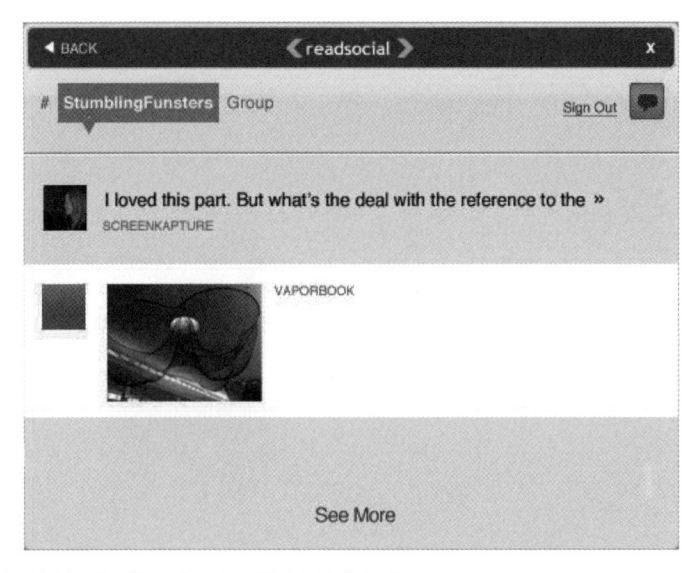

Part 2　将来への展望——本が歩む次のステップ

図 12-10　リードソーシャルの Web クライアント

図 12-11　iPad アプリ内リードソーシャル

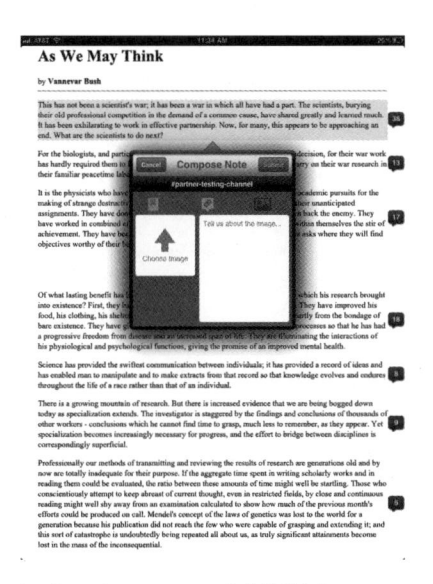

図12-12　iPadでリードソーシャルのコメントを添付する

readers」とか「#mrs_james_hour2」といったハッシュタグを使う。グループのタグを知っている限り、誰でもそのグループへの書き込みを読むことができる。ユーザーの素性はオーオース（OAuth）の仕組みで認証される。Twitterその他のソーシャルネットワークで利用されているのと同じ仕組みだ。完全な仕組みとは言えないが、異なるシステム間でユーザーを的確に特定する目的で広く使われているものだ。そこではエイリアスの使用が推奨される。同じユーザーが異なるネットワークから毎回、自身をOAuth認証できるが、そのネットワークが彼らを認証しているものに見え、その素性が確かなことはネットワークが確認している。だから、例えばTwitterでjoe_schmoeを名乗っている人が偽者でないことは、たとえその人がリードソーシャルに書き込んでいる時でも、Twitterが保証していると思っていい。

　ワードニク（Wordnik）にjoe_schmoe名義の書き込みがあれば、それはあなたの知るJoe Schmoeの書き込みだと信じていいが、正体不明のサイトに書き込んでいるjoe_schmoeの素性は疑ったほうがいい。この仕組みは必ずしも完璧ではないが、現在、多くのサービスで使われている。そしてそれは、リードソーシャルが解決しな

ければならない多くの問題のうちのひとつに解決策を与えている。それは、オフラインのつながりが、オンラインでの交流につながる力となる道を守ることだ。オフラインでのユーザーは、必ずしもTwitter上での知り合いではないかもしれない。必ずしもアマゾンからすべての本を購入し、Kindleで読んでいる人ばかりではないだろう。でも、それでいいのだ。どんなシステム上でリードソーシャルを使うのであれ、同じグループタグを使い、OAuthで認証を行いさえすれば誰でも、自由に読み、かつコメントを投稿できる。

また、リードソーシャルではオープングループとグループタグを使うので、誰でも同じパラグラフや記事を読み、かつ「グループサーフ」もできる。つまりグループのコンテキストが変化する度に異なる書き込みを見ることができる。それだけではなく、どの読書システムも最新のコンテンツを直ちに入手できる。例えば、#owsというグループが新しい話題にコメントしたいと思ったとしよう。メンバーはリードソーシャルをインストールしてあるサイトやiPadアプリ、ブログに書き込みを行ってもいい。その記事がそこに配信されている限り、#owsからの書き込みは画面の余白に現れるから、ユーザーはそれを読み、コメントを返し、あるいは新たな書き込みをすることができる。

リードソーシャル用のクライアントインターフェースは、誰でも作ることができる。もし企業が追加機能をつけて（例えば、誘導したいグループや書籍のお勧めなどで）、自社のブランド化された体験を提供したいと思うのなら、APIを使ってそれも可能だ。一方、ブランド化など考えずにあるがままに行こうとする企業には、iPadやWeb上で使えるオープンソースのクライアント・ライブラリーもある（これにはユーザーがグループを作り、コメントを使いこなすインターフェースのためのビジュアルコンポーネントも含まれている）。

結論

ソーシャルリーディング（交流型読書）の時代が始まってから6年あまり、今では

当然のようにWeb上で読書コミュニティの交流が行われている。今後もインターネットに根ざした、より優れた機能が登場してくることだろう。Webは私たちの導き手だ。ブックグラットンとリードソーシャルの経験を通じて、ソーシャルリーディングに関して私たちの得た発見を以下にまとめておく。

- グループは必ずしも人を中心とした集まりではなく、議論する話題のフィルターだという考え方もありうる。招集に応じた人の集まるグループだけでなく、コンセプトやアイディアの周囲に集まるグループもあってよい。特定の話題を使って人を集めるわけで、そうしたハッシュタグは実際にTwitterで使われている。

- たいていのグループは現実世界のコミュニティやイベントでつながっている。オフラインでの交流を持てば持つほど、グループ内の絆は深まる。オフラインのユーザーグループは特定サイトの垣根を越えて広がる。Webベースの活動の最強の成果は、現実世界とのつながりだ。リードソーシャルは、ベンダーと消費者の絆よりも、**こうした絆が大事**だと考える。だからサイトの垣根を越えたオープンな書き込みを可能にしている。

- 人はパブリックな物事についてのパブリシティにコメントすることに慣れている。いくつかのものは初めからパブリックなものだ（ツイートは、その性質上もともとパブリックなものだ）。ユーザーがコンテキストに気づいている限り、オープンシステムは機能する。閉じたシステムや、複雑な認証レベルや特典つきのシステムが好ましい場合もあるだろうが、現段階では私たちの手の届く範囲の問題解決に集中するほうがいいだろう。

- その文章の置かれる場所や引用された一節の出典確認は、読書システムや標準を決めるグループ、コンテンツ出版社に委ねられるだろう。

- 共有アイテムの保存や並べ替え、検索、グループ分けのインターフェースやシステムは、ソーシャルレイヤー技術の問題だ。ユーザーとの信頼関係を築くには、コメントが誰に帰属し、どこへ向かい、誰に読まれるのかを透明性を持って明らかにする必要がある。Web検索同様、ソーシャル読書データに対するフィルタリングとインターフェースがすべてのビジネスを決定する。

- ネットワーク効果を得るのはなまやさしい仕事ではない（言い換えれば、優れ

Part 2 将来への展望——本が歩む次のステップ

たソーシャルネットワーク作りは本当に大変なのだ)。リードソーシャルにしても、そのネットワークを自分だけで作り出したわけではない。既存のネットワークを活用してでき上がっている。
- 出版社や、読書システムのプロバイダは、カンバセーション・レイヤーでつまずきやすい。たいていの場合、目的が相反するからだ。特化したオーバーレイ・インターフェースは明確な価値を生み出す。

　Webベースのシステムでも、アプローチはさまざまだろう。読書システムと書籍、読書コミュニティを一ヶ所で提供する完全に統合されたソリューションもありうる。ブックグラットンの経験から、私たちはこのタイプのシステムの利点も欠点も学んだ。ある会社がコンテンツを所有し、読書システムの運営やグループ管理をするだけの技術力も兼ね備えていれば、素晴らしい読書体験を提供できるだろう。それは伝統的なグループ招待(ユーザーが電子メールで参加を呼びかけるタイプ)のやり方にそっており、グループや読書システムのコントロールレベル次第で、読書体験を高度にパーソナライズできる。こうしたシステムはメトリックス(metrics)を稼ぎやすく、さまざまにカスタマイズされたアクティビティを可能にする。もちろん、そのコントロールレベルが時には欠点ともなる。システムをうまく管理していくのは難しい——読書システムの柔軟性やコンテンツの適切さにこだわりすぎると、往々にしてコミュニティ重視の視点が忘れられてしまう。

　一方、リードソーシャルは異なるアプローチを採った。それはAPIだった。そこでは容易にソーシャルインターフェースを加えたり、他のシステムとコンテンツをシェアしたりできる。他のネットワークからコンテンツを取り込み、または他のネットワークへ押し込める能力は強みになる。このシステムは最大のネットワーク効果を期待できる。ソーシャルシステムは、その常として、使われれば使われるほど価値が上がる。オープンなグループタグはコンテンツごとのグループにも人をベースにしたグループにも使え、オフラインの交流にも適している。そして私たちの見てきた通り、オフラインの交流は集客の大きな力となる。

　私たちの主張には、多少の推測が含まれている。いや、ほとんどが推測だと言わ

れてもしかたがない。しかし大事なのは、**今現実**に起きていることから目をそらさないことだ。人の読書のしかたは、すでに昔とは違うのだ。読書の未来を決めるのは読者だ。大企業が本の読み方を指図するわけではない。好きなように読むツールを読者に提供し、読者がそれをどう使うかを観察し、そこから何かを学ぶ。これを何度も何度も繰り返す。そして、システムはシンプルにしておくこと。使いにくそうな、あるいは理解しにくそうなシステムなど誰も使わない。使う人がいなければ、私たちはそこから何も学べない。今起きていることでもっともエキサイティングなのは、そこに無限の可能性があるという事実だ。そのすべてを試してみる時間はないだろうが、そういう未来に興味を抱いている人は山ほどいる。みんなでアイディアをシェアし、未来を一日も早く引き寄せようではないか。

Web版URL（英語）
http://book.pressbooks.com/chapter/above-the-silos-travis-alber-aaron-miller

1　http://en.wikipedia.org/wiki/Foundation_series
2　http://www.wordnik.com/words/hyperlink
3　http://tcrn.ch/9n4WR8
4　http://www.bookglutton.com
5　http://www.bookglutton.com
6　http://www.teleread.com/uncategorized/amazons-long-play/
7　http://bit.ly/MDncyL
8　http://idpf.org/
9　http://www.w3.org/TR/html5/

13 ユーザー体験、読者体験

ブレット・サンダスキー

Brett Sandusky：マクミラン・ニュー・ベンチャーズ（Macmillan New Ventures）のプロダクト・マネージャーとして、切れのあるユーザー体験のデザイン、デジタルプロダクツの新製品開発、eコマース、リサーチとデータ分析およびモバイルアプリの部門を監督。以前はカプラン・パブリッシング（Kaplan Publishing）においてプロダクト・イノベーション・ディレクターを務めた。デジタルストラテジー、プロダクトユーザビリティ、クロスプラットフォームでのコンテンツ構築、デジタルマーケティングなどの専門知識も有している。ニューヨーク市ブルックリン在住。Twitterアカウント：@bsandusky

　まず、ひとつの仮説から始めたい。今のeBookは、出版社のデジタル製品開発における人工的かつ一時的なステップにすぎない。したがって、いずれは消え去っていく。

　eBook開発の現状と未来を語る時、特にユーザー体験（User Experience: UX）について語る時には、この仮説を抜きに始めることはできない。ユーザー体験の本質とは何か。その本質がデジタル製品の開発、顧客のユーザビリティや受け入れられ方にどんな影響を与えるのか。こうした議論の中から、eBookとは何なのか、そしてそれはどのように進化していくのかが見えてくる。

　ユーザー体験については、さまざまな定義がある。この種の定義とは多くの重要な分野に影響する一種の決まりごとである。一部の技術開発者は、ユーザー体験をユーザビリティやユーザー行動調査（contextual inquiry）、デザインなどの事象に限定してとらえている。しかし実態としてはユーザー体験のコンセプトはもっと広い。製品のデザインや、それをどう実装するかといったアプローチも含んでいる。

　つまりユーザー体験は、製品の最初の考え方から始まって、製品開発チームの方向性の決定、マーケティングの実施、発売後の初期評価、カスタマーサービス、エンドユーザーとのやりとりにいたるまで、製品のすべてを網羅する。ユーザー体験は、

社内、社外の両側で相互作用を整理、統合し、ユーザーのための使いやすい製品を開発し、それを維持していく。

　こう考えると、ユーザー体験とは究極的な意味でデータに基づいた選択肢を提示することだと見えてくる。選択肢があれば、製品開発チームは自分たちの製品について情報に基づいた決定を下すことができる。製品を作るプロセスは、ギブ＆テイク、妥協のかたまりだ。誰でも何でもできるような製品はあり得ない。ユーザー体験はいろいろな決まりごとの集合体である。その目的のひとつは、いろいろな方策や妥協の道の存在を明らかにすることだ。そして各方策が与えるインパクトをデータで提示し、実行にふさわしい決断を可能にさせることだ。これはユーザー体験のすべての側面において言えることである。デザインからユーザビリティ、そしてユーザーとのやりとりにいたるまで、すべてに関係する。

　この章では、製品開発におけるユーザー行動調査とユーザビリティのふたつの分野に焦点を当てていこう。このふたつが、ユーザー体験を通して、どのように影響を受け、強化されるのかを見ていきたい。最終的には、今のeBookに目を向け、ユーザー体験の観点からeBookを評価していこう。

ユーザー行動調査

　使われる製品のすべては、何らかのユーザー行動調査の形式をもって始まらなくてはならない。ユーザー行動調査とは、ユーザーが必要とする製品の開発を促進するために、ユーザーからデータを収集するさまざまな活動を含むプロセスだ。ユーザー行動調査のプロセスは、製品開発の初期段階に組み込まれなければならない。つまり、製品の観念の構築自体に情報を与えるということだ。
　ここで大切なのは、ユーザー行動調査は、ユーザーがどのような特性や機能を求めているか、その「ニーズ」を決定するためにあるということだ。この「ニーズ」とは、「欲求」という言葉とは正反対の位置にある。製品開発においては、こんな物が欲しいというユーザーからの意見を重視するのは間違ったアプローチだ。それでは

使える製品を作ることはできない。そもそも、ユーザーは滅多なことでは製品に対する潜在的なニーズを示さないし、彼らのニーズを製品の特性や機能という具体的な形で提示することはできない。さらに重要なことがある。ユーザーは意見を言う。しかしその一方で、そのデバイスやファイルフォーマットの可能性や限界をまったく理解していない可能性が高いのだ。

次のふたつの例について考えてみてほしい。

製品開発者として、僕は自分がこの世に送り出した製品には深く関わるようにしている。製品が出れば、カスタマーサービスからの質問や、ユーザー分析や製品評価、ソーシャルメディアでの会話の追跡など、いろいろなことが発生する。僕らの製品でよく耳にする大きな不満のひとつに、eBookがデスクトップPCやノートPCで使えないというものがある。この問題は、単にファイルを使えるようにすれば済むといった単純な事柄ではない。ユーザーは自分のデバイス上のeBookファイルを読むために、それにふさわしいeBook読書用ソフトウェアを自分でコンピュータにインストールしなければならない。このことが実際にどういう意味を持つのか、その影響についてまったく気がついていない。ユーザーはデバイスのサポートとアベイラビリティ（利用可能性）は単純に出版社の決断だと思っている。出版社はビジネス上の理由で特定のデバイスや流通販路を除外する決断をするものだ。そんな決断をする一方で、自分たちのコンテンツの購入やアクセスを難しくして、読者を限定したいと思っている出版社はないはずだ。

この問題の裏側に、アベイラビリティの問題がある。ユーザーから、どうして同じデバイスで使えない製品と使える製品があるのかという質問がよくある。ここまでは、前の例と同じ話だ。だが、この場合、ユーザーのデバイスで製品を使うことはできる。ユーザーが使いたいと思っているデバイス上で使える製品はある。つまり、デバイスサポートとアベイラビリティに関する質問の少なくとも50%は、すでに製品が使えるようになっていることにユーザーが気づいていないケースだ。ユーザーはただ、それがどこにあるのか知らないのだ。

この問題に対するシンプルな解決策はマーケティングの導入だが、それでも問題の全体像をとらえているわけではない。ユーザーは常に僕らの製品とシンクロして

13. ユーザー体験、読者体験 ● 195

いるとは限らないということを忘れてはいけない。ここで仮に、ユーザーには僕らの製品のすべてを理解してもらうことは期待できない、と考えてみよう。デバイスサポートに関する単純な情報（僕らにとっては単純という意味だが！）を含めて、期待できない、としよう。理解が期待できないならば、ユーザーはどういう根拠で未来に向けた論理的な戦略を提案してくるのだろう。

ここでユーザー行動調査の出番となる。ユーザー行動調査に基づいた製品を開発するためには、製品開発者はエンドユーザーを観察する必要がある。各特性と機能を記載した論理性のあるリストの作成につながる情報を集めることに時間をかけることも必要だ。ユーザー行動調査の主なツールをあげてみよう。

- 行動観察
- ユーザー調査
- 親和図法（アフィニティ・ダイアグラム）
- ユーザーモデル（ユーザーペルソナ）の創造
- 民族誌学（エスノグラフィー）

これらを用い、ユーザーがツールを使って必要な仕事をするのを実際に観察する。ユーザー体験を実践する担当者は、観察したユーザー行動に基づいて製品の欠陥、製品への要求など、すべての事柄についてレポートをまとめる。

プロジェクトを検討する際に考慮されるデータはたくさんあるが、このユーザー行動データはその内のひとつとなる。

eBookユーザーのニーズ評価のために、ユーザー行動調査を採用する出版社は、ふたつの重要な問題に直面する。

1. 現在、EPUBフォーマットとeBook読書デバイスにはサポート機能の限界がある。その限界が顧客に提供するユーザー体験にマイナスのインパクトを与えること。
2. 出版社がよりよい製品を提供できない理由についてユーザーは興味がないこと。

このふたつの問題を重ね合わせると、ユーザー行動調査の本質とは、ひとつはデータ分析が完了するまで意思決定を遅らせること（例えばフォーマットに関する決定としてみよう）となる。ユーザー行動調査によって、製品開発チームは、製品の特性や構成要素を理解していく。機能およびデザインに必要な、あるいはあった方が便利なものは何かがわかってくるわけだ。この結果、最高のユーザー体験を提供するためには、出版社はeBookを作るべきではない、という結論が簡単に導き出される。デジタルでは、オンラインでもオフラインでも使えて、eBookよりもたくさんの機能を持った、新たな分野の製品も存在するからだ。

ユーザビリティ

eBookのユーザー体験の話に戻ろう。まず、ユーザビリティと、ユーザビリティが僕らの意思決定プロセスにどのように関わるのかについて考えたい。

ユーザー行動調査が製品の観念化という初期段階に関わるものとするなら、ユーザビリティの分野とはユーザーに受け入れられた後の製品テストと改良ということになる。ユーザー行動調査は、製品知識がほとんどない発売前の状況で行われる。一方、ユーザビリティは、すでに存在する製品をテストする。ユーザビリティは、製品に機能を追加するためのものではない。ユーザビリティは製品の機能を評価し、それらがきちんと機能しているかどうかを確認するためにある。

ユーザー行動調査があれば、そのデータを頼りに、ユーザビリティの方向性の決断ができる。機能追加に関しても、製品を評価することによって得られる利益がある。理想的にいけば、製品そのものが製品開発チームにデータ、すなわち使用分析を生み出すこともあり得る。これらの分析は、次には観察データと結びつけられ、製品全体のパフォーマンスに関する詳細な全体像を生み出すことができる。

eBookのユーザビリティをみるとき、僕らはデバイスのユーザビリティと、そのデバイス上でEPUBを使用可能にする特定のソフトウェアに目を向ける。出版社は、読者体験についての大部分の決定をデバイスメーカーと小売業者に依存する。差別化は事

Part 2　将来への展望──本が歩む次のステップ

実上デバイスの機能にあり、現在のところeBookを作っている出版社に主導権はない。

　現在、新しく受け入れられたEPUB 3の特性に取り組み始めた今、ここは特に重要だ。eBook促進の次の波を起こす最大の障害は、出版社が新製品を開発する能力があるか、ないかではない。EPUB 3では、デバイスメーカーが新しい機能をどう採用し、サポートできるかが、eBook成功の鍵を握っている。

　EPUB 3規格は大部分でHTML、CSSおよびJavaScriptライブラリのオプショナルサポートに基づいている。EPUBにとって新しい要素はすでにWeb上でサポートされている。eBookリーダーがWebブラウザ上で動作するようになり、eBookリーダーソフトウェアがWebブラウザ上でユニバーサルにコードベースで組み込まれる。今、eBookリーダーの環境においては、数多くのWebの機能と特性が「停止」されている。デバイスメーカーはどの特性をサポートし、それをいつ実行するか、どのように実行するか、決断することができる。逆に出版社に残されたオプションは非常に少ない。残されたのは、ほとんどがデザインとレイアウトの分野である。出版社に許された道具はこれだけだ。その上でデジタル空間において競合相手と異なる体験を創造しなくてはならないのだ。

　製品が紙に印刷されて作られるのならば、出版社はユーザー体験に関して数多くの決定を下すことができる。これらの決定は、紙の品質、印刷様式、表紙デザイン、レイアウト、書体、組版などに影響を与える。デジタル製品では、出版社に残された選択肢はほとんどない。デバイスがスタイルシートを無視し、フォントはサポートされず、色も選べない可能性がある。

　この問題のもっとも重要なポイントは、デジタル空間においては、ユーザー体験が、コンテンツを作る側と提供する側を根本的に差別化するということだ。ここでひとつの疑問が浮かんでくる。どうして出版社は、マーケットを差別化する源泉をデバイスメーカーというよそ者へゆだねてしまったのだろう。

　現実的な状況としては、出版社はあまりにも長い間、ユーザー体験の観点から仕事をしてこなかったことと、今も紙製品の派生物程度のデジタル製品しか作っていないということがあげられる。

　読者はデジタルコンテンツを購入するとき、紙製品と同等の体験をすることに興味を持っていない。読者が欲しいのは、デジタルによって得られる最大限の読者体

験である。彼らはテクノロジーの恩恵を求めている。eBookが提供する便利さを欲しがっているのだ。

結論

では、最初の仮説に戻ろう。この状況下において、eBookの未来はどんなものになるのだろうか。

まずひとつ確認しておきたい。eBookはWebページである。コードベースではまったく同じである。つまり、EPUBの枠の中で、Webの持つ機能とインタラクティブ機能を使うことは可能だ。

出版社はデジタルのワークフローに目を向け始めている。いずれユーザー行動調査とユーザビリティといったものがデジタル製品の成功に不可欠であることに気づくだろう。ユーザー体験の実施が必要不可欠であること、これがデジタル製品開発のもっとも重要な決まりごととなって欲しい。

出版社がユーザー体験に焦点をあてる世界では、eBookとは、一定の恩恵と制限を持つ単体のファイルフォーマットを表すもの、と考えられるようになるだろう。他のフォーマットでも同じことが言える。製品をデジタルで提供すると決めるなら、特定のフォーマットを使用不可能とするべきではなく、製品開発サイクルにおいて有機的な要素とするべきである。

eBook、Webサイト、ネイティブアプリ、Webアプリ、そしてこれらの数多くのコンビネーションなど、現在、僕らは広範囲にわたるデジタル製品を提供することにおいて、いまだ初期段階にある。出版社は、彼らが長年関心を払ってきた読者体験が、今それもまたユーザー体験であることを理解し始めたばかりだ。

Web版URL（英語）
http://book.pressbooks.com/chapter/user-experience-reader-experience-brett-sandusky

14 本と出会ったアプリ

ロン・マーティネズ

Ron Martinez：エアブック（Aerbook http://www.aerbook.com/）とその親会社であるインベンション・アーツ（Invention Arts http://inventionarts.com/）の創業者。発明家である同氏が現在保有している特許は、出願中のものも含めると150件弱になる。インベンション・アーツを起業する以前、同氏はYahoo!で知的財産発明担当VPとして活躍した。Twitterアカウント：@ronmartinez

本の進化を考えるために、他のメディアで起きた移り変わりを力学的に考えてみることは有益だと思います。表現メディアとしてのコンピュータの歴史を振り返ると、ある特定の力学的変化が繰り返されていることがわかります。私はこの変化を法則だと考えています。実例を見ていきましょう。

驚きと需要の法則

- 初代プラットフォームは普及に必要な機能をユーザーに提供します。
- プラットフォームはコンテンツよりも早く進化します。
- コンテンツのイノベーターは、進化したプラットフォームを活用し、新鮮な体験で市場を驚かせます。
- 新鮮な体験を経験したユーザーはさらなる新体験を要求します。

新しいテクノロジーを利用したエンターテイメントが見る人たちを驚かせると、それは次々と需要を生み出します。表面的な意見のように見えるかもしれませんが、

Part 2 将来への展望——本が歩む次のステップ

違います。よく調べてみると、すべての表現メディアを通して同じ歴史が繰り返されていることがわかります。

　最近の市場も同じ道を歩んでいることは明らかです。例えばコンピュータゲームとプラットフォームの関係ですが、存在しないプラットフォーム向けのゲームを制作することはできません。したがってプラットフォームが最初に開発されます。そしてその後に新プラットフォームの機能を活用したゲームが続きます。「ポン(Pong)」〔初期のビデオゲーム〕から始まってグラフィックアドベンチャー、RPG、フライトシミュレータ、大規模多人数同時参加型オンラインRPG（MMORPG）、さらには最近のソーシャルモバイルゲームなど、新機能を搭載したプラットフォームが登場するとクールなゲームが続いてきました。

　では、ゲームの例と出版はどう関係しているのでしょうか？　小説のように文章中心で読者が没頭する形のものではそれほど関係ありません。グラフィックカード、位置情報機能、拡散するソーシャルグラフ〔ネット上のヒトとモノの相関関係、つながり〕などは、小説の改変にはほとんど役に立ちません。小説に新しいプラットフォームの機能を注入しても成果が期待できないことは、すでにはっきりとしています。またそう期待する人は明らかに法則を誤解しています。例えばですが、ジェーン・オースティンが書いて古典となった『高慢と偏見』にビデオを追加しても読書の邪魔になるだけです。ある作品に手を加えても、それが面白くなければ意味がありません。

　しかしながら新しいeBookプラットフォームが、高い潜在性を持っているのは事実です。あるジャンルの本、例えば私が興味を持っているイラストがふんだんに使われたノンフィクション、児童書、料理本、ハウツー本、そしてその他の特殊な本。それらは最近までeBook革命の外に甘んじることを余儀なくされてきました。技術的に困難だという理由で第一世代のリフロー型eBookプラットフォームには、このような本が必要とするもっとも基本的な機能が搭載されなかったからです。

　児童書などの電子本がeBookフォーマットではなく、「アプリ」という機能が充実したフォーマットで制作されてきたのはこのような事情のためです。現在では素晴らしいアプリ本がさまざまなジャンルで制作されるようになりました。この進展

を前述の法則に従って分析すると、下記のように説明できます。

- 初代プラットフォームは普及に必要な機能をユーザーに提供します。(Kindle／小説)
- プラットフォームはコンテンツよりも早く進化します。(iPad)
- コンテンツのイノベーターは、進化したプラットフォームを活用し、新鮮な体験で市場を驚かせます。(アプリ・デベロッパー)
- 新鮮な体験を経験したユーザーはさらなる新体験を要求します。(アプリ)

　上記の解説を児童書、料理本、一般向け科学本、旅行書やハウツー本などのアプリと照らし合わせてください。「革命的新eBookプラットフォーム」といわれたプッシュポッププレス(PushPopPress)〔アル・ゴア元アメリカ副大統領の気候変化に関する著書『Our Choice』のeBookを出版した会社。後にFacebookに買収される〕は、eBookをアプリとして生まれ変わらせる試みに熱中しました。

　それではここで、アプリでできること、そしてeBookでできないことを整理します。
　作家が意図する通りに文章とイラストを表示する。このように初歩的なことさえも、ごく最近まではアプリの独壇場でした。アプリでは読者を魅了するキャラクターのアニメーションを使ってコンテンツを解説したり、同期された音声やタッチコントロールを利用して重要な情報をもっと明確に読者に伝えることができます。またそれが理にかなう場合は、ノンリニアナビゲーション〔非線的、順序が指定されていない目次〕、ソーシャルネットワーク、位置情報などを利用することもできます。さらにアプリに物理エンジンが搭載されている場合は、現実の世界の物の動きを映像として表現することもできます。これは目新しいだけのソリューションではありません。このような機能はデザインの問題を解決する新しい方法で、これからの必須機能となっていくでしょう。

eBookプラットフォームの進化：本へ移植されるアプリ機能

　アプリの次はeBookが高機能化される番です。そして前述の法則が保持されるなら、進化したeBook機能を活用する新しい本が繁栄するはずです。

　eBookプラットフォームにはそれぞれ利点があります。現在のeBookプラットフォームで技術的にもっとも進んでいるのはアップルのiBooksです。アップルはフィックス型EPUBフォーマットを他社に先駆けて採用し、イラストと文章の組み合わせに信頼性を加えました。iBooksはWebKitという、アップルのSafariやグーグルのGoogle Chromeの心臓部にも採用されている高度なWebブラウザテクノロジーをベースとして開発され、HTML5、CSS3、JavaScriptといった高機能Webアプリと同じ言語に対応しています。

　iBooksは驚くべきプラットフォームです。私が創業したAerbookやライザ・デイリーのスリープレス・コンサルティング（Threepress Consulting）〔現Safari Booksエンジニアリング VP、Safari Booksは本書英語版の出版元であるオライリー・メディアが出資をしている〕のようなデザインラボはiBooksのようなプラットフォームの可能性を説明してきました。

　アップルは読書アプリで人気のある機能をeBookリーダーに装備する作業を進めています。読み上げられる単語をハイライトする、「読み上げ」機能は児童書アプリの標準機能ですが、これはiBooksに標準機能として加えられました。複数ページにまたがる音声トラックの追加という、一見単純に見える機能が新しい表現方法の扉を開こうとしています。応用が考えられるのはグラフィックノベル、文書と組み合わせた演出効果を狙う本、楽譜本、物語風の作品、挿絵や写真を含むノンフィクションなどです。

　他のメディアでの経験と照らし合わせると、アップルの動きに他社が追随するのは確実です。EPUB 3ではさまざまなインタラクティブ機能やサーバ通信機能を持つeBookを制作することができます。さらなる広がりを見せている本の表現方法という絵の具ですが、ほとんどの本にとってこのような絵の具は無用の長物です。でも絵の具を有効に活用できる本もたくさんあり、またこれからもっと創造されてい

くでしょう。

「取り残された私たち」と新機能との戦い

プラットフォームを世代交代直後に利用できる人は限られています。イモリのような細い目でスクリーンを見つめ、私たちには不可解記号にしか見えない「div」要素のようなものまで自在にあやつる、はた目には魔法使いのように見える人たちだけです。アプリ開発者が非常に高額のギャラを要求できるのもこのためです。でも、このような状況はプラットフォームが成熟するにしたがって変わり、長続きしません。幸運なことに、私たちの住んでいる時代には興味のある人になら誰にでもツールの使い方や開発方法を教えてくれたり、開発したツールを無料か非常に低価格で提供してくれる人がたくさんいます。

クリエイターにドラッグ＆ドロップ以上の操作を要求しない、精密時計のようなプラグ＆プレイ・ソフトウェアコンポーネントがすでに存在します。クリックする場所さえ知っていれば、API（Application Programming Interface）を使って、クリエイターは巨大な情報ネットワークや、ヒトとモノのつながりを表すソーシャルグラフへ簡単にアクセスできるのです。

WordPressはその代表的な例です。現在の典型的なWordPressサイトは動画を含むメディアを掲載できる、カスタマイズ可能なコンテンツマネジメントシステム（CMS）ですが、このようなシステムの構築は10年前までは非常に高価で複雑なプロジェクトでした。今ではドラッグ＆ドロップとポイント＆クリックで作れるようになりました。優秀なWebデザイナーができることをすべて代替しているわけではありません。でも機能的には十分充実しています。

アプリのような表示方法とインタラクティブ機能を利用できるeBookプラットフォームが登場することは間違いありません。それはWordPressプラグインのように簡単に設定することができる、デザイン的にも優れたプラットフォームで、高度なカスタマイズができるテンプレートが読者の目を引きつけるでしょう。ツール開発者は、すでにこのようなプラットフォームの開発を始めています。その代表例が

アップルのiBooks Authorです。興味がある人はアップルの開発者として登録するだけで、同社のeBookプラットフォームの詳細を学ぶことができます。またほとんどの機能はすでに実装されているので、試用だけなら開発者として登録する必要はありません。このような機能の実装は時間とともに簡単になっていきます。

　どんな高機能も出版に値する作品がなければ無意味です。これは高級な絵の具を持っていても、素晴らしい絵が描けるわけではないのと同じです。クリエイターにとってのグッドニュースは、才能と情熱と「創造の勇気」がドラッグ＆ドロップに取って代わられることは永遠にないという事実です。でも能力のあるクリエイターにとって、大きな箱に入っている色とりどりの絵の具は便利なものです。絵の具が無料の場合は特にそうです。

Web版URL（英語）
http://book.pressbooks.com/chapter/app-meet-book-ron-martinez

15 形なき本で図書館を作るということ

ピーター・ブラントリー

Peter Brantley：カリフォルニア大学、ニューヨーク大学図書館および出版局、さらに広告最適化に焦点を置き起業したRapt（Microsoftにより買収）、ランダムハウス社のマス・マーケット部門などでインフォメーション・マネージメント関連の要職を務めたあと、非営利図書館組合デジタル・ライブラリー・フェデレーション（Digital Library Federation）のディレクターに就任。サンフランシスコに拠点を構える非営利図書館インターネットアーカイブ（http://archive.org/index.php）のBookserverプロジェクト・ディレクターを務めた後、インフォメーションアーキテクトとして活躍している。Twitterアカウント：@naypinya

　本について考えることは、読書について考えることです。問題は考えるということが抽象的になりやすいところです。つまり読書について考えていると、読むという行為以外にも認識力や文字の理解、物語、解説、夢想などを思考に取り込んでしまうため、「読書」を正確に理解することが非常に難しくなります。

　本の未来に向き合うことは、実は私たちが本の実情さえもわかっていないという現実に向き合うことでもあります。おかしな言い方をすれば、私たちの知っている本はまだ慣れ親しんだ形を保っているが、変わろうとしている。遠からずなるべき「あるもの」になるのかもしれないが、現在のある側面は維持していくのかもしれない。これは、こうであるけれども、その逆でもあるという「シュレーディンガーの猫」の実験を具体化したような話です。「本」とは紙という実体とバーチャルという形態の重なり合いの上に存在するもので、私たちが立ち止まって光の下で見てみようとすると、よく見えるのは片方だけで、もう片方は薄い影の中にある、謎めいたものにしか見えません。

Web上の本

　ここで、本の電子化は本をWeb上で存在するものへと進化させる、そう仮定します。ブラウザ——正確にはWebKitのようなブラウザ向けの表示エンジン——は、Webが出現して以来デジタルコンテンツの表示のメカニズムとして独占的な地位を保ってきました。インターネットは誰でも使える情報の流通メカニズムです。ブラウザはコンテンツの表示と動作を定義する、比較的統一のとれた諸規格が作動する「入れ物」のようなプログラムです。Webの普及率が100％に近づくにつれ、ある程度オープンな規格であるHTMLはもっと洗練された規格に成長し、センサーデータ、位置情報、各種メディアの統合、ユーザー・フィードバックなどが加えられました。

　インターネットには境界という概念がありません。読書という体験がWeb上の経験になった時、つまりはっきりとした境界のない体験になるとダウンロードして保存できるパッケージは必要なくなり、また殻に入れて守るべきものもなくなります。図書館員として私がもっとも懸念しているのは、本がネットワーク化されると文化の保存がさらに難しくなるという問題です。ネットワーク化された本はコンテナ化されたeBookよりも実在性が薄く、当然のことながらその実在性は紙の本とは比較になりません。つまり未来の図書館や出版社の在庫リストを長期保存するためには、Webの保存が必要になっていくのです。

　Webベースの文化は、想像以上にもろいものなのです。理由は記録を残すための規格が少ないためです。インターネットアーカイブのウェイバック・マシーン[1]でも完全性はもとより、恒久性を保証することもできません。Web上にある本が「ワタシは保存に値する本だ」と声を出すことはありませんから、私たちの頼みの綱は、文化を可能な限り多種多様な方法で記録する、という決意と決断のみです。仮にあるWebサイトがなくなったら、そのページへのアクセスは新たに表示されるであろう場所へとリダイレクトされるべきなのです。

　Webベースのコンテンツには、「利益をあげる」ことが困難だという難問もあり

ます。さらにWeb上では個々のコンテンツから利益をあげることが難しいにもかかわらず、本の価格設定方法は個別設定が常識です。eBook定期予約購入やサイト全体のアクセス権を販売するなどの方法も考えられますが、課金方法にかかわらずeBookサイトの魅力は本の魅力、蔵書数、ブックコミュニティの質で決まります。また収集はコンテンツに中立な形で行うこともできます。境界のないWebにふさわしい形で拡張されたアマゾンストアや、ニッチジャンルに特化されたサイトなどが考えられます。

　技術面でも懸念するべき問題が存在しています。今もっとも有望なeBook規格はEPUB 3ですが、基本的にEPUB 3はリソースファイルの一覧の定義（manifest要素）とWebサイトに対応したコンテンツセットを1ファイルにまとめたものです。しかしながら未来のEPUB 4の開発にあたって、出版社がEPUB 3のリソースファイルの一覧の定義を支持するという保証はありません。つまり「アプリケーション機能の制限は、開発費と規格準拠の経費に見合うほど魅力的なものでしょうか？」ということです。この問いに対する明確な回答はありません。EPUBパーシングと表示機能はブラウザの表示エンジンに加えられました。将来的には表示可能コンテンツ、インタラクティブ機能、スクリプト、プライバシーなどを規定する機能がブラウザのエンジンに追加されることも十分に考えられます。またEPUBとHTMLの開発が重なり合い、結果として布のように両規格が織り込まれると、本とWebの違いがなくなることも考えられます。

　どのコンテンツを出版するかという問いの向こうには、誰が出版するのかという問いがあります。出版社は物理的な流通網に向けてコンテンツを仕上げ、統一価格で販売することにより利益をあげてきました。比較的安定した企業が業界標準プロセスを長年利用し続けたため、出版社は私たちが持つ「本」という概念と、本は出版社が作るもので、そして出版社さえ見つければ比較的簡単に制作・流通できるものという概念を融合させることに成功しました。コーヒーテーブルの上に置かれる大型芸術本と、恋愛小説本は見た目も中身も全然違うものですが、それでも私たちは両方を本と認識します。しかしながら、未来の本を見た読者が今のように「本」を一貫して認識できるかは疑問です。

さらに出版という事業は誰が本を書き、そしてその本をどうやって書くのかという問題にも影響を及ぼします。作家への前渡金、さらに作家・エージェント・出版社という歴史のある三者関係は、創作という行為が個人の仕事であるという考えが社会に広く受け入れられていて、そして標準的な理解であることを意味しています。この三つどもえの関係は、作家が販売・流通網に容易に入り込むことのできなかった時代には、作家にとって非常に重要なものでした。

しかしWeb上の本の執筆には今までとは違った人間関係が必要になります。Webのためのコードを書く時に特に難しかった部分は、充実したブログ用ソフトウェアの普及により比較的簡単になりました。Web規格はもっと複雑なものになっていきますが、ブログ用ソフトウェアを取り囲むエコシステムの開発ペースがそれに遅れをとることはないと思います。プッシュボタン式流通により、これまでの出版活動の多くが不必要なものになります。多段階出版とコミュニティ・フィードバック機能とキックスターター（Kickstarter）のようなコミュニティベースの資金調達法は非常に相性の良い組み合わせです。コミュニティ中心型の執筆と資金調達方法の組み合わせは、作者と前渡金に先導されたこれまでの執筆とは違う種類のコンテンツを生み出す可能性を高める組み合わせでもあります。

このような出版の変化は、必然的に本に強い影響を与えることになります。ある論文を未完成原稿や他の出版物で代用することは、大学の授業や学者間のやり取りでは日常的に行われていますが、次世代の本は同様の代用性を持つ可能性があります。本を簡単に改作し、文章を簡単に外部コンテンツにリンクできる機能は、さらに重要で、「文章」を区切っている境界線にたくさんの風穴があくことを意味します。このプロセスが生み出す、未来の文化教育と娯楽に標準的に使われるソーシャル文章が、未来の我々が「本」と呼ぶものになるかもしれません。また本という語の意味も読者の理解が変わるにつれ、少しずつ変わっていくかもしれません。

文章としての本

特定のメディアに属さず、情報の受け渡しに人間が介在しないインフォメーショ

ン全盛の現在でさえ、アイディアを説明し理解するには文章が適しています。文章は誰でも利用できる、知識の取得と概念の理解を補助する道具です。文章は写真や地図などのイラストや組版によりしばしば区切られますが、その底にある意味を想像したり学んだりすることは誰でも容易にできます。文章は、それがフィクションでもノンフィクションでもあって、物語る効率的な方法です。さらに幸運なことに、文章は文化を保存できるもっとも安上がりな方法のひとつでもあります。

　ネットワーク上に移行した本は、他の文章へのリンク、オンライン上の地図との双方向交信、幾多のユーザー間での新しい出会いを可能にするなどの機能を強化することができます。でもシンプルなテキストと順序立った物語は読者に意図的に不明瞭な情報を与えたり、余計な詳細や情報を省いたり、あえてディテールや情報を隠したりして、強化された本よりもシンプルな楽しみを提供します。
　巧妙に考えられた工夫はストーリーテリングの一部です。読者は細心の注意の下で書かれた陰影のある文章を一定量読むと、作家が意図した物語やムードや夢を夢想します。傑作とは自己と物語が重なり合い作られているのです。

　私は物語の共有はもっともシンプルなレベルで行われるべきだと信じています。人類はそれほど知的な生き物ではありません。人類は地球を汚染し、希望や夢を打ち砕く力関係を築き、そしてお互いを頑なで狭猾な残酷さをしてもてあそんでいる。これらは永続する種の特徴とはいえません。あるツールを使って語ることのできる物語の複雑性は、私たちがツールを利用して語ることのできる物語の潜在的複雑性を追い越してしまっているのだと私は思っています。その理由は、人々が持つ、ものを語る特異な力にあり、そして私たちはまだその技量に習熟していません。

　私たちは複雑なメディアの使い方をつかんだばかりです。創造的行為には出現したばかりの表現技術の利点を、いつ、いかなる方法で行使できるかという理解が要求されるでしょう。アフォーダンスつまり、行為の可能性はいつこの目で見えるものとなり、そしていつ透明なものとなっていくのでしょう？　読者は物語を形作る重要な担い手となりつつあります。もっとも重要なことは、読者自身が読書体験をコントロールできることです。それは疑念に対して読者が常に何かを選択できるこ

とです。茫洋とした夢想に浸ることではなく、物語は選択と問いかけのなかに明確なレベルで今よりもさらに「読者のもの」になっていきます。拡張現実と触覚（ハプティック）技術は私たちが持つ情報の表示法に関する常識を変えていくでしょうが、物語に取って代わるものではありません。

　私たちは、決して紙の本とはなりようもない、その性質からしてデジタルとなるべき本に囲まれています。物理的に図表や豊富な情報を、そうするしかないという理由で本という物の中に氷のように固めているのです。地図帳は大判の写真集のように作られました。それはさまざまな事実や概説が美しい百科事典のように装丁・印刷された本です。料理本や電話帳は、手で前後を繰る項目の連続として作られています。スープや野菜、肉やデザートというように。そして名前のアルファベット順とか職業別というように。
　ホレリス（Herman Hollerith）の言語によりコード化されたパンチカードが、固まった「情報」の操作を可能にしたことを考えてみるのは知的散策としては面白いことです。最初は一方向だったシステムが双方向になり、データは比較され名前や住所や郵便番号により並び替えられるようになりました。パンチカードシステムはデータベースの先駆けで、現在のデジタルではデータベース処理要求により流れるように行われています。データベースは目次や目録よりも素早くそして正確に好奇心をターゲットへと誘導してくれます。でもコンピュータ用のカードの束は紙の本のような柔軟性はなく、扱える情報は文字と数字に限られていました。また家庭用コンピュータは存在しませんでした。個人の家庭で分析機材を購入するのは非現実的だったからです。分析エンジンに黒豆を使った料理レシピのカードを放り込んでも比較してくれるわけではありません。

無名の世界に住む

　本の世界は広がることも、小さくなることもあります。オンライン上のデータを広くアクセスできる形で表示・利用する方法を人々が理解していく、この変化がウィキペディアを生みました。今日、ウィキペディアなしで本の構想を練ること、例

えばハワイの鳥類、貝殻、植物についての本を書こうとすることは不可能です。ウィキペディアのようなリンクドデータ (linked data) のコンセプトを活用するオンライン上のデータの一元的管理貯蔵庫は増えつつあります。これはメタデータを管理貯蔵庫にエンベッドすることによりデータ間のリンクを容易にするもので、同様の方法で新しいタイプの物語にリンクを張ることもできます。ユーザーからの処理要求と情報の組み合わせは私たちの世界に対する理解を深め、もっと柔軟な枠組みを作っていくでしょう。

この新しい経験の相互リンクは私たちの生活を再定義していきます。親子関係や活動と睡眠など、もっとも基本的な役割や習慣以外は形を変えていくでしょう。私たちが使うツールはビジネスと家族とを、娯楽と教育とを、そして仕事と遊びとを少しずつひとつに織り込んでいきます。読書とは孤独な行為ですが、目的として本をとらえたら、「本」の隔離した世界と、モバイルコンピュータ、タブレット、さらに携帯電話で混み合うデジタル世界との統合の前ぶれだったにすぎません。これからは現実とバーチャル・ライフの間の風通しが良くなります。したがって個体もバーチャルと現実のはざ間を漂う存在になりますが、私たちは個体という世界にすがるべきではありません。人々は物語を語り合いますが、それはデジタルの影の中の自分が語る物語です。そのような物語と現実の物語が融合した時、物語はデジタルの影から抜け出し本物の物語になります。

私たちの周りの境界線は薄くなってきています。でもプライバシーは最後まで残る境界だと思います。プライバシーを得るには一人になればよかった時代は過ぎ去りました。本がWebの住人になるにつれ、その閲覧、入手、および読書体験に関する個人情報は推薦エンジンやマーケティングに利用するために、プロセッシング、データマイニング、レンダリングを行うマシーンに送られます。体験というレンズを通して映し出される個人は商品になります。読者とユーザーにとって、個人情報の流通の管理、つまり個人情報が誰とどのように共有されるかを管理できるメカニズムを勝ち取るための戦いは非常に重要なものです。

素晴らしいユーザー体験とプライバシーを同時に提供することはWebデザイン上難しい作業ですが、これは絶対に必要なものです。またこれは本だけの問題では

ありません。これは私たちがテクノロジーとツールに対して要求するべき問題です。ビジネスは個人の権利の尊重という行為とは本質的に無関係です。したがってプライバシー管理は公共事業として行う必要があり、それには法的整備と新しいソフトウェア・コードを開発する必要があります。権利とは犯さざるべきものであり、方針や慣行ではありません。

ストーリーテリングとはテクノロジー、直感、共感の融合体です。ストーリーテリングの未来を祝うには、私たち自身の未来を守ることが先決です。

Web版URL（英語）
http://book.pressbooks.com/chapter/curation-of-obscurity-peter-brantley

1　http://archive.org/web/web.php

16 読者の権利章典

カシア・クローザー

Kassia Krozser：ブックスクェア（Booksquare.com）の発行人で、テクノロジーと出版が交わる部分を扱っている。カシアは10年以上にわたりWebとデジタル出版に携わり、主にコンテンツの開発と管理に取り組んできた。彼女はオックスフォード・メディア・ワークスの共同所有者としてクライアントの相談に乗り、デジタル出版の新たな取り組みを展開している。Twitterアカウント：@booksquare

　どんな革命も必ずどこかで始まるものだが、eBookの革命は読者とともに始まった。まぁ、確かにアマゾンやソニーが読書端末でそれを手助けしたわけだけど。市場が小さすぎて気にかけるまでもないと出版社がみなそうとも、eBookの需要を生み出し、維持した人たちがいたのだ。

　そして今、昔ながらの出版社がすごい速さで未来の出版社に移行する、時に不安定で、時に素晴らしい変化の矢面に立っているのも、読者である。私たち読者は、後で詳しく説明するが、ウィンドウ戦略も、フォーマットが引き起こす災厄も、そしてもちろん、購入した本へのアクセスを制限するデジタル著作権管理（DRM）も体験してきた。

　今でも、出版社から直接購入した一部の本では、Adobe Digital Editions（ADE）の締め付けにより抜粋ができない。つまり、ADEを開くたびに不条理の訓練になっているわけだ。もし出版社のあなたが私にADEを使わせるなら、読者である私は仕事をよそへ回すことに決めている。

　それでも私がeBookにこだわるのは、それが私のライフスタイルに最適な読書の選択肢をもたらすからだ。本を読むのに大きな犠牲を払うことになるのはわかって

いる。それで思い出すのは、ひどく暑い夏の日、図書館へのあまりに長い道のりと、それにそう、日焼け。でもほら、そうやって最新刊を手に帰宅したのだから！

　出版社はマニフェストを書く。出版社はその意義を詳述する箇条書きのリストを作る。出版社はその法的権利、道徳的権利、そして進化する著作権を主張する。

　もしかすると、読者も同じことをすべき時なのかもしれない。結局のところ、苦労して手に入れたお金を支払って本を買っているのは私たちなのだ。私たちは、世界の歴史上かつてない最高のマーケティングチームの役割を無報酬で果たしている。私たちはルールに従って行動しているのだから、誰かがそのルールを変えるべきと決めたら、私たちは意見を要求すべきなのだ。

　それに、出版社が読者について語っても、人間でなくデバイスの話をしていることがあまりに多いのだ。

読者の権利章典

　だから、今こそ読者の権利章典なのだ。権利章典というと、合衆国憲法における最初の十個の修正条項を指すからアメリカならではに思うかもしれないが、そうした明確な権利のリストは、ジェームズ二世が大変な悪政を行った後、英国人が権利と自由を定めた1689年までさかのぼれる。もちろん、当時だって初期の権利章典といえるマグナ・カルタ（大憲章）が存在した。まぁ、それを言い出したらハンムラビ法典こそ権利まわりの法律用語をカバーする最初の試みだとも言えるわけだけど。

　権利の要求——そして獲得——こそ、人間がなすべきことである。eBookのウサギの穴に深く入り込む前に、読者が要求とそれに関する根拠を説明するのは重要だ。またこうした要求を認め、応えることは出版社の義務である。かくして対話が生まれる。読者側として、私たちは望むものすべてを手に入れることはあり得ない。それでも私たちに「背を向ける権利」を行使させたくないのなら、出版社もある程度要求をのむだろう。そして両者はお互いをより良く理解して、話し合いを終えるわけだ。

　なぜなら——これが本当に、本当に、本当に重要なのだけれど——読者は本にお金を**使いたい**のだ。本を読みたいのだ。本について語りたいのだ。最愛の本を、そば

にいる無邪気な人たちの、その手に押し付けたいのだ。最初の読者と同じくらいその本を愛してくれることを願って。

　もちろん著者の次にだけど、読者こそ、出版の食物連鎖におけるもっとも重要な要素である。いや、ちょっと話を戻させてもらう。たとえ秩序だった出版のシステムがなくても、それでも著者は読者に作品を届ける手段を見つけるだろう。読者のほうも著者を発見する手段を見出すに違いない。だから、こう宣言させてもらう。読者は（従来の）出版の食物連鎖におけるもっとも重要な要素だ、と。

　そこで、読者はどんな権利を要求するのか？

読む権利

　読みたいものを、読みたい時に、読みたいように。

　と書くとすごく簡単そうでしょ？　言うまでもなく、本はそれがうまくいっていなかった。一部の本には、ウィンドウ戦略がそのライフサイクルに組み込まれてきた。最初にハードカバー、（場合によって）次に大型ペーパーバック、そして最後に、消費者に認知してもらうマーケティング活動のずっと後になって、小型の大衆市場向けペーパーバックが満を持して登場する。ウィンドウ戦略は紙の世界では確かに理にかなっている――ハードカバーが出版社に何がしかの利益をもたらすから。

　しかし、ウィンドウ戦略はeBookの世界では、**まったく意味がない**。今やeBookは紙の本が印刷される前に登場しかねないのだ（この話題になると通常私は、より良い内部統制の話や、海賊行為対策の狂信者が非難しそうな提案の話などに寄り道してしまうのだけど）。今や本についての会話、いや本の認知というべきだが、それは即座になされる。これからピカピカの本が出ても、かつてと同じ認知は得られないことを残念ながらお伝えさせてもらう。非常に多くの本にとって、読者の注意を引く瞬間はあっという間に過ぎ去ってしまうのだ。

　本を読者がその瞬間に望む形態で確実に手に入るようにすることが、出版社に課せられた義務である。

　これはアメリカ市場の範囲に留まらない話である。出版の世界はもはやプロテクトされてはいない。もはや地域によって区分けされるものではないのだ。ある意味

では、もう言語の壁にも守られていない。読者、出版社、そしてその他の食物連鎖における関係者全員のコミュニケーションは、即座に世界規模で行われる。膨大な国別の発売日にどんな意味があるだろう？

　海賊版が地方の読者に奉仕する一方で、権利がテーブルの上に居座る世界にどんな意味があるだろう？

　eBookに関して言えば、出版社がこれまで通りのビジネスを行うほうが都合が良い時もあったのだと思う ── 私には思いつかないが、これが正しいと想定してみる ── が、今は読者が欲しい本を、欲しい時に欲しい形で確実に手に入れられるようにする出版のエコシステムの役割が欠かせない。

自由に読む権利

　紙の本の場合、読者はいろんなことができる。幾多の小売店でいろんな形態（ハードカバー、大型ペーパーバック、大衆市場向けペーパーバック）で購入できる ── バーンズ＆ノーブルだろうが地元の独立系の本屋だろうが、売られている本に何の違いもない。本が長持ちするように加工された特殊な「図書館製本」も一部あるかもしれないが、図書館でも本屋で売っているのとまったく同じ本を借りられる。読み終わった本はグッドウィル・インダストリーズに寄付したり、古本屋でお金や別の本に換えたり、ゴミ箱に捨てたりできる（ああ、いや、それはやっちゃダメ！）。本を共有しておけば、いずれまた回ってくることもあると、家族や友人に本を押し付けることだって可能だ。

　eBookにはそれほど選択肢がない。出版社がDRMにこだわっているため、読者がどの小売店からも、ましてや地元の図書館でも同じフォーマットを入手できるとは限らない状態が続いている。私たちは友人とも、ましてや家族ともeBookを簡単に共有できない。それなら素晴らしい著者や本を知ってもらえるよう別の読者にeBookを寄付するのは？　そんな考えは忘れて！　それで出版社が本に設定した勝手な「端末の制限」にひっかかったらどうなるのよ。私たちは、自分たちが大金を払ったコンテンツを利用するのにこうした数々のゆがみを体験しなくてはならないのだ。

実際、eBookで簡単にできるのは捨てることだけだったりする。

eBookのビジネスモデルには深刻な欠陥があるわけだ。

読者である私たちは、自由に読む権利、単一の本屋や読書端末に閉じ込める鎖から自由になる権利を要求する。私たちは本をもっとスマートに共有する手段を要求する——本まるごとは駄目でも、犠牲者である私たちの気を十分引けるくらい共有できるようにしてほしい。私たちは端末の制約をより少なくすることを要求する。少なくとも、新しい端末を買うたびに自分の本を自由に移行する権利を持たせていただきたい。

権利消尽の原則

これまでは本を買う限り、それを何でも好きなようにする権利も一緒に購入してきた。それが家族や友だちとの本の共有を意味した人もいる。それがページに隠し穴を開け、そこに貴重品を隠すことを意味した人もいる。私たちは、お金のために本を売ったり、本を他の本に交換してきた。本を芸術作品に変えたりもした。読書家に聞いてみたら、小声でしか言えないようなことを本にやったことがあるのを教えてくれるだろう。

しかし、私たちは法律上本を所有していたのではなく、その権利は基本的な知的所有権を有する著者にあった。これは文章を複写して、それを自分の著作物として売ったりするようなことを禁じるものだった。私たちは物理的な本を所有しており、前述の著作権侵害を除けば、本を何でも好きなようにできたので、それで満足だった。

実際、私たちはそうしてきた。

その後、eBookではまったく新しいルールがやってきた。突然、私たちの本はDRMの支配を受けることとなった。DRMを好きな読者なんていないが、毎日DRMの神を賛美する大手eBookストアが世間にいることは私が保証する。DRMは、権利消尽の原則により読者がかつて有していた権利を制限するものだ。わかりやすく言い換えさせてもらえば、権利消尽の原則 (First-sale doctrine) とは本節の

最初の段落で言及した素晴らしい権利すべてを原則的に消費者に許可するものだ。

　eBookにより、私たちが享受してきた権利——誰もeBookに隠し穴を開けようと思わないことは私も認めるが——は消え失せてしまった。私たちはeBookを転売できない。本を(簡単には)共有もできない。本を慈善団体に寄付もできない。実際、買い手が本を買えるようになった時代の始めから享受してきた、まさにその権利を行使しようとすると、著作権侵害の容疑につながりかねないのだ。

　そうでなくても正直な市民を(ああ、これはタイプしたくないのだけど)**海賊**に分類しかねない。

　そう、デジタルな世界では、紙の世界で享受しているのと同じ権利を行使しようとすれば犯罪者になってしまう。

　これはおかしい。誤解しないでいただきたいのだが、作品を盗むのがいかに容易かは私も重々承知している。それは私の身にも起こったことがある。けれど、権利消尽の原則を失うということは、支払うお金に対して「本以下」を手にしていることになる。そしてそれは私が購入……じゃなくて、ライセンスを受けているものの価値に対する見方を変えてしまう。

　そう、私たちはこの理念を取り戻していくことになるだろう。

価値あるコンテンツを得る権利

　出版社はよく本の「価値を下げる」ものを新たに思いついてはあれこれ語るが、それは自身の商品にもっとも害をなす出版社なのではないかと言わせてもらう。出版社が紙の本であれeBookであれ、貧弱な編集、貧弱な校正、そして低品質で発売するのを許すたびに、概して本の価値は読者の心の中で下落する。

　私たちはより良い本を受けるに値する存在なのに。

　出版社が私たちにそのコンテンツを尊重してほしいなら、出版社は著者と消費者の両者をいかに尊重しているか証明するコンテンツを作ることで模範を示す必要がある。つまりは、相変わらず「1」という文字を「I」に変換するようなことは終わらせるということだ。段落途中の変てこな改行はもうたくさん。常軌を逸したコンテンツもなし(真面目な話、こうした過去の品質保証ってどうなっているのだろ

う？)。コンテンツの脱漏もなし。本を読む場合、昔ながらの引用符のほうが、それに対応するHTMLコードよりずっと読みやすいのを思い出していただきたい、などなど。

　悲しいかな、この種の誤りが、版元の大小問わず私が読むほとんどの本にも見られるのだ。

　私がeBookでよく目にする変換ミスをリストアップしたら、何時間もかかる可能性があるが、それはとにかくおかしい。本を読み始める際に誤植を心配しなきゃいけない道理はないはずだけれど、心の中で小さな疑問が常にくすぶる。**これが最悪だったらどうしよう？**

　問題が深刻すぎて、本を返品することも時にある。読み続け、大量の誤植が著者の注意深く精巧に書かれた散文をぶち壊し、私を物語から引き離すのにキレて叫ぶ結果となることも時にある。本当に、クライマックスの場面を台無しにする、回避できたはずのヘマほどイライラさせられるものはない。まったく。あり得ない。

　本のいたるところに存在する誤植こそ、私が知るコンテンツの価値を下げる最高の近道だし、その責任はまさに悪書が読者に売られるのを容認するありとあらゆる出版社にある。私はもう本を、そしてその延長線上にいる私をまっとうに扱う出版社しか信頼しない。

　私たちはより良い本を受けるに値する存在なのだ。

本をまるごと得る権利（有用なメタデータを得る権利を求める叫びとともに）

　これは当たり前に思えるよね？　というか、最初から本はまるごとであるべきじゃない？　それなら本まるごとってどういうことだろう？　何十年も本を読んできたのだから、私もこれが意味するところはちゃんとわかっている。(複数の)物語を構成する言葉の連なりに加え、著者名、前付け、後付けといったものがある。ああ、それに表紙の絵も。

　これらの要素が紙の本で重要なのを出版社がわかっていれば、デジタル版でだってきっと重要だってわかりそうなものじゃない？　確かに、eインクのグレースケー

Part 2　将来への展望——本が歩む次のステップ

　ルで見たら、表紙の絵は紙ほどは美しくないかもしれないけど、私が支払うお代にはその表紙も入ってるんだから（正味の話、そのグレーの色合いがアートワークをポップなものにすることもある）。

　それに前付けや後付けも重要だ。本に付いてる宣伝文や解説みたいなものも重要である。著者の略歴もまたしかり。著者の写真もそう。出版社によると、これらは本というパッケージにとって大切なものだそうだ。そりゃもちろん、本というパッケージの本質を形作る本編の文章ほど重要ではないけれど、それでも重要には違いない。

　おかしなことに、私はこれまでeBookで著者の写真を見たのを思い出せないのだけど、もしかすると私がちゃんと見てないだけなのかな。

　そう、eBookは紙の本とは異なるし、だからこの種のコンテンツが読者にとって意味があるか確かめるべく、昔からある要素を何かしら創造的に考え直すことが出版社によって行われる必要がある。言っておくが、突然（宣伝だという印なしに）宣伝用コンテンツが目に飛び込んできて、次のページがまったく別の時代、場所、登場人物で埋まっていることほど当惑させられるものはない。これは解決できるし、重要なことだ（「価値あるコンテンツを得る権利」参照）。

　出版社が本の価値について語る時――何より特定の取り組みが本の価値を下げていると語る場合――彼らはこの点についてたいそう独善的である。私はどんな本であれ、消費者に完全版以下のものを提供するのは、出版社はそのコンテンツを大切にしていないことを証明していると思う。それはまた、出版社はそのコンテンツを購入する消費者も大切にしていないことも示している。

　それが今、出版社が発信したいメッセージなのだろうか？

　それにeBook（と、正直に言えば紙の本でも）なら、その本に関する情報を特に付加する必要がある。これはメタデータとして知られるものである。この話題は本書においてすでに触れられているが、さらに主張しても問題はあるまい。メタデータをちゃんと扱えば、より良い発見に、より良い分類に、より良い読書体験にもつながる。著者が出版社のマーケティングディレクターになっているメタデータが付いた本など、決して世に出るべきではないのだ（それが本当でない限り）。

　読者である私たちには本をまるごと、何より本をまるごと手に入れる権利がある。

手頃な値段の本を手に入れる権利

　本の金銭的価値が人によってさまざまなのは承知しているが、ぶっちゃけeBookは値段が高すぎである。これは、eBookの品質がその紙版の品質を桁違いに下回る場合に特に言えることだ。そして言うまでもないが、デジタルで手に入れるものは、紙で手に入れるものに遠く及ばない。

　前に書いたように、eBookの購入者（より正確には使用被許諾者）である私は、紙の本で享受している多くの権利を失いつつある（現在形なのに注意）。「本をまるごと得る権利」で述べたように、私は紙で同等のものを買う場合よりも劣る本を手にしている。また私の「価値あるコンテンツを得る権利」は、eBookの制作プロセスによってひどく傷つけられている。

　（この最後の点は、すぐに改善されることを心から望んでいるが、さもないと既存の出版社は間違いなく、消費者に質の高いデジタルコンテンツを提供することを重視する新規参入者に市場シェアを奪われるだろう）

　本の値段が値引きされるなら、私はある程度はトレードオフを喜んで引き受けるつもりで、例えば、「権利消尽の原則」とか。その値引きがあれば、eBookは紙版ほどの豊かさがないという事実を大目に見るつもりである。本の値段がそれで私が手に入れるもの、失うもの、そして出版社がお金を稼ぐことでその本は何のために売れるのかを真剣に考えたことを反映するのなら、私としては喜んで本をたくさんたくさん買うつもりである。

　私は出版にかかる基本コストや、eBookの限界費用について知らないわけではない（どちらにも毎日携わっている）。デジタル版の利幅はわかっているし、私としては出版業界には栄えてほしいので、利幅がしかるべき高さならとてもうれしい。かなり出版社寄りに考えるなら、小売の分け前を引いた後75%の利幅を求めるだろう。より現実的に考えるなら、90%という高い階層にそれらのマージンを入れたいところである。ここで留意すべきは、いずれの例についても、編集、制作、マーケティング、そして諸経費にかかるコストはデジタルでも紙の場合とだいたい同じくらいということだ。

そしてそれらのコストは、必然的に本の総原価に含まれるに違いない。

これを知ると、eBookの価格がとても高いのは、主にそれが紙のモデルを反映しているからだとわかる。出版社がeBookの値付けという問題をまだ解決しようとしている段階なのは理解するが、そうした問題はむしろ大きな曲がり角のようなものだ。出版社はそこを通過する間、自費出版する著者、デジタル分野で起業したての会社、そして海賊との本格的な競争に直面するし、他のメディアとも競争することは言うまでもない。

はい、はい、はい、わかってますって。本は特別である。そう思ってないなら、この文章を書いてはいない。それでも、本はエンターテイメントのメディアミックスの一部であり——どうか取り乱さないでもらいたいのだけど、これは単なる現実の話なんだから！——そして本は他のメディアと競争しないといけないのだ。

で、再度言わせてもらうけど、eBookって値段がマジ高すぎ！

優れた顧客サービスを受ける権利

eBookに関してアメリカの6大出版社はいわゆる卸売りモデルからエージェンシーモデルに移行し、出版社は今ではもっぱら消費者に直接本を売りつつある。小売店は出版社にとって、広く注文を履行し、金融取引を容易にし、消費者の欲求不満の矢面に立つというサービスプロバイダの役割を果たしている。あなたはeBookに問題があったとき、出版社に連絡しようとしたことはおありだろうか？

私はあるが、そのプロセス全体がだいたい予想通りの結果だったことを申し上げておく。

つまり、かつてはフィードバックを送る手段がなく、連絡を取る容易な手段もなく、だからもちろん私の問題は何も解決されなかった。真面目な話、顧客が「ねぇ、おたくのところから出たこのeBook、変換作業がしかるべき校正作業の後に行われてないから、ほとんど読めたものじゃないんだけど」と連絡を取ってくるなら、少なくともその顧客に返事をするのが礼儀ってものではないか？　出版社がやるべき仕事をやってくれてありがとうございます、でしょ？　「大変申し訳ありませんが、すぐにこれをしかるべき形にするためできる限りのことをさせていただきます」とかさ。

私に本を売るつもりなら、私を大切なお客扱いしてくれないと。アマゾン、バーンズ＆ノーブル、オール・ロマンス・イーブックス（All Romance Ebooks）、Kobo、ブックスオンボード（BooksOnBoard）……これらはあなたと顧客をつないでいる。そして親愛なる出版社のあなたは本の売り手なのだ。それらしく振る舞っていただきたい。

イノベーションを享受する権利

　ある有名な男はかつて、人は誰かがそれを与えるまで自分が欲しいものがわからないと言った。私はこれは半分正しいと思う。消費者は出版社が考えるより賢いし、テクノロジーに精通している。私たちはインターネットがどのように機能しているか知っているが、どうして（一部の）本はインターネットのように機能しないのかわからずにいる。なぜ本のコンテンツは、今のところとても……印刷的な感じなのかわからないのだ。

　目下のところ、読者は探検家のようなもので、本の限界を知り、コンテンツの可能性を認識し、これから一体どうなるか考えている。私たちは必ずしも自分たちが欲しいものを知らない。（確かに意見は持っているけれど）何が可能か必ずしもわかっていない。私たちにわかっているのは、一部の本は今以上のものになれるということだけだ。

　これはつまり、私たちが欲しいものを出版社が教えてくれるのを期待しているということだ。選択肢をたくさん与えてほしい。その中には受け入れるものもあるだろうが、たくさんバカなことをやらかすのがイノベーションというものだから、その多くは拒絶するだろう。思い出していただきたいのだが、私たちは自分が欲しいものが必ずしもわかっていないのだ。

　それでも、私たちは出版社にイノベーターになってほしいし、私たちに選択肢を与えてほしい。ある意味で、これは報われない仕事なのかもしれないが、いろんな意味でこれがワイルドで、クレイジーで、驚くような未来への道なのだと私は思う。私たちがそれを請うまで待つことはない。

プライバシーとセキュリティを守る権利

　これは大きな問題には思えないかもしれないが、出版社が（うまくいけば）消費者や読者にじかに接触する展開になるにつれ、これが重要になるし、特に複数の出版社の本を販売したり発見してもらうブッキッシュ（Bookish）というベンチャー企業のような直販事業に出版社が進出するならなおさらである。出版社は（たぶん）クールな機能やアルゴリズムを開発する一方で、強力で効果的なプライバシーポリシーやプライバシーコントロールも作り出す必要がある。

　同様に、出版社がサードパーティ——アプリ開発者、書籍関連ベンチャー——とのジョイントベンチャーやパートナーシップに乗り出すにつれ、顧客のプライバシーとセキュリティは出版社にとって最優先事項でなければならない。それ自体はちょっとしたことである……名前（実名も実名でないのも）、クレジットカード情報、そして住所などの個人情報の保護とか。

　私たちにはプライバシーやセキュリティをしっかり守ってもらう権利があるし、それはこの手の情報が図書館員によってしっかり守られるのと同じである。それが私が出版社に固守させたい基準である。

背を向ける権利

　私たちが欲しいものを出版社がくれなければ、私たちは自分のお金をよそに回せる。実際そうするだろう。うーん、ずいぶん脅迫しているように聞こえるかな。

　よく聞いてもらいたい。大手出版社から出るeBookの価格が高いままなのに品質が低いままなら、その場合それ以外を読む選択肢が読者にとってますます魅力的に見えてくる。ひとつ例を示そう。私は好きな本について出版社が出した復刻版を買い直したのだけど、変換エラーだらけだった。あまりに間違いが多かったので、私は出版社に不満の手紙を書いた（が、当然ながら返事はなかった）。その本の値段は7.99ドルだった。

　私はお気に入りの本を著者が出した復刻版を買い直した。こちらも間違いだらけ

だった。しかし、私は二回目の購入でその本に2.99ドルしか払っていないし、正直言って間違いの数はこちらのほうが少なかった。

　それでなんで私がその7.99ドルの本を出した出版社をまた信頼するだろうか？何ゆえ自分のお金を危険にさらし、時間を無駄にする？　他のものを読む選択肢が私にはたくさんあるのだから、私はこの出版社によって作られる本に背を向けることを選ぶ。これは私に限った話ではない。

　私はこの背を向けるということをよくやっている。それは最良の顧客との約束を守らないから起こることである。よそで買うようになるのだ。そして現在、指数関数的に増加する読書に関する競争がある。──インターネットにおかしな猫画像があがるたび、それは誰かの読書時間を減らしている──出版社には読者に背を向けさせる余裕はない。

　読書生活の大半において、私は出版社にほとんど要求したことはない。たいていは本が優れていたから。これは私が読者として非常に多くの権利を当然のものと考えられたからだと思う。私は権利消尽の原則を心配する必要はなかった。本をまるごと手に入れることについて考える必要もなかった。本気で本の品質管理を心配したこともなかった（が、うちの猫のほうがより明快に話の展開を書けると思うような本を読んだときは、編集者は何か吸ってたのかしらと思ったものだけど）。

　自分が失いつつあるものがわかるのは、デジタルへの移行ならではである。

　だから私は自分の権利が尊重されることを要求する。

Web版URL（英語）
http://book.pressbooks.com/chapter/a-readers-bill-of-rights-kassia-krozser

Part 3

本でできる実験
最先端プロジェクト

17 作家たちのコミュニティ

ユルゲン・ファウス

Jürgen Fauth：フィクショノート（Fictionaut http://fictionaut.com/）の創設者の一人。彼のデビュー作「Kino」はアティックアス・ブックス（Atticus Books）から出版されている。フィクショノートは、自己選択型の文芸雑誌とソーシャルネットワーク機能を備えた革新的な文学コミュニティのひとつである。
ファウス　Twitterアカウント：@muckster
フィクショノートニュース　Twitterアカウント：@fictionaut
フィクショノートお勧め作品　Twitterアカウント：@fictionautrx

はじめに：クロノロジー（Chronologie）

　2008年にカーソン・ベイカー（Carson Baker）と僕は「フィクショノート」を立ち上げた。これは、ソーシャルネットワークの要素とクラウドソース形式の文芸雑誌を組み合わせた文学コミュニティである。サイトの着想自体はもっと昔に遡る。1996年頃から、インターネットは確実に出版に大きな影響を与えるだろうと感じ始めていた。当時、僕は南ミシシッピ大学の院生であり、フレデリック・バーセルミ（Frederick Barthelme）とともに「ミシシッピ・レビュー（Mississipi Review）」をオンライン版に移行した。これは、インターネットを使った初の歴史ある文芸雑誌となった。さらに可能性を信じて、僕は「Der Brennende Busch」という名前のドイツ語のオンライン雑誌をスタートさせた。
　ドイツ語を知っている人は、「Der Brennende Busch」が雑誌にふさわしくない名前だということにすぐ気づくだろう。とは言え、ドイツ語で（またはその他の言語でも）そういった種類のサイトはまだ少なく、とにかくまずまずの滑り出しだった。これはまだモデムが不安定で、AOLから送られてきたCD-ROMがメールボックス

Part 3 本でできる実験——最先端プロジェクト

（郵便受け）に詰まるような時代のことだ。しかし、僕は当初から、紙の雑誌をどうやってオンライン上で流通する形式に変換するかという基本的な課題に取り組むことになった。

雑誌をインターネット上で提供することに、例えばどんな意味があるだろうか。個別のパッケージとして出版するために、作品を集めて選定することに、まだ意味があるだろうか。作品があるのであれば、すぐに公開するべきだろうか。最初の頃、僕はインターネットの可能性を理解していなかったと思う。理解するにはきっかけが必要だった。僕がアイルランド旅行中に日本の寄稿者から送られたエッセーを、ドイツ語の読者に向けて編集し直して、まったくコストをかけずに、アメリカにあるサーバに投稿できた時、本当の意味で初めて理解した。

それで「Der Brennende Busch」のために思いついたのが、「クロノロジー」と呼ばれるコーナーである。僕は新しい「作品」が十分なクオリティになるのを待ってからサイトのトップに掲載していたが、新着順にリストしたクロノロジーページでは、新しく受け付けた作品にすぐにリンクすることにした。クロノロジーは、今ではブログと呼ばれているものだ。1990年代には誰もその言葉を使っていなかったが、僕のちょっとしたアイディアはそれ以外のなにものでもないと確信している。「Der Brennende Busch」は、そんな瞬間があったものの、博士課程に集中するため最終的には諦めることになった。

ここでクロノロジーについて僕が言いたいのは、僕がブログを考え出したと主張するようなことではない。それが僕に決定的な何かを教えてくれたということである。僕は、昔のメタファー（いわゆる「作品」）への愛着を新しいメディアへすり替える気はまったくない。今後は、新しいテクノロジーを追いかけて、可能なことは何でも先行して試してみようと考えたのである。新しいメディアに従来通りの慣習や方法を押し付けてはならない。これが僕のもともとの信条である。もしコーディングやセットアップ、実装に困難を伴うようであれば、やろうとしていることが間違っているということだ。それよりもテクノロジーを信頼し、できるだけ抵抗の少ない方法をとらなければならない。そうすれば、そのメディア自体が、進むべき道を自ら示してくれる。これは、フィクショノートの設立理念となった。

文芸雑誌2.0

　世紀が変わる頃、僕は文芸雑誌「ゾエトロープ(Zoetrope)」のオンラインライティングコミュニティに熱中し、「ミシシッピ・レビュー」に掲載するための小説を選び続けていた。オンライン文芸雑誌の世界は、短編小説や詩の表現の場として広がり始めていた。しかし僕の感じでは、それはインターネットが内包している可能性には適応していなかった。ネットワーク帯域とストレージのコストが下がって、誰でも小説を自分のサイトに掲載することができるようになり、それはどんどん簡単になっていった。僕は作品を発表するために雑誌や雑誌のようなものに選ばれることに意味があるのか、疑わずにはいられなかった。もちろん、インターネット上で小説を発表するためには、単なるメタファーとしての「出版」ではなく「雑誌」そのものを超越したより自然な方法が必要である。

　僕は「多数の読者」を編集者に変えることに、その答えがあるのではないかと考えた。しかし、これはソーシャルネットワークが出現するまでまったくうまくはいかなかった。TwitterやFacebook、そして特にFlickrがこの状況を打破することになった。僕は、Flickrの「interestingness」アルゴリズム、すなわちユーザーの反響に応じて自動的にもっとも魅力的なアップロード写真を選ぶアルゴリズムに心を奪われた。2006年、僕は誰かがFlickrの写真共有サービスのような、小説を掲載するサイトを立ち上げるのは時間の問題だと考えていた。僕はその小説コミュニティのアイディアを書き留めたが、すぐにそれを実現するプログラミングのスキルがないことに気がつき、そのままとなった。

　2年後、ソーシャルネットワークが爆発的に広がりWeb 2.0と呼ばれてもなお、僕が想像した、読者と作家のサービスは現れる兆しもなかった。そのとき僕はデビュー小説となる『Kino』（http://jurgenfauth.com/kino/）に取り組んでおり、その生みの親となろうとしていた。だから、フィクショノートと呼び始めたこのサイトを始めるには絶好の機会だと感じた（実際必要であったし）。

　長い間、オンラインや紙の文芸雑誌のエコシステムが作家、読者または編集者に

Part 3 本でできる実験——最先端プロジェクト

十分に貢献していなかったという感覚を僕は抱いてきた。多くの作家が、読んで欲しいと思って、わざわざ雑誌に投稿してきた。編集者は投稿に圧倒され、読者は多くの選択肢を前に途方に暮れていた。僕はすべての角度から実際にこのエコシステムを経験した。そして、Flickrの「interestingness」アルゴリズムを応用することで、代替手段を提供できるのではないかとフィクショノートに期待した。

ひとつの革新的な実験

　僕はカーソン・ベーカーという、ビジネスとデザインの技術を持った非常に優秀で熱心な協力者と出会った。僕の小説は新進気鋭の独立系出版社アティックアス・ブックス（Atticus Books）から出版されてはいるものの、それまで僕たちのどちらも出版業界の仕事に就いたことはなかった。多くの業界関係者が自分たちの居場所を新しいモデルの中で見つけられない間、業界とは無縁の僕らは自由にあらゆることを試すことができた。

　それで僕たちは協力してゼロからフィクショノートのカスタム開発を開始した。方針は最初から明確だった。サイトを可能な限りオープンでシンプルかつ汎用的に維持すること。テクノロジーを信じて道を拓くこと。そして、丁寧にコミュニティを発展させることである。

　フィクショノートは、ひとつの実験として始まった。失うものは時間だけである。それは根本からボトムアップで出版を再構築するアイディアだった。僕たちは既成概念に囚われないように努力した。実際のところ、僕たちは開発段階で、出版のために不可欠なのは（我々のレコメンデーションアルゴリズムによって助けられる）読者と作家の二者だけであるという仮説を立てた。そして、彼らが必要であると改めて確信した機能だけを追加することに決めた。

　そのロジックは次の通りである。純粋に技術的な見地から、「出版」の問題は解決された。誰でも今すぐTumblrにブログを投稿したり、Wordファイルをアマゾンにアップロードしたりすることで、数分のうちに出版することができる。そういうわけで問題は、もはや技術ではなく編集にある。

　フィクショノートが作家だけでなく、読者もひきつけるために、編集は常に重要

である。サイトのひとつの目標は、面白い作品をすぐに見つけることができる自動化された雑誌となることであった。このために僕たちは、Flickrの「interestingness」アルゴリズムの独自版を開発した。それは、その時もっとも見られていたり、「お気に入り」されていたり、コメントされた小説や詩をトップページやTwitter、メールマガジンなどに提示する簡単なレコメンデーションエンジンであった。

　本当に誰でも投稿することができるオンライン雑誌を運営することができるのだろうか。確信していたわけではないが、とにかく試してみることにした。結局のところ、インターネット上では少しでも可能性があるのであれば、遅かれ早かれ誰かが実行するだろう。それならば、僕たちがそれをやらない理由はない。サイトを立ち上げる前、僕たちは文芸雑誌を編集するという誇らしい伝統が、簡単にクラウドソーシングできるかどうか確信を持つことができなかった。しかし、すでにインターネットは、誰にでも自分のブログ上で発表する機会を与えており、進むべき方向は、テクノロジーがテクノロジーによって生み出された洪水の中から答えを導き出せるかにあった。

コントロールの放棄＝驚き

　僕たちは、オープンな理念とクオリティに対する欲求のバランスについて慎重に進めることにした。なぜなら、多くのインターネット掲示板が、攻撃的だったり、利己的な書き込みであふれかえっているのを見ていたからである。新規ユーザー登録を定期的に開放して、慎重に自己規制をしながら発展してきた「メタフィルター（Metafilter）」というブログコミュニティを参考にすることにした。
　読者をひきつけ、雑誌としての目標を達成するために、フィクショノートは品位と文学のクオリティを一定のレベルに維持する必要があった。このために、僕たちは一般公開せず非常に小さいベータテストとしてサイトをスタートした。作家、出版社、エージェント、広報やソーシャルメディアの専門家などから構成されるアドバイザーボードの助けを借りて、知り合いの実力のある作家を少しずつ招待したあと、彼らにもっとも才能があると思う友人を順番に招待してもらった。

Part 3 本でできる実験――最先端プロジェクト

　僕たちは、一般公開するまでの一年間、サイトの機能拡張と調整を繰り返した。その間、文芸雑誌と同じように広い範囲からいろいろなレベルの技量を持った作家を集めた。その人たちは、作品を公開するための方法として「グループ機能」を使い始め、新しい読者を呼び込んだ。

　僕たちが最初に作家を招待したときから、フィクショノートは驚きの連続だった。ひとつ目はレコメンデーションエンジンが（一個や二個の「お気に入り」でも、もっと多くても一瞬で）実際に機能したこと。アルゴリズムでは、必ずしも価値ある物語が取り上げられるわけではないが、レコメンドリストには面白そうで質の高い物語が並んでいた。

　マナーのよいユーザーが集まることにより、さらなる驚きがもたらされた。これまでライティングワークショップに参加したことがある人や、インターネット上での罵倒合戦とでも言うべき事態を見たことがある人は誰も、小説投稿サイトは最悪な世界になることもあると考えるだろう。どういうわけか、まったく違うことが起こった。それは何かと言えば、フィクショノートでのフィードバックやコメントはあまりに素晴らしく協力的なことである。痛烈な批判は「ウッドシェッド（The Woodshed）」のような特別なワークショップグループに限定されている。フィクショノートは攻撃や嘲笑されることを恐れずに投稿できる、協力的で安全な場所である。めったに現れることのないトロール（荒らし行為）が醜い頭をもたげた時は、いつでも僕たちが介入し、すばやく問題を解決する。

　僕たちはフィクショノートくらいオープンなサイト運営をしていれば、もしサイトのコントロールを放棄したとしても、いいことが起きると気がついた。フィクショノートはどのように使われるべきかを厳密に規定するのではなく、ユーザーにサイトとの対話方法について最大限の柔軟性を提供することを目標にしたのである。すると、いくつかの異なる使い方が明確化されてきた。そのうちのいくつかは、僕たちの想像以上のものだった。

　どちらにしても、フィクショノートの使い方には正しいも間違っているもない。一般の読者もプロの読者もサイトをくまなく見て新しい作品を発見する。フィクショノートで初めて発表された作品を、編集者が従来の文芸雑誌にピックアップし

た事例も多くあった。何人もの作家が、フィクショノートに投稿したあと、本を出版してエージェントと契約した。

いっぽうで作品を広く公開し、皆と共有することなど夢にも考えない作家もいた。彼らはそのかわりに、未発表でまだまだ未完成の作品について議論し、下書き状態の作品へのフィードバックを得るために、作品を一般公開せず、限定的なユーザーだけのプライベートなグループに集った。

これにより、フィクショノートは、いつでも都合のいい時に作品を執筆したり、編集したりすることができる。そして作家は最大限の柔軟性を持って作品の推敲を重ねることができる。そしてもちろん、出版のために別のところに応募することもできる。

さらに絶版や入手困難な作品を復刊する手段としても使われている。作品の権利が作家に戻りさえすれば、作家は作品をどこにでも置くことができる。フィクショノートにより、バックナンバーの古い物語や詩をオンラインで簡単に入手できるようになった。

フィクショノートで一番のヘビーユーザーは、作品の読者をさらに増やしたいと思っている作家である傾向がある。おそらく彼らはオンラインで有名になり、最終的には本として出版することを目指して、サイトを頻繁に訪れ、コメントし、洗練された短い作品を投稿する。「フラッシュフィクション」は小説をオンラインで発表できるようになったこともあって人気が高まっている。理由は明白で、それは作るのがとても簡単で、消費されるのも早く、世界各国で出版されたものでも比較的短時間で感動的な作品集を作り上げることが可能だからである。

先に述べたようなレコメンデーションエンジンがうまく機能したとしても、オンライン環境では、長い物語は読まれにくく、注目されにくい。Web上のどんなところでも同じであるが、フィクショノートで多くの注目を集める作品は、短いという傾向がある。

しかし、電子書籍端末とタブレット端末の普及により、Twitterで「#longreads」と呼ばれているような傾向に傾いてきている。すでにフィクショノートには長編小説を専門に扱うグループが二次創作を扱うグループと同じくらいに存在しているのである。

もうひとつ思いがけなかったのは、フィクショノートブログの人気の高まりである。当初は更新を知らせる単純なニュースブログとして始まったが、6人の寄稿者による連載のコラムなどにより、本格的な文学サイトに成長した。内容は、作品について作家への詳しいインタビューや、フィクショノートによる出版物のまとめ、モナ・シンプソン（Mona Simpson）やロバート・オレン・バトラー（Robert Olen Butler）など、多様な作家へのインタビュー企画「フィクショノート Five」シリーズ、定期的な表現技巧についての特集などである。また、フィクショノートグループのレビューや紹介も掲載している。さらに僕たちは、自動化されたレコメンデーションエンジンが見落とした作品でも、ゲスト編集者によるお気に入りとしてピックアップする取り組みも開始した。

フィクショノートの現状

　現在、フィクショノートでは5000名以上の会員による、2万点以上の作品が公開されている。ここから、パンテオン社、スクリブナー社、ランダムハウス社系列のビンテージ社などと契約した作家が生まれている。アミー・ヘンペル（Amy Hempel）、マーシー・ダーマンスキー（Marcy Dermansky）、メアリー・ガイツキル（Mary Gaitskill）、チャールズ・バクスター（Charles Baxter）、アン・ビーティー（Ann Beattie）などである。
　立ち上げ当初から僕たちが抱えている問題は、どの若手企業も抱えている問題だろう。それは、サイトのコミュニティが増えて成長するとともに、リソース不足に対処することである。そのため、現状のデザインでは、まだ新規のユーザー登録をオープンにすることができておらず、登録希望者のリストがたまってしまっている。今後の計画には、新着作品とお勧め作品を表示する欄を新たにトップページに掲載することも検討事項としてあがっている。また、「グループ機能」を前面に置くことも考えている。これらの変更が完了すれば、僕たちがメンテナンスをしている間も、より多くのユーザーがより頻繁に作品を投稿できるようになるだろう。

　最後に、僕たちは作品を販売するためにより多くのeBookフォーマットへの対応

を模索している。今のところ、フィクショノートではリットブレイカー（LitBreaker litbreaker.com）のネットワークで、ユーザーごとに最適化された広告を表示することで収益を上げている。2万点を超える作品の中には、非常に優秀な作家による、魅力的な作品が数多くあるが、僕たちはこれらの作品を売り込むために、このブランドとコミュニティを生かす方法を模索している。もちろんその収益を共有しながら、現状のままサイトを使い続けるか、フィクショノートと手を組んで出版するか、作家自身が選択できるシステムを提供する計画である。

また、eBook端末やモバイル機器に、もっとも素晴らしいと評価された作品を定期的に配信する会員モデルや、編集者やユーザーが物語を簡単に集めてアンソロジーを作れるモデルも検討している。

結論

フィクショノートは信じられないほどワクワクするし、がっかりするし、びっくりすることもあるし、時間を食う。そして何より、目を見張るような経験をもたらし続けている。フィクショノートは、僕の人生をプロの道へと導いてくれたもののひとつであり、シンプルに何かを始めるために変化する力に目覚めさせてくれた。もしそれが何かの問題を解決することができるアイディアだとすれば、人々は助け合うことができるし、その結果は想像をはるかに超えるものになる。

フィクショノートではまだ誰も大金を稼いではいないが、数年にわたって築いた人間と芸術の関係性は素晴らしい成果として残っていく。僕たちは、フィクショノートのキャッチフレーズを「冒険好きな読者と作家たちのためのサイト」としている。このサイトは、出版が特に大荒れの時代に、ひとつの実験として開始された発見の場である。その旅はここまで困難なしにはたどり着けなかった。しかし、我々はその困難を乗り越えて豊かな発見をしてきた。新しい岸に向かっているのである！

Web版URL（英語）
http://book.pressbooks.com/chapter/fictionaut-jurgen-fauth

18 アプリとしての本作り、迷った時の処方箋

ニール・ホスキンス

Neal Hoskins：ウィングドチャリオット（WingedChariot http://www.wingedchariot.com/）の創設者。座右の銘は「身のまわりでも画面の上でも、肝心なのは当たり前のこと（Outdoors and onscreen it's all about the obvious）」。Twitterアカウント：@utzy

ウィングドチャリオットでは、多様な画面に対応した美しい多言語アプリを作ってきた。その業績は、上質印刷とデジタル制作が交わるところに座を占める。最新情報の入手はTwitterで。会社のTwitterアカウント：@storiestotouch

まずは個人的な話から始めよう。イキのいいエッセーを集めたこの本が世に出る頃には、ウィングドチャリオットが最初のアプリを作ってから3年はたっているだろう。アプリ開発の世界ではかなりの長期間だが、実質的にはたった36ヶ月とも言える。

その初めてのアプリは、3.5インチ画面で読めるようにデザインした18ページの絵本だった。画面をスワイプするとページめくりができて、バイクに乗ったヒツジのアニメーションも全部で6本見ることができた。しかし当時、多くの読者がこの努力の結晶を笑い物にした。「何だこりゃ？　正気か？　こんな狭い画面で児童書を読ませるなんて！」とね。

それが2010年になると、もっと大型のタブレットがやってきた。そしてそう、僕らはエンジン全開で走り出したのさ。

でもここで、初めてのアプリのストアがオープンした2008年をちょっと振り返ってみよう。僕らは当時、スクロールモーション（Scrollmotion http://www.scrollmotion.com/）やエンハンスト・エディションズ（Enhanced Editions http://www.enhanced-editions.com/）といった革新的な企業やサービスに刺激を受けた。彼らを始めとする数社はこの方面のパイオニアであり、出版業者がこれまでCD-ROMやフロッピー

ディスクなどの形式で実現してきたやり方よりもずっと親しみやすく実践的な形で、画像や音声、そしてインタラクティブ性を本に与える手段としてアプリを理解していた。

ハードウェアとソフトウェアの出会い、ソフトウェアとオンラインストアの出会い、そのふたつが組み合わさって、アプリが広く受け入れられ、成長する下地が整ったわけだ。今考えれば、すべてがひとつにまとまりつつあったのは、当然の成り行きだという気がする。でも、新たなツールが登場するとともに、同じくらい当然のことだったと思える悩みも生じてきた。「ブラウザ対応はどうする？　HTMLや別のレイアウトは？　インターネット接続は？」

そして2010年、タブレットが空想の産物から魔法の製品へと変わっていくにつれて、たちまちこんな疑問が寄せられるようになった。「この事態がどこへ行き着くのか、それは本当に一大事なのでしょうか？」

エンハンスト（強化版）ブック（訳注1）の可能性となると、それを疑う人々は山ほどいた——そして、いまだに減ってはいない。こういう限界を見せつけるかのように、エヴァン・シュニットマンがプレゼン用スライドの中で「ENHANCED EBOOKS AND BOOK APPS 2009—2011」という墓碑銘を刻んだ墓石を披露したのは有名な話だ。シュニットマンはオックスフォード大学出版局やブルームスベリー（Bloomsbury）を経て、現在は米国アシェット（Hachette）に在籍中の人物だ。「エンハンスト○○○」という用語は、そう遠くない昔にロンドンで大手出版業者から不名誉な仕打ちを受けたことになるが、それは僕らが何とか一流どころの気を引こうとあがいていることを裏付ける言葉だった。

インタラクティブなアプリの開発の世界に一歩も踏み込まないうちに、僕らはみな手を引いてしまうのか？　メディアプロデューサーとして既存の出版業者に恐れを抱いているのか？　もしそうだとしたら、なぜ恐れる？　それは、自分たちがCD-ROM制作を大の苦手だと思い込んでいた昔の名残にすぎないのでは？

ここで僕は、本とは何か、それをどう定義し関連付けできるのか、どんな長所と短所があるのかについて、山ほどの定義や至言をあげることもできそうだ。でも、ちょっと気のきいたものは余るほどあるが、本当に鋭いと思えるものはごくわずかしかない。

「自分たちの創意工夫がみずから招いたこの大混乱から、どうすれば脱出できるの

か？」そんな疑問に答えるため、2011年5月にできたリンクトイン（LinkedIn）の
ディスカッショングループに寄せられた、こんな発言を見てみよう。

> 「アプリとEPUBのどちらを作るか、それは流通上の問題だろう。自分なら
> iBooksのような書店で売りたければEPUBを作るし、App Storeみたいな「デ
> パート」で売りたければアプリを作る。HTML5、CSS、JavaScriptの組み合わ
> せで動くフレームワークを使って開発されたアプリ（「Webアプリ」がキーワー
> ドだ）は増える一方だから、アプリとEPUBとは、同じもの（その呼び名はコン
> テンツでも書籍でも何でもいいが）を入れる別々のコンテナというだけの話だ」
> ──ウベ・マトリッシュ（Uwe Matrish）

マトリッシュは出版が陥るジレンマへの答えを示唆している。すべてのプラット
フォームに対応したアプリの開発につながるかもしれない形式は、次々と現れてい
る。ブラウザでの読書を可能にする新たな定番ツールも出てくるかもしれない（い
まだに登場していないのは確かだ）。でも、コンテンツの種類に合わせたパッケージ
や開発コードの基盤を作りたいのかどうか、その判断はまさに出版業者次第なのだ。
答えは決してひとつじゃない。

当然ながら、コストとスケールにまつわる議論はあるが、志のある出版業者はさ
まざまな試みを通じて、みずからの立場を見直し、自力で理解を深めていくだろう。

> 「パニックに陥ることなく、深呼吸して機転を利かそう。目の前にあるガラク
> タをかき分けて、がっしりとした何かをつかもう」
> ──ウィリアム・パワーズ（William Powers）著『Hamlet's Blackberry』より

要するに僕自身にとって、実はエンハンストブックの「e」が、常に「education」
の「e」を意味しているのだ。僕らがアプリを作る理由を知ってもらうには、最高のお
手本になるコンテンツをいくつか見てもらえば済むだろう。ノージイ・クロウ（Nosy
Crow）、タッチ・プレス（Touch Press）、プッシュポッププレス（PushPopPress）な
どの見事な成果をご覧いただきたい。ビルビオン（Bilbion）やニューヨーク・パブ
リック・ライブラリー（New York Public Library）といったアプリでの、ビジュア

18. アプリとしての本作り、迷った時の処方箋 ● 243

ルを活かした魅力的な蔵書の見せ方について一考してほしい。

　こういう事例を見れば、この新たなメディアが成果をあげる理由がわかる。コンテンツ生成の仕組みと教育的探求とがぴったりとマッチし、今までにない形でのビジュアル型の学習やエンターテイメントを生み出しているのだ。

　これを章立てのある本やテキストと比べてみよう。僕の考えでは、モノクロのテキスト表示画面は、多くの読者が求めている静かで集中しやすい読書体験をもたらしてくれる。つまり、KindleやNook、Reader〔ソニーのeリーダー〕、Koboといったデバイスは、ただテキストを読むことに限れば最適な選択なのだ。あちこちで騒ぎは起こっていたものの、かなり長い間、テキスト主体の本に何か実のある変化が生じたようには見えなかった。自分なりのアイディアで、この新たなメディアを活かそうとする書き手が現れるまではね。そのあたりについては、ボブ・スタイン(Bob Stein)[1]かクリス・ミード(Chris Meade)[2]に話を聞いてみるのが一番だろう。

よりどりみどりのフレーバー

　去る2008年当時、アプリのストアはひとつしかなかった。それが今では、まさにアイスクリームパーラー並みに、よりどりみどりなストアがある。例えばこの通りだ。

- HPのwebOSアプリカタログ[3]
- Androidマーケット[4]（現在のストア名は「Google Play」）（Android OSは、その名も「Ice Cream Sandwich」のコードネームを冠したバージョン[5]を2012年リリース）
- RIMのBlackberryストア[6]
- Symbian(Ovi Store)[7]、今ではマイクロソフトと手を組んでいる
- Windows phone[8]

そして最後に忘れちゃいけないのは、

- アップルのApp Store[9]

もし、便利な無料の開発者向けガイドが欲しければ、ここ[10]へ行けば素晴らしい第八版のハンドブックがすぐ手に入る。

すべて混ぜ合わせて

この短い章の終わりに、僕らはふりだしに戻ることになる。アプリの創造性について考えれば考えるほど、物語に何ができるか、情報はどう表示できるかについて、アイディアは山ほどあることを実感するようになるのだ。

ことの発端を知っておくとよいだろう。僕には、1990年代にロンドンで働いていた友人がたくさんいるが、モバイルアプリへの初の取り組みや携帯デバイスでの情報提供が始まったのがその頃だ。アップルは自分たちのことを棚にあげて、それを「お子ちゃまソフト（baby software）」などと呼んだ（アップルが1992年に発表した初の携帯デバイスNewtonはどこへ行った？）。

確かにそれはダサい代物だったし、使いにくいところもあった。でも、僕らが現在地にたどり着くには、そういう歳月をへて開発を続けるしかなかったのだ。今どきの画面でコンテンツを見せたいという出版業者のみなさんは今、最新の手軽なツールの数々や、新たに生まれた多数の標準仕様に恵まれた状況にある。

僕らが今いる場所は、初期のバージョンからはるか遠く離れている。昔はなかったものも今では盛り込まれているが、初期のアイコン画面は現在のものと大差ない。eBook出版における過去の経緯をもっともうまくまとめた一例として、技術系オンラインマガジン「アルステクニカ（Ars Technica）」[11]に掲載された、失敗作デバイスの数々を一望できる記事がある。これには思わずホロリとさせられたが、これらのデバイスこそ真の勇者だったのだ。PDA全盛期が、当世のスマートフォンの種をまき、それがやがてはeBookやアプリ、その仲間たちを育むことになったのだから。

出版業者がどれだけ本の未来を議論のネタにしているか、そこは永遠に興味が尽きないし、時には笑い草にもなるほどだ。レコード業界も映画業界も、こんな道のりをたどることはなかった。デジタルな荒らし屋が玄関口にやってきた時、彼らはただ弁護士を呼びつけたのだ。ヒュー・マクガイア（Hugh McGuire）はツイートでこう言い放ったが、まさにその通り。

Part 3 本でできる実験——最先端プロジェクト

「デジタル時代の本の未来とは、どうやらデジタル時代の本の未来についての本を書くことらしいね」

アプリ版の本、EPUB 3、HTML5、CSS3、そのすべては、ひとつの姿かたちをとって居残り続けるだろう。それらは合体したり、変形したり、混ざり合ったり、互いにくっついたり離れたりすることだろう。新進気鋭の書き手や出版業者が人気を博す一方で、有名どころの中には、姿を消しつつ記憶の一部となり、他の本の中に名を残すだけとなるものも出てくるだろう。

ひょっとしたら僕らに必要なのは、聖アウグスティヌスの時代以来、本と読書がたどってきた歴史を解説してくれる、自前の巨大なインタラクティブアプリなのかもしれない。グーテンベルク氏は、本書の書き手の一部と同様に、「ビジネスマンであり技術者」であった。いつの日か僕らは、たった1ページの厚さしかない図書館を使い古した革カバンに入れて持ち歩くようになるだろう。そこではテキストを、ことによるとカラーで読むことができて、さらにはお望みとあらば音声でも画像でも何でも載せられるようになるだろう。結局のところ、どんな風にそのストーリーを語ってほしいかを決めるのは、僕ら自身なのだ。

新しい物事の始まりは、いつだってそういうものだ。ヘンリー・フォード（Henry Ford）いわく、「進歩はそれを生み出す要因がすべてそろった時に起こる[12]。そうなったら、もう誰にも止められない」というわけさ。

エピローグ

今は2012年2月の、ある寒い日だ。つい先日開催された、とあるデジタル関連カンファレンスで発表されたアンケート結果によれば、アプリへ向かうのが正解だと感じている出版業者は一段と減っていることがわかった。それどころか、彼らは汎用的なプラットフォームとしてのタブレットに戦々恐々としているのだ（本気でね！）。

振り返ってみると、これはそんなに大変な作業には見えない。出版形態を決めて、作品を発行し、販売するストアを選ぶだけだ。もっと大規模な出版社の場合、アプ

リが敬遠されてしまったのは、自社のスタッフを一新するのを嫌ったせいだと納得している。

本章の初稿を書き上げた後に、出版業界はwebOSを失うことになった。HPがwebOS事業から撤退し、サポートが打ち切られたせいだ。こうして、アプリ開発の世界には三強のライバルが残った：

- Apple iOS
- Android
- Windows Phone 7 およびタブレット向けの Windows 8

本稿の執筆時点で、アップルとAndroidの合計が新規のモバイル売り上げの80％を上回っているが、それらのシェアはここ数年の間に大幅に推移している。十中八九、僕らはもうしばらくマルチプラットフォームな世界で生きていくことになるだろう。

マルチプラットフォームな生き方は楽じゃないが、それこそ僕らの現在の生活そのものだ。出版業者は、プラットフォームを選択し、そこで出版を行い、作品をマーケティングし、その成果に学び、最終的には次の出版につなげなければならない。結局は、やる気がなければ始まらないのだ。マイク・クルゼニスキー（Mike Kruzeniski）が述べたように、良いアプリ作品はこれからも必ず、プリント版の良書からヒントを得るだろう[13]と思っている。

Webにするかハイブリッドにするか、またはネイティブアプリを開発するか、出版業者にとってその判断はケースバイケースでさまざまだとは言うものの、早い話がピーター・オショーネシー（Peter O'Shaughnessy）の「Webが第一、ハイブリッドは二の次、ネイティブは三の次[14]」という発言で、今後の方向性が見えたことになると思う。

インタラクティブ性について言えば、タッチ・プレス[15]のセオドア・グレイ（Theodore Gray）との対談が貴重な見方を教えてくれた。タッチ・プレスは概して、本のアプリとして最高傑作と呼ぶべきものを作り出している。世間にはありとあらゆるツールが存在するが、もっとも新しく創造的で、コンテンツドリブンの開発を

Part 3 本でできる実験——最先端プロジェクト

行うには、ソフトウェア開発キット（SDK）が最強となりそうだ。

　ウィングドチャリオットはどうかと言えば、五つのアプリをうまい具合に取りそろえている。規模は小さいわが社だが、ペンギン社のような大手出版社とほぼ同じ数のアプリを用意していることになる。丸一年かけて調査を行い、どんな画面でも（ここではブラウザ画面のことだが）優れたコンテンツを配信している数々の学校で、未来につながるたくさんの道を見出した。例えばこんな調査結果がある。

1. 紙の本と電子デバイスの対立についての児童の意見[16]
2. ウィングドチャリオットのモバイル版「Stories to Touch[17]」での児童の探索行動
3. ウィングドチャリオットの多言語対応アプリ「Scruffy Kitty[18]」への児童の反応
4. 「Stories to Touch」による言語教育[19]
5. デジタルな「Stories to Touch」を用いた教室での活動[20]
6. 本の未来についての考察[21]
7. 教室での電子デバイス —— 言語とリテラシー[22]

　2012年に、オライリー・メディアの出版担当者ジョー・ウィカート（Joe Wikert）と行った対談[23]を読んでいただければ、これ以外にもさらに詳しく知ってもらえるだろう。

　2009年以来、僕が学んできたのは、最高のアプリとは**どれも**本質的に情報提供型のゲームだということだ。それはジャンルを問わない。本とは、データと情報のストリームとがひとつになった、魅力あふれる集合体なのである。

　ウィングドチャリオットでは、大黒柱である「言葉、学び、遊び」がそれをうまく支えている。僕らはこれからも、次々と出てくる新世代のタブレットを始めとするさまざまなデバイスを歓迎しながら、意気揚々と歩み続けるだろう。双方向型の教育用テレビだって、おまかせあれ。そこでは、アプリとテレビ番組のキャラクターを動かすプログラムを連携させることになる。さあ、ここからが頭の使いどころだぞ……。

Web版URL（英語）
http://book.pressbooks.com/chapter/wingedchariot-neal-hoskins

訳注1　エンハンスト（enhanced）は「強化された」という意味の単語。エンハンストブックとは、写真や動画、ナレーション音声などが含まれていたり、リンクが張られていたり、何らかのユーザー操作ができるなど、さまざまな機能を備えたeBookのこと。日本では、マルチメディア書籍などと呼ばれることもある。

1　http://www.futureofthebook.org/
2　http://futureofthebook.org.uk/
3　http://bit.ly/mgYBjt
4　https://market.android.com/
5　http://bit.ly/hObEm3
6　http://us.blackberry.com/apps-software/appworld/
7　http://store.ovi.com/
8　http://www.microsoft.com/windowsphone/en-us/apps/default.aspx
9　http://www.apple.com/ipad/from-the-app-store/
10　http://bit.ly/lyS0ZD
11　http://bit.ly/ud9A
12　http://www.youtube.com/watch?v=g7_mOdi3O5E
13　http://bit.ly/rafTLt
14　http://www.peteroshaughnessy.com/day/2012/01/17
15　http://oreil.ly/zjz5ev
16　http://youtu.be/plX5o6pN99U
17　http://youtu.be/6FGMe4-zguM
18　http://youtu.be/3RL6rrBxGSA
19　http://youtu.be/t4HLf5ipRO4
20　http://youtu.be/aHIkxHVStiY
21　http://youtu.be/9aI4eK7WSFU
22　http://youtu.be/afwrM4KDCKI
23　http://oreil.ly/yC1S7q

19 エンゲージメント・エコノミー

ボビー・グルーエンワルド

Bobby Gruenewald：ライフチャーチ（LifeChurch.tv http://lifechurch.tv/）において牧師、イノベーションリーダー、またユーバージョン（YouVersion）Bible Appの共同創設者。これまでにワシントン・ポスト、TechCrunch、CNN、CBS、NPRなどで取り上げられており、2011年にはファスト・カンパニー（Fast Company）によって「ビジネス界でもっともクリエイティブな100人」に選ばれている。YouVersion（http://www.youversion.com/）とBible Appはライフチャーチによって作られ、何千万ものデバイスにインストールされている。ユーバージョンのコミュニティは、100以上の異なる言語で、数百億分もの時間を聖書に費やしている。Twitterアカウント：@bobbygwald

コンテンツは、もはや王様ではありません。
それはエンゲージメントによって廃位させられています。

　それがはたして二十代の危機か、中年の危機か、それとも老年の危機なのか。いずれにせよ、出版界は今自分自身を見つけるのに苦労しています。見事に書かれた文章、役に立つ美しいイラスト、魅力的なタイトル、人目を引く表紙、出版は何百年もの間、最高のコンテンツを提供するのに十分でした。

　しかし、世界はオンラインに移行しました。コンテンツのための新しいチャネルが出現し、グローバルコミュニティはそれを消費するだけでなく、コンテンツをさらに良くするために自分も役に立とうと、直接活動に参加し始めました。他の人が言ったり作り出したものを、聞いたり見るだけでは不満足だったのです。自分たちの独自の声を加えて、それと対話したかったのです。

　一方、印刷物は、昔ながらのよく踏み固められた道を歩み続けました。売れてしまった後、人々がどのくらいエンゲージしているか、つまり、どのくらいの量、頻度でコンテンツに積極的にかかわっているかについては、ほとんど考えもしませんで

Part 3　本でできる実験——最先端プロジェクト

した。それはオンラインコンテンツと平行な平面上に存在するように見えました。もちろん、私たちはオンラインで書籍を買い、その中でオンラインコンテンツの始まりについて読みましたが、まだオンラインコンテンツを楽しむようにはなっていませんでした。

　聖書もこの文化的な転換からは逃れることはできません。何十年もの間、良心的な出版社は、世界中の人々に聖書を配布して神の言葉を伝えたいという願いを込めて、かなりの時間、エネルギー、お金を費やしてきました。それでも、テキストを提供するのにあれだけの資産を投入したのにもかかわらず、それが読まれているのかとか、どうしたらエンゲージメントを増やすことができるのかについて、焦点を絞ることはほとんどありませんでした。

　ユーバージョン（YouVersion.com）の発想が生まれたのは、印刷とオンラインの世界の衝突があったからです。2006年、ブログはいたるところにあり、YouTubeは身近な存在、Facebookは大学生以外でも利用できるようになり、そしてTwitterは草創期にありました。誰もがデジタル印刷機へのアクセスができる時代に突入していました。それは出版にとって、さらに聖書にとって、いったい何を意味していたのでしょう？

　印刷機の技術革新が聖書の普及に革命をもたらしたように、この新しい環境は、世界でもっとも人気があり、もっとも多く発行された本の流通と相互のインタラクションを変えるものとなるのではないかと思いました。

　人々が聖書の中に書かれた言葉を読むことができるだけではなく、（写真、ブログポスト、映像、ジャーナル思考などの）Webメディアを、聖書の中のある節や、一連の節に連結し、注釈を付けることのできるオンライン聖書を提供したらどうか、というアイディアが浮かびました。現在ではユーザーが注釈を付けるとか、ユーザーが参加するとかという概念はそう特別なものには見えませんが、ユーバージョンが始められたのはGoogleブックスやKindleその他の類似品より前だったのです。人々が文芸作品を取り入れ、それにユーザーがメディアで注釈を付けることを許し、そしてコンテンツ作りに貢献したような例は過去になかったのです。

　数ヶ月後、私たちはユーバージョン実現化の旅に乗り出しました。最初のチャレンジで、私たちがいかに無知であったかがあらわになりました。私たちはまったく

気がつかなかったのですが、現代の聖書は皆、出版社が何百万ドルもの投資をして作られた著作権があるものだったのです。無料で手に入るコンテンツではなかったのです。ですから、著作権のライセンスを受けることが必要でした。

二番目の障害は、出版社側がコンテンツへのユーザーの注釈の寄与を認めたがらないことでした。オンラインの世界で変化が起こっていることは見えていましたが、出版社はテクノロジーがどこに向かって進んでいるかが見えないでいました。それはある出版社にとっては不安材料でした。しかし興味を抱いた出版社もあったのです。最初の一年間、私たちは出版社との関係を積み上げ、信頼感を築き、テキストを使うための許可を得ることに尽力しました。そして一方では、サイトの開発に取り組むチームを発足させました。

2007年9月に、私たちはYouVersion.comを立ち上げました。結果は良好と言っていいものでしたが、素晴らしいものとまではいきませんでした。ツールは人々の興味を引きつけましたが、アクセスしたのは明らかに一群のアーリーアダプター〔初期採用者、新しもの好き〕でした。ユーバージョンのユーザーは次々に増えるという感じではありませんでしたし、勢いよく成長しているようにも見えませんでした。

ほんの二万人ばかりが使用しているような状況でした。このコンセプトが人気を集めているとは思えませんでした。時期尚早だったのでしょうか？　アイディアを十分活かしきれなかったのでしょうか？　人気が出るまでもうしばらく時間がかかるのでしょうか？　答えは見つからないままでしたが、聖書の購入や流通の形態に何の変化も起きなかったことは明らかでした。

コンセプトを捨ててしまう前に、もうひとつ試してみたかったことがありました。モバイル版です。開始してすぐに、モバイル版ではコンテンツとの距離が縮まり、個人個人のエンゲージする量が増えていることに気がつきました。また、サイトへのアクセス数の増加にも気がつきました。近い、ということはエンゲージメントに直接影響しました。それは偶然に発見したようなものでした。

同時に、スマートフォンの誕生は、私たちの戦略を再評価する機会を与えました。私たちはモバイル革命に迷いこんだのです。

アップルが開発者にiTunes App Storeを通じて流通できるアプリを作成する機

会を提供した後、私たちはBible App（聖書アプリ）に取りかかることにしました。モバイルで感じとったことが的確であったかどうか知りたかったのです。アプリの仕事を進めながら、私たちは年間10万くらいのダウンロード数を期待していました。

そこで起きたことは予想をはるかに超えたものでした。発表してから三日間で、なんと8万人以上の人々がBible Appをインストールしたのです。

これらの人々は画面の裏に聖書を置いておこうとインストールしただけではありません（さもなければ、モバイルのほこりの積もった棚）。彼らは頻繁にアプリを開き、相当な時間を費やしてエンゲージしていたのです。テクノロジーは聖書の流通に影響を及ぼすかどうかを自問していた私たちにとって、このアプリはまさに転換期となりました。

新たな勢いに押されて、私たちは聖書の他の言語とバージョンのライセンシングに取り組みました。また、人々に毎日、継続的に聖書にエンゲージしてもらうためのさらなる方法を求めて開発に突き進みました。

その後の数年間は、私たちの小さすぎる夢や計画を吹き飛ばすようなものでした。スマートフォンとアプリ市場が爆発したのです。聖書出版を、ソーシャルエンゲージメントを伴ったデジタル配信という形態に変えたことが、新しいパラダイムとなったのは明らかでした。以来、Bible Appは数千万のデバイスにインストールされ、人々は数十億分という時間を費やして神の言葉とインタラクトしています。

この新しいパラダイムは、単に宗教的なコンテンツだけに当てはまるものではありません。出版界で起きているシフトは、コンテンツのマネタイズからエンゲージメントのマネタイズへの移行です。私たちはユーバージョンを収益化しようとしているのではありません。私たちはエンゲージメントに焦点を絞ることに努力しています。

エンゲージメントを駆り立てる七つの要素

ユーザーが私たちのアプリとどのようにインタラクトしているかを知ろうと取り組んで、エンゲージメントを駆り立てるには七つの要素があることを確認しました。それらは、ソーシャルインタラクション、カスタマイズ、複数のデバイスおよびフォーマット、ゲーム化、コミュニティの貢献、多言語、そして個人的な投資、です。

1) ソーシャルインタラクション

　私たちはユーバージョンを始められた当初から、製品にソーシャルツールを統合してきました。今では毎日、何万人もの人々がSMS、TwitterそしてFacebookを通じて何百万人を相手にコンテンツを共有しています。これは新しいパラダイムの一部です。人々は単にコンテンツを消費しているのではありません。彼らはそれについて彼らのコミュニティと会話をするというエンゲージメントを行っているのです。これは多くの出版社が、ほんの5年前でも予期しなかったことです。

2) カスタマイズ

　人々が、紙切れがはさみこまれて膨れあがり、ページの余白にメモが書き込まれ、いくつもの色のラインマーカーでテキストのあちこちが塗られている、そんな使い古された聖書を持ち歩いているのを目にすることは珍しくありません。アプリもマーク、メモ、ブックマークなどをユーザーが加えてカスタマイズができるようにしました。このメタデータは多数のデバイス上で簡単にアクセスできますが、読む時に取り散らかっているようなことはもうありません。ユーザーはフォント、大きさ、背景などを調節してカスタマイズすることができますし、翻訳ノートとか、相互参照などのメタデータのいろいろなレイヤーを表示することも可能です。カスタマイズすればするほど、ユーザーは継続的にエンゲージすることになるのです。

3) 複数のデバイス、マルチフォーマットでの提供

　私たちに定期的にコンテンツに関与してもらいたいならば、コンテンツは私たちの生活のなかにあり、文字通り私たちのいる場所で出会えるものであるべきです。ほとんどの出版社はこれまで伝統的に、ある特定の購買者に対して特定のフォーマット（ハードカバー、ペーパーバック、オーディオブックなど）でターゲットを絞ろうとしてきました。私たちはマルチデバイス、マルチフォーマットのコンテンツをクラウド上で消費する体験が、エンゲージメントを飛躍的に増大することを見出しました。自分だけに限ってしまうのではなく、ユーザーはいつどこでも、ほぼすべ

ての環境下でコンテンツにアクセスすることができるということです。

4) ゲーム化

　聖書はゲームではありませんが、成しとげたことに対して報い、励ますことは、人々がエンゲージする方法にさらに高いレベルの一貫性を築く上で大きな手助けとなります。私たちは計画的な読書プランを使って毎日のエンゲージメントに焦点を合わせます。人々が目標に到着できるよう、読書プランの進展をモニターしたり、バッジを与えたり、スマートコミュニケーションをしたりして手助けします。このアプローチは、印刷されたテキストに日々ダイナミックな新鮮さを与える道を開きました。出版社が体系的なエンゲージメントを提供し、人々に報いる時多くの献身的な愛情が生み出されていきます。

5) コミュニティの貢献

　アプリの公開メモを通して、聖書はユーザー注釈付きになります。コミュニティ全般で、意味を強調したり、洞察を加えたりして興味深い貢献をしてくれます（コミュニティは普通、自身で方針を設定し、不適当なコンテンツについてはレポートされます）。これらの貢献はコミュニティが育つにつれ、付加的な価値をもたらします。このような機能によって、変化することのない聖書も、私たちの文化で常に起きている変化を反映することができるのです。

6) 多言語

　Bible Appでは数百の訳と、百以上の言語が用意されていて、聖書が積まれた書架と同じようなものをモバイルデバイスで運ぶことを可能にしています。そしてアプリにAPIを取り入れたので、新しい訳や言語に難なく対応することができます。これは作品の大きなコレクションがひとつのプラットフォームからアクセスすることが可能ということを意味します。電子機器は出版社に、過去には経済的に不可能だった、はるかに多くの言語でコンテンツを提供する道を開いたのです。

7) 個人的な投資

　ユーバージョンのコミュニティが新たな言語で提供されたことを知ると、人々は自分たちの言語でもBible Appを提供してくれないか、と聞いてくるようになりました。私たちは、あなた方が手伝ってくれるのならできます、と答えました。そして非常に熱心なボランテイアが現れ、Bible Appばかりか、ユーザーコミュニケーション、サポートチケット、ブログポスト、その他のことまでローカライズしてくれたのです。しかも、これらの人々の集まりは、単に翻訳を手伝ってくれただけではありませんでした。アプリに対し個人的な投資をしてくれた彼らは、Bible Appの熱心な支持者でもありました。そしてそれまで私たちがほとんど進出していなかった、彼らの影響力が及ぶ国々や言語圏でBible Appを広める貢献をしてくれたのです。コミュニティに多大な貢献をもたらす時にこそ、それを成功させたいと願うものなのです。

　出版物は以前、閉鎖的でした。出版社や大きな団体は、一体誰の作品が多くの人々に与えられるチャンスを持つべきかを選ぶ、門番の役目を果たしていました。しかし現在ではインターネットのアクセスさえあれば誰でも出版することができます。プラットフォームを作り、従来とはまったく別の方法で経済的にやっていけるだけの収入を得ることもできるのです。出版社だけがコンテンツの市場をひとり占めできると思うのはもう世間知らずでしょう。コンテンツはもはや収益化のためのものではないのです。人々の行動、そして人々がいかにコンテンツとインタラクトしているかの方に注目してみてください。エンゲージメントこそが真の製品であることがわかるでしょう。

Web版URL（英語）
http://book.pressbooks.com/chapter/youversion-bobby-gruenewald

⑳ 本はどのようにして発見される?

パトリック・ブラウン
チャン・ギュシク
オーティス・チャンドラー

Patrick Brown：グッドリーズ（Goodreads Goodreads.com）のコミュニティマネージャー。
Kyusik Chung：グッドリーズのビジネス開発部門の統括責任者。元は2011年グッドリーズが買収したディスカバリーズ（Discovereads）の共同創設者。
Otis Chandler：グッドリーズの共同創設者であり、CEOを務めている。Twitterアカウント：@otown
Goodreadsは、書籍のレコメンデーション（お勧め情報）を提供する、世界最大の読書家向けコミュニティ。最新情報を入手するにはTwitterで。会社のTwitterアカウント：@Goodreads

　心の底からすごいと思える本に夢中になった経験は、誰にでもあるものだ。でも、その本のことは、そもそもどこで知ったのだろう？　世界中にある何百万冊もの本の中から、どうしてその一冊を選ぶことになったのだろう？　友人が「これ読まなきゃダメだよ！」と手渡してくれたのか、ラジオ番組で耳にしたのか？　それともグッドリーズのレコメンデーションを見たのがきっかけか？

　出版社の側から見れば、本の発見はいつでも謎に包まれたままだ。読者は錬金術みたいなプロセスで愛読書を見つける。グッドリーズには750万名のメンバーが集まり、2億8千万点の本が本棚登録されているコミュニティがある。この永遠の謎に迫る独自の態勢が整っている。2012年2月にニューヨーク市で開催された「Tools of Change[1]」カンファレンスでは、CEOのオーティス・チャンドラーが講演し、「読者はどうやって読みたい本を見つけるのか？」という疑問への答えを導くためのデータを示した。今、出版業界が直面しているもっとも切実な問題のひとつだ。

　これを見ると、読者は何通りもの方法で本を探し出しているのがわかる。別に驚くほどのことじゃない。どんなプロモーションやマーケティングの手法も、単独では不十分だ。著者や出版社のみなさんが、このことを忘れないようにするきっかけ

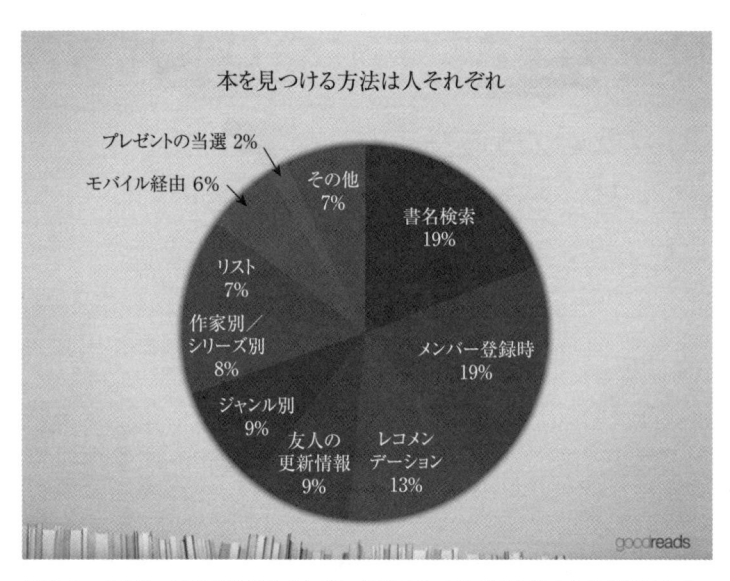

図20-1　本を見つける方法は人それぞれ(四捨五入の関係で全体の合計が99%になっています)

にはなるはずだ。本をうまく宣伝するには、いろいろな方法で読者にアプローチしなくてはならない。

　グッドリーズでは、サイト内でメンバーが本を探すために用いるさまざまな手段についてまとめてみた。そこで発見した(むしろ、確認できたと言うべきか)一番大事なもの、それはクチコミの威力だ。読みたい本のリストに入れる本を探し出す方法として、グッドリーズでの書名検索がトップの座を占めている。つまり、最初にその書名を知ったのはどこか他の場所というわけだ——きっと友人かメディアが情報源だろう。検索は、ベストセラーからマニアックなものまで、どんな本でも書名さえわかれば探し出せる発見の手法となっている。

　場合によっては、グッドリーズの新規メンバー登録手続きのように、非常に人気の高い本が有利になるプロセスもある。僕らは新規登録中に、何かなじみのあるものが目に入るようにしたいので、多くの読者が好む本を表示している。でも、友人の更新情報や、特定の書名と著者名による検索など、もっとマニアックな本を見つけ

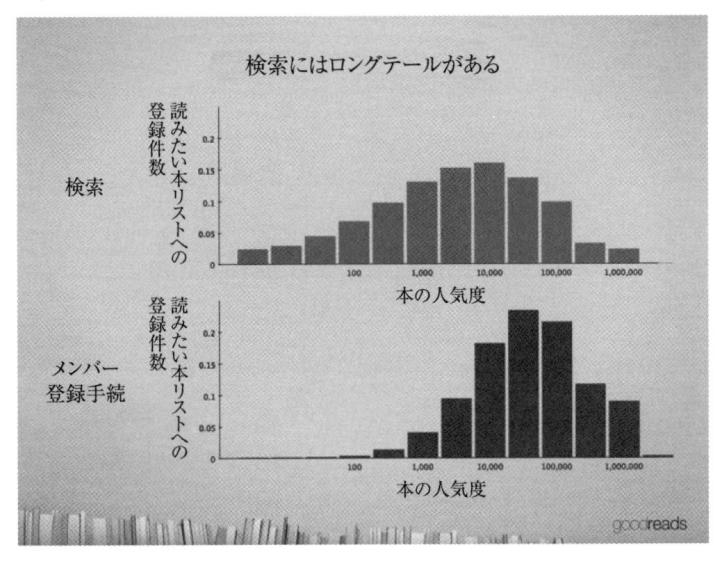

図20-2　検索にはロングテールがある。

やすい方法もいろいろある。

　2011年9月の立ち上げ以来、グッドリーズのレコメンデーションエンジン[2]は驚くべき成功を収めている。まだ見聞きしたことがないかもしれないが、きっと関心を引きそうな「ミッドリスト本（mid-list books）」（ベストセラーではないがまったく無名でもない本）を表示するように設計されているのだ。図20-3のグラフが示す通り、結果は上々だった。ベストセラーについて教えてくれるアルゴリズムなんて誰も必要としないのだから、これは当然だろう。またレコメンデーションの下限について、その本が統計的にレコメンデーション対象としてふさわしいか判断できるように、最低でも数百件の評価が付いていることを条件としているのもポイントだ。というわけで著者のみなさん、あなたの本に強力なライバルがいるとして、ライバル本の読者に対して売り込みをかけることができたとして——しかもその読者がグッドリーズであなたの本を登録してくれたなら——僕らのレコメンデーションエンジンはその本とユーザー行動の相関性を検知し、あなたの本と、それを勧めるにふさわしい読者を、もっと確実に結びつけることができるだろう。

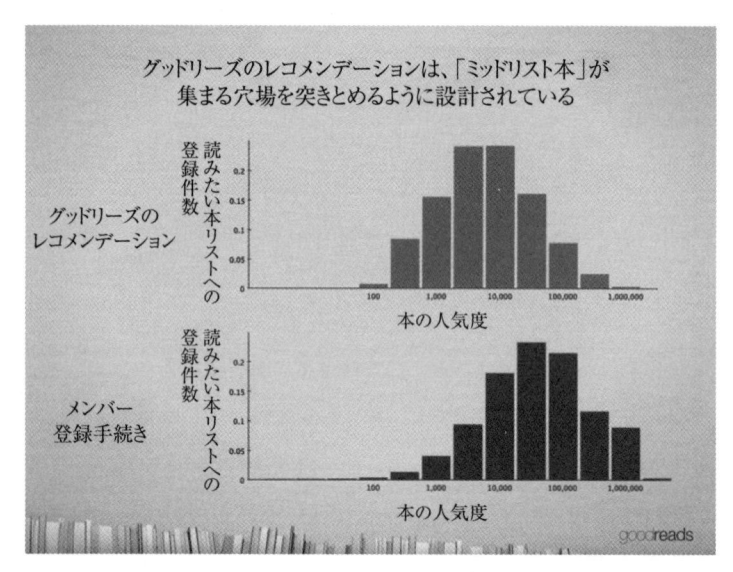

Part 3 本でできる実験──最先端プロジェクト

図20-3 グッドリーズのレコメンデーションは、「ミッドリスト本」が集まる穴場を突きとめるように設計されている。

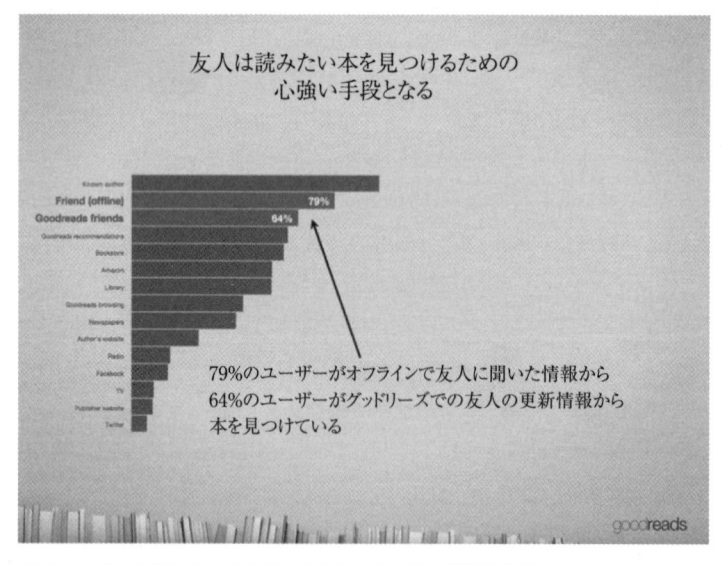

図20-4 友人は読みたい本を見つけるための心強い手段となる。

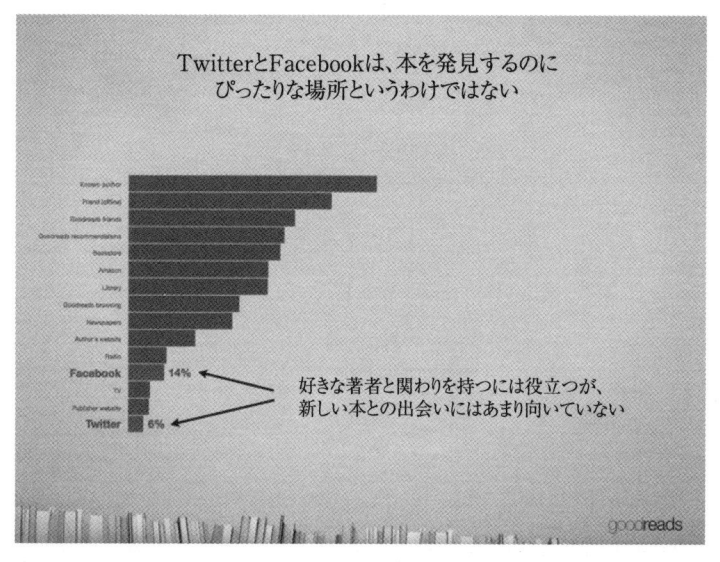

[図: TwitterとFacebookは、本を発見するのにぴったりな場所というわけではない。各項目のバーグラフ。Known author, Friend (offline), Goodreads friends, Goodreads recommendations, Bookstore, Amazon, Library, Goodreads browsing, Newspaper, Author's website, Radio, Facebook 14%, TV, Publisher website, Twitter 6%。「好きな著者と関わりを持つには役立つが、新しい本との出会いにはあまり向いていない」という注釈。goodreads]

図20-5 TwitterとFacebookは、本を発見するのにぴったりな場所というわけではない。

　読んでいる本の情報をどこで手に入れたのか、それをさらに探り出すために、僕らは3200名を超えるグッドリーズメンバーを対象としたアンケートを実施し、本の探し方について質問した。その結果はちょっとした驚きだった。
　ご覧の通り、ほとんどのメンバーはグッドリーズの内外を問わず、友人から本のお勧め情報を入手している。逆に言うと、TwitterやFacebookで新たな本の情報を仕入れているメンバーはごくわずかなのだ。

　そして以前ブログで紹介したように[3]、公共ラジオ局の人気番組やThe Daily Show〔ニュースや政治問題の風刺で有名な、アメリカの人気ケーブルテレビ番組〕で取り上げられた本は、グッドリーズで「爆発的人気」を呼ぶこともある。ただし気をつけてほしいのは、そこまで高い関心を保つにはクチコミが頼りだということだ（図20-6のグラフで、Aのラインは『A Slave in the White House』[4]という書名を検索した結果からリストに登録した件数、Bの曲線部分はそれを友人の更新情報で見かけて登録した件数を示す）。

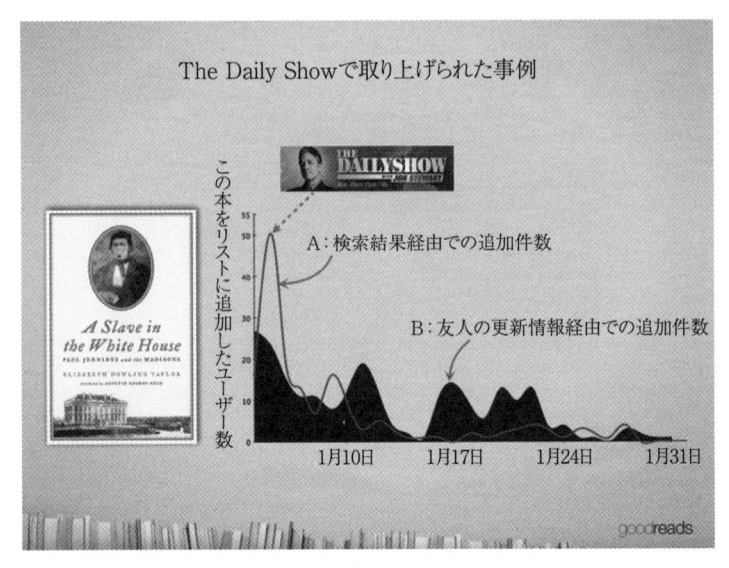

Part 3 本でできる実験──最先端プロジェクト

図20-6　The Daily Show で取り上げられた事例

　本の発見は千差万別な形で起こるものであって、マーケティングキャンペーンを成功に導くにはそこを踏まえておかねばならない。しかし、うまくいきそうな戦略はいくつかある。

　著者か出版社かを問わず、みなさんへの一番のアドバイスとして言えるのは、中核となるファン層を築き上げるために力を尽くそうということだ。追い風を受ければ受けるほど、それはますます成長していく。みなさんの本に評価やレビューを付けてもらえるように、読者を勢いづけよう。これはクチコミ情報を生まれやすくするだけではない。持続的なプロモーションに欠かせないのはもちろんだが、その本が適切なリスト[5]に追加され、グッドリーズのレコメンデーションエンジンのような場所に登録されることにもつながる。グッドリーズのリストピア (Listopia)[6]というリスト集は、メンバーが新たな本を発見するにはうってつけの場所であり、「ミッドリスト本」も多数含まれている。「第二次世界大戦をめぐる小説」や「アメリカ北西沿岸部に関する本」という具合に、リストのテーマはかなり具体的になることが多

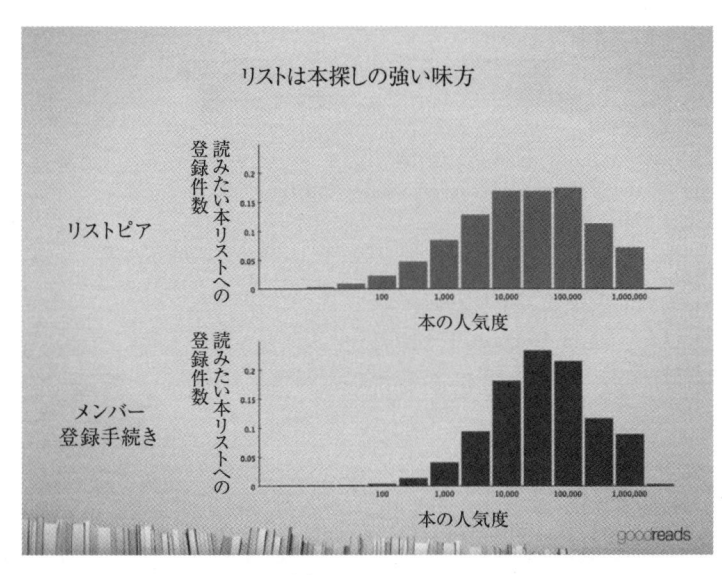

図20-7 リストは本探しの強い味方

いので、みなさんの本がそれに見合ったリストに追加されれば、ぐっと注目度が上がる可能性がある。

　すでに一定のファンがいる著者の方なら、その既存のファンや、同系統の著者のファンに向けて、重点的にプロモーションをかけるとよい。Webサイトやブログにグッドリーズのバッジ[7]やウィジェット[8]を追加して、自著の登録を促し、ファンになってもらえるようにしよう。できたてホヤホヤの本ならば、グッドリーズの新刊本先行プレゼント[9]の機能を利用して、対象読者の目に触れさせることもできる。

　読者がどうやって本を発見するのか、それについての興味深いデータを幅広く集めてきたが、そのほとんどは以下のスライドで紹介している。グッドリーズが成長を続けるとともに、僕らはこうして深く掘り下げた情報を、引き続き書籍出版のコミュニティに提供していくつもりだ。

Web版URL（英語）
http://book.pressbooks.com/chapter/goodreads-otis-chandler

1　http://www.toccon.com/toc2012
2　http://www.goodreads.com/recommendations
3　http://bit.ly/nzvFFS
4　http://bit.ly/PbGACR
5　http://www.goodreads.com/list
6　http://www.goodreads.com/list
7　http://www.goodreads.com/api#logo_and_images
8　http://www.goodreads.com/api#atmb_widget
9　http://www.goodreads.com/giveaway

21 「リトル・データ」の驚くべき力

ピーター・コーリングリッジ

Peter Collingridge：エンハンスト・エディションズ（Enhanced Editions http://www.enhanced-editions.com/）の共同創業者で、アプト・スタジオ（Apt Studio http://aptstudio.com/）のマネージングディレクター。ブックシーア（Bookseer bookseer.com）の創設者。最近サファリ・ブックス・オンライン（Safari Books Online http://www.safaribooksonline.com/）に参加。Twitterアカウント：@gunzalis

すべてはデータの中に……

　すべてはデータの中にある。それに気がついたのは起業してから一年ほどたった頃のことです。2010年の始め、自社製品のエンハンスト（強化版）eBookアプリの分析結果を眺めていた私たちは、自分たちが金脈の真上に立っているということに気がつきました。そこからは読者がいつどこで何を読んでいるかを自由自在に眺めることができました。

　2008年、私はエンハンスト・エディションズという会社を起業しました。目的はiPhoneにふさわしいeBookを制作するという、細やかなものでした。しかしながら2010年の中頃には、このままではエンハンスト・エディションズは失敗に終わることが明確になってきて、私たちは会社の方向を**急転換**させました。新たな目標は読者に関する情報の収集です。思いつきで決めたわけではありませんが、アプリ販売の失敗が目標の急転換に影響を与えたことはまぎれもない事実です。

　エンハンスト・エディションズが初めて発売したアプリは、ニック・ケイヴ（Nick

Cave)著の『バニー・ムンロ(Bunny Munro)』です。このeBookアプリは、読者の想像力をとらえ、出版社、作家、そして世界中のジャーナリストから注目されました。真のeBookを初めて作った、私たちはそう思い込みました。またダウンロード回数、当時の販売実績、書評などはその思い込みを裏付ける、非常に好調なものでした。

でもその成功を次作につなげていこうとする数々の努力は失敗に終わり、興奮はしだいに薄れていきました。

バニーはマルチメディア体験を本として構想したeBookです。ロックアーティストである作者自身が朗読したオーディオブックとeBookがシンクロしています。組版にはiPhoneの機能が許す限り細心の注意が払われました。美しい背景をバックに撮影されたニック・ケイヴの朗読ビデオが13本、ライブの独占ニュースフィード、そして物語の重要な箇所では、ニック・ケイヴの書き下ろしを本人が朗読したサウンドトラックが再生される仕組みになっていました。

バニー・アプリを紹介した記事の中で、私がもっとも気に入っていたのは、アプリを「デジタル時代が出版に到来した瞬間」として紹介した記事です。しかしエンハンスト・エディションズは、ビジネスとして大きな問題を抱えていました。私たちのアプリは顧客が直面している課題を解決する製品ではなかったのです。これはベンチャーキャピタル（それと一部のMBA）が起業した会社に口を酸っぱくして説明することですが、不幸なことに私たちはこのことに気がつくのが遅すぎました。

要するに私たちは、正確な顧客像を持っていなかったのです。私たちの顧客は出版社なのか、読者なのか、作家なのか？　それをきちんと理解していなかったのです。私たちの最初のターゲットは読者でしたが、夜中に「オーディオブックとシンクロされた文章にビデオがついたeBookはどこにあるんだ」と叫び出す読者は一人もいませんでした。

エンハンスト・エディションズのアプリは技術面とユーザー体験の面では成功を収めましたが、業績はその正反対でした。問題をさらに複雑にしたのは、ふるわない業績とデータポイントでの分析結果が大きく食い違っていたことです。

つまりアプリの売り上げと、そのアプリの中の分析ツールが私たちに報告してくる内容が矛盾していたのです。分析結果によればアプリは好評で、したがって売れているはずだったのです。読者はアプリで長時間文章を読み、そして朗読機能を利用していまし

た。音声シンク機能は非常に好調で、ユーザーは月あたり50回から200回アプリを使用し、また一回あたりの使用時間は1時間でした。意外なことにビデオは不人気でした。

アプリが悪くないなら、他の何が悪いのだろう？　その答えはマーケティングとプロモーションだと疑った私たちは、詳細にデータを分析しました。**その結果、デジタル製品とターゲットユーザーをつなぐには、今の出版社に欠けているさまざまな能力が必要だということが明らかになりました。**

「プリントからデジタルに、B2BからB2Cに移行した出版で成功するプロモーションとはどのようなものなのか？」これは私たちが真剣に取り組むべき価値のある問題です。さらにプロモーションに強い関心を抱いている顧客はたくさんいます（出版社、エージェントから出版社への転向組、作家、自己出版作家）。

何百万もの読者に向けたグローバルな流通が可能な現在、出版社という団体が行うべき活動は、実りあるマーケティングに尽きると言えます。これは二十一世紀の食物連鎖で出版社がその地位を維持したいのならば、絶対必要なものです。

でも、現実の書籍プロモーションは破綻しています。プロモーションの進歩は出版業界の他の部分よりも遅く、驚くことにPRと巨額の予算が必要なポスター貼りに依存する現行のキャンペーンは、10年前からほとんど成長していません。

なぜ本のキャンペーンは方程式通りに運用されているのでしょう？　出版社はマーケティング手法の組み合わせの有効性を実証する努力を、これまで怠ってきました。出版社は通常収入の5％から10％をマーケティングに投入していますが、有効なマーケティング戦略に関する理解は非常に乏しく、キャンペーン結果の分析はほとんど行われていないのが現状です。

> 「どのマーケティング戦略が売り上げを促進し、どれが減少させ、またどれが時間の無駄であったかを特定するのは難しい」
> ——WIRED誌 Kindleシングルのマーケティングに関する記事の中でNieman Report Winter 2011を引用。記事の著者はデイビッド・ウォルマン（David Wolman）。

この問題に対する回答は、私たちエンハンスト・エディションズが「リトル・デー

タ」と読んでいるデータの中に隠されていると確信しています。つまりキャンペーンの詳細な分析と、読者の要望に敏感に対応するマーケティングテクニックの組み合わせが問題解決への道です。「リトル・データ」の分析により、出版社は資本収益率を劇的に向上させることができます。

　「非常に重要な決定において、データは常に直感に勝る」
　──ジェフ・ベゾス（Jeff Bezos）アマゾンCEO

　出版社はいまだにデータよりも、経験や直感に基づきマーケティング戦略を決めていますが、出版界の新規参入者であるアマゾン、アップル、グーグルなどの企業はすべてデータ主導の意思決定法を採用しています。データ分析なしではWebサイト運営は不可能です。同様のことがeBookにも当てはまるはずです。言ってしまえばeBookとは実質的にはWebサイトなのですから。
　出版社のマーケティング慣行を変えるのは簡単ではありません。しかし現在の出版社が持っているやり方では、デジタルでは無意味なデータしか集められなくなってきています。
　エンハンスト・エディションズが本拠地を置くイギリスでは、情報調査企業であるニールセンが売り上げデータを毎週公開しています。でもニールセンが提供するeBook販売データをプロモーションに有効に活用することはできません。データが日別、時間別、または地域別に分割されていないからです。つまりある特定の売り上げに関するデータが欠如しているため、このデータを利用してマーケティング活動と販売実績の関係を分析することが不可能なのです。
　アマゾンのランキングは販売成績を判断する基準として業界標準のように扱われています。私たちが市場調査を行った際、出版社が発売初日にアマゾンのページを何十回も読み込み、ランクを少しでもあげようと試みたという話をたくさん聞きました。この逸話は**あることを**を示しています。出版社はランキングをプロモーションや戦略と比較分析するものではなく、ランキングこそがゴールであると誤解しているのです。

　私たちが、データ主導の消費者動向の理解こそ、未来の出版業界の基幹だという確信を持ったのはこのためです。デジタル時代の出版社の販売実績分析法を調査し

た私たちは、アプリ制作を中止し、ブックシーア（Bookseer bookseer.com）という書籍マーケット情報収集サービスの構築に全力を投入することに決めました。

ブックシーアはさまざまなアクティビティの副産物である「リトル・データ」をとらえるためのシステムです。ブックシーアはリアルタイムでデータを放出するWebと、出版社が提供するキャンペーンのデータを融合させることにより、何千もの出版物の販売実績を比較分析するシステムです。

ブックシーアは本に関する情報を可能な限り大量に集める情報収集システムです。収集されるデータには以下のようなものが含まれます。

- アマゾンでの価格
- 毎時ごとのアマゾン売り上げランク
- プリントとeBookの売り上げデータ（出版社提供）
- 本や著者に関するメディアの反応をソーシャルメディアとWeb全体を縦断して収集
- マーケティングプロモーション
- ベストセラー作品リストの内訳など

データはさまざまな方法でリアルタイムに収集されます。メディア登場、ツイート、価格変更、書評などの重大なイベントが起こった時間が特定できれば、ブックシーアはそのイベントと販売実績の関係を数値化します。これにより出版社はあるプロモーションの販売実績貢献度を計ることができます。また、同じ方法で無意味なプロモーションも識別できます。

ここで、ケーススタディをいくつか紹介しましょう。最初に紹介する例はイギリスで行われた高予算マーケティングの分析結果です。

このケーススタディでは有名作家の著書の販売実績をキャンペーン実施以前から、プリントとデジタルの両メディアで追跡しました。実施されたキャンペーンは主に全国規模のポスターキャンペーンですが、一部ではソーシャルメディアも活用されました。比較のためにキャンペーン対象外の本も4点追跡しました。したがってデータを収集した本は全部で7点です。著者名が登場した回数、およびポスターに

ケーススタディ1：全体
アマゾンランキング：分析対象全7点（書籍名非公開）

キャンペーンは対象外の本の売り上げにはほとんど貢献していません。またキャンペーン対象の本の販売実績も対象外の本のものと比べてそれほど高いとはいえません。

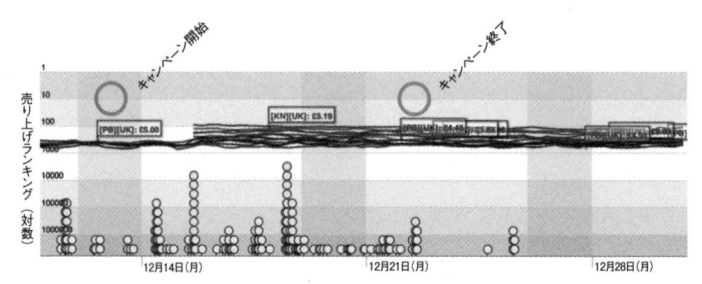

注：図下部の〇印はソーシャルメディアのアクティビティ

図21-1　ケーススタディ1：アマゾンランキング──対象全7点

記載されているソーシャルメディア・キーワードが浮上した回数も追跡されています。ポスターが一等地で掲載されたことを考えると、キャンペーンの推定予算は7万5000～10万ポンドになります。

　既存の出版データが不足している部分は可能な限り補足しました。アマゾンランキング、価格変更、ソーシャルメディアの他にも、ニールセン売り上げデータを読み込むことによりアマゾンランキングと販売実績の関連性を調べることができます。つまりキャンペーンを統計という客観的視点から分析／評価することができます。

　図21-2のチャートのBのラインは、文庫本のアマゾンランキングを毎時単位で表しています。順位が上がるほど昇格が難しくなるので、目盛りは対数として表示されており、最上位列はランキング1位から10位を表しています。またKindleとプリント版のランキングは別の線として表されています。Cのバーはニールセン・データから取り出した販売実績で、AのラインはKindleのアマゾンランキングです。

　最初のDの丸はキャンペーン開始時を表しています。次のEの丸は終了時を表し

ケーススタディ1：書籍名非公開
アマゾンランキング、Kindle（A）、文庫本（B）、販売実績（C）

本は7月に発売され、キャンペーン期間は11月12日から22日。下記のDとEの間の期間です。

キャンペーンの最初の1週間の間に150部ほどの売り上げ増加が認められますが、全体的に見てキャンペーンが7月の発売後減少傾向にある販売数を押し上げたとはいえません。

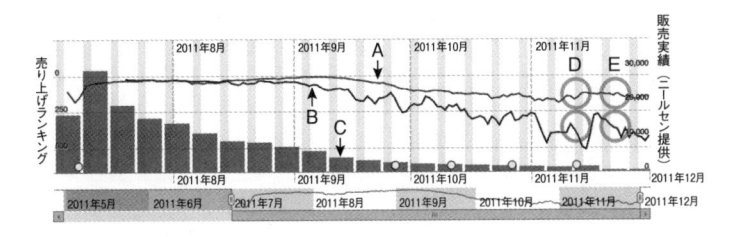

図 21-2　ケーススタディ1：アマゾンランキング —— Kindle vs. 文庫本

ています。ポスター・キャンペーンは下落傾向にあった売り上げをほとんど押し上げていません。ニールセン・データが示す150部ほどの販売数増加効果、およびアマゾンランキングの下落傾向を横ばいにした効果があると主張することもできますが、それでも販売へ強く貢献したとは言えません。

図21-3のチャートはソーシャルメディアの活動を表しています。堅実に上昇傾向にあるAのラインは作家のFacebookの「ファン」の数を示していますが、ポイント1とポイント2の間の増加率に顕著な違いはありません。したがってプロモーションは、作家のファン数の増加に好ましい影響があったとは言えません。ポスターに掲載されたTwitterキーワードがつぶやかれた回数には**小さな増加**が認められますが、その数の合計は37回と微々たるものです。このようなポスター・キャンペーンが経費に見合うほどの効果があったかは、チャートを見れば歴然としています。

ケーススタディ2も販売促進に高予算の印刷物を使う危険性を物語っています。

ケーススタディ1：全体
Facebook「いいね！」(A)、Facebookで「紹介」(B)、Twitterの「つぶやき」(C)

キャンペーン（DとEの間の期間）はソーシャルメディア上の「うなり声」を触発するのにも失敗しています。これは7月の出版後のソーシャルメディア上の動向と比較してみると明らかです。

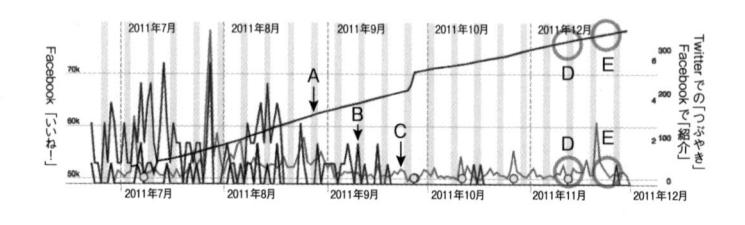

図21-3　ケーススタディ1：Facebook「いいね！」vs. Twitterの「つぶやき」

これはイギリスで出版された「女の子向き」小説の販売データを収集したものです。この小説は刊行時にデジタル版が重視された本です。広告はYouTubeなどの人気コミュニティサイト（ターゲット読者層と大きな重複があります）に掲載されました。またWebサイト上の広告はすべて、アマゾンの製品ページへリンクされました。

この他にも作家のライブチャットとサイト会員（35万人以上）へのダイレクトメールが2通送られました。推定予算は3万～5万ポンドです。

図21-4のブックシーアのチャートでは下記のようなイベントが書き込まれています。

1. 広告がWebサイトに掲載された時
2. ライブチャットが行われた時
3. 作家がBBC放送のTV番組「ブレックファースト (Breakfast)」に出演した時、『ロンドン・イブニング・スタンダード (London Evening Standard)』紙へインタビューが掲載された時
4. 17万5000人のサブスクライバーに2通のダイレクトメールが送られた時

ケーススタディ 2
アマゾンランキング：Kindle (A)、文庫本 (B)

HP の管理 (i)、広告 (i/ii)、メール・キャンペーン (iv) の効果は非常に小さなものでした。広告にもっとも貢献したのはロンドン・イブニング・スタンダード紙と BCC 放送での紹介（無料）です。

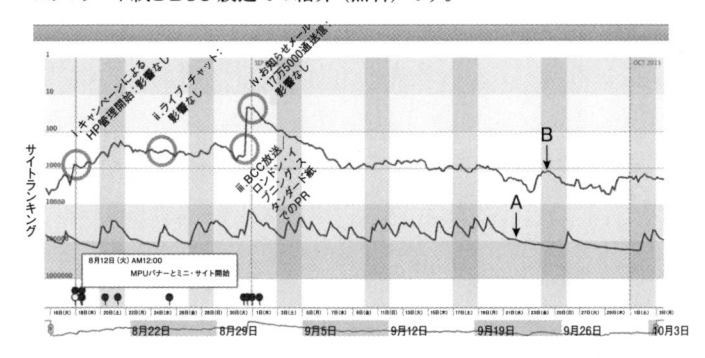

図 21-4　ケーススタディ 2：アマゾンランキング —— Kindle vs. 文庫本

ケーススタディ 2
アマゾンランキングズームイン

さらにズームインするとメールキャンペーンは無効であったことが、また BBC の影響が大きかったことがさらに明確になります（ブックシーアでは一時間ごとにまでズームできます）。

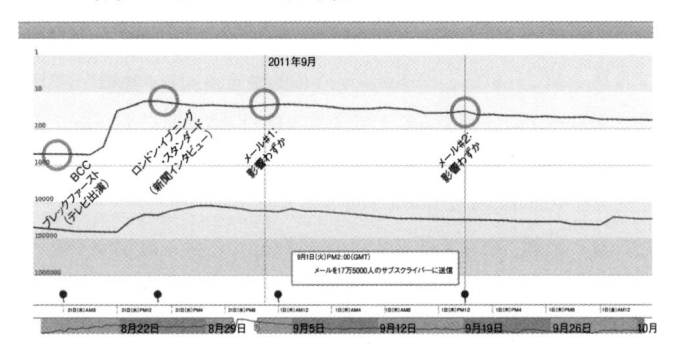

図 21-5　ケーススタディ 2：アマゾンランキング —— ズームイン

Part 3　本でできる実験──最先端プロジェクト

　図21-5のチャートではダイレクトメールが送られた時(1)と(2)、BBCの番組と『ロンドン・イブニング・スタンダード』紙へインタビューが掲載された時を時間単位までズームインした図です。BBCは『ロンドン・イブニング・スタンダード』よりも大きな反響を生みました。テレビ番組と新聞インタビューを総合すると、ダイレクトメールよりもずっと大きな反響を呼ぶことに成功したことがわかります。

　上記のようなプロモーションの効果についてはご自分で判断してください。書籍マーケティングはまったく新しいアプローチを必要としているとはっきりわかるケーススタディが他にもあります。私たちが皆さんに考えて欲しいのは「プロモーション予算を同じような方法で使うことは賢明だろうか？　私のキャンペーンは上記の例とどう違うべきか？」ということです。

　新しいアプローチとは当然のことながらデータを収集し分析するアプローチです。根本的な違いは、データへの反応速度の違いです。グーグルのデータ分析の専門家であるアビナシ・カウシック（Avinash Kaushik）は、立案と実行を同時に行い、リアルタイムで成果を追跡し、修正を加えるデータ主導マーケティングを「ポートフォリオ」アプローチと呼んでいます。カウシックは、企業は最低でも10％のマーケティング予算を効果が数値化できる実験的プロモーションに使うべきだと言っています。これはまったく同感です。

　スマートマーケティングとは予算を賢く分配することで、数ヶ月前に予約した高価なメディアスペースの宣伝効果を信じることではありません。スマートマーケティングは複数の傾向を毎日監視し、PR、ソーシャルメディア広告、検索エンジン広告とダイレクトメールを最適な形で組み合わせることです。それには幅広いデータをリアルタイムで分析し、どの手法が効果的かを識別し、比較テストとターゲット層をサブグループに分割することにより調整・改善する必要があります。それぞれのキャンペーン終了後には、結果を分析して評価をし、教訓を得ます。何回も同じキャンペーンを繰り返すよりも有効です。

　裏付けのない慣行に資金を浪費するのではなく、現実を直視することにより、出版社はキャンペーンを成功に導くことができるようになります。その結果は本の販売数増加であり、資本収益率の改善です。

ブックシーアはマーケティング戦略の評価を念頭に置き開発されたツールです。数値化されたキャンペーンは「販売実績」という明白な単位で評価されます。読者がソーシャルメディアですごす時間の合計は、天文学的な数字です。したがってブックシーアはTwitterとFacebookから聞こえてくる「うなり声」を、その他のさまざまな情報とともに表示し、出版社がソーシャルメディアから得ている資本収益率を計量できるようにしています。これは見た目ほど単純なものではありません。出版社はマーケティングに関する思考法の抜本的改革を迫られています。

　　「出版社はデータ分析という新しい技量を身につけ、読者の声に耳を傾け、そ
　　して読者が買いたくなるような本とは何かを理解する必要がある」
　　──ジョン・マキンソン（John Makinson）ペンギン社 CEO

　この目標を達成するには単純な計測では不十分です。新しいマーケティングアプローチを実践するためには、長い時間をかけて必要な技能を学ばねばなりません。しかし、これは出版社にとって、特に大手出版社のビジョンである消費者中心主義を実践するには必要な投資です。

　　「我々はB2B企業からB2C企業に生まれ変わる」
　　──マーカス・ドール（Markus Dohle）ランダムハウス社 CEO

　データ主導のアプローチは短期的にも効果があり、個々のキャンペーンへ敏速な対応が取れるようになります。つまり効果のある部分を改善し、効果のない部分を切れるということです。PRとマーケティング予算の関係を比較分析し、また価格変更の結果を計測することも可能です。さらに競争相手の戦略を分析し、そこから教訓を得られます。
　中期的・長期的な効果としては、さらに深い分析が可能になります。出版社がこれまでに出版した本に関する巨大なデータをアルゴリズムにより自動分析すると、本の刊行以前に販売予想シナリオを導き出せます。
　私たちは、「リトル・データ」を積み上げ「ビッグ・データ」としていく、このデータ主導のアプローチこそが未来の出版戦略だと確信しています。最適価格は？

フォーマットは？　出版時期は？　この本に最適な書店は？　販売促進効果を期待できる書評家は？　ソーシャルメディアでもっとも影響力を持っている人は？　期待できる販売数は？　そして適切な前渡金額は？　などの疑問にデータは答えることができます。

　出版界ではこのような疑問が常にささやかれてきました。その答えを出すために現実のデータを活用できる時が来ています。

Web版URL（英語）
http://book.pressbooks.com/chapter/bookseer-peter-collingridge

22 誇張と倒錯

バラ・バキリ

Valla Vakili：スモール・デーモンズ（Small Demons http://smalldemons.com/）CEOであり、共同創設者である。スモール・デーモンズ創業以前は、ヤフー（Yahoo!）でいくつかの役職を歴任し、最終職位はエンターテイメントグループの製品担当副社長だった。ジョージタウン大学国際関係学部卒業、オックスフォード大学セント・アントニーズ・カレッジ博士課程休学中。スモール・デーモンズは、本に登場する人、場所、物を抽出して列挙し、本のあらゆる構成要素を結びつけることによって、読者が愛する物語に深く入り込むための他に例のない手段を提供している。

　出版。数年前からこの世界に関わるようになって気がついたのだが、出版の変化と「将来」にまつわる議論では、ふたつの論点に言及することが圧倒的に多い。あまりにも圧倒的で、ある意味では横暴とも思えるほどだ。ふたつということから「変化における双子の暴君」だと私は考えている。
　そのひとつは出版の形式であり、もうひとつは本の読み方である。形式については、「印刷からデジタルへ」「商業出版対自己出版」「本の終末と出版の死」などの議論がある。また、時には「アプリとしての書籍」「エンハンスト（強化版）ブック」「チャンクトブック〔複数の小部分に分割された本の電子データ〕」あるいは「限りなく、常に更新し続ける本」という場合もある。
　そして、本の読み方については、次のような疑問が語られる。「デジタルの世界での読書とは、どのようなものか？」「『読むだけ』で十分なのか、あるいは読書自体が双方向の対話型になる必要があるのか？」「十分な数の読者がいるか？」「なぜ十分な数の読者がいないのか？」そして、当然ながら「どの方向に進めばより多くの読者が得られるか？」という話もある。
　形式や読み方には、多くの資金が投入され、多くの技術が開発されている。したがって、このふたつが論点になるのは、当然の成り行きのようにも思われる。そして、

Part 3 本でできる実験——最先端プロジェクト

世間で聞こえる話や流布している情報を通じて「印刷からデジタルへという出版形式の変化、およびその形式の変化がもたらす新しい読書体験にこそ、未来の希望がある」と確信してしまう。

　世に流布するこのような情報を聞くたびに、私はふたつのことを思い出す。そのひとつは、セオドア・レビット（Theodore Levitt）の古典的論文『近視眼的マーケティング（Marketing Myopia）』である。その論文でレビットは、現行の製品に固執すれば、将来の顧客からの要求を見失うと主張している。古典が「古典」である理由のひとつは、その作品のメッセージが時間の経過によって意義を失わないことである。レビットの眼鏡をかけていると、形式と読み方のせいで、見るべき物が見えなくなると考えざるを得ない。
　ふたつ目に思い浮かぶのは、ウィリアム・ジェイムズ（William James）の『宗教的経験の諸相』である。私は、ジョージタウン大学の1年生の時にこの本を読んで、現象を考察し機会を発見するための方法について、決定的な影響を受けた。ジェイムズは、レビットより60年ほど前の人であるが、近視眼的マーケティングを回避して、新しい価値を創造するための平易な方法を提示している。スモール・デーモンズを創業する時には、私たちはその方法に従った。

　さて、ウィリアム・ジェイムズだが、この人は、宗教的生活を理解することに興味を持っていた。そして、体系的な調査ではなく、極端な、あるいは彼の言葉によれば病的な、個人体験の調査を通じて研究することを選択した。その方法について、1902年の著書で、ジェイムズは次のように書いている。「およそある事物の持つ意義というものは、それが誇張されたり倒錯されたりした形のもの、その等価物や代用品や、その他それとごく近い類縁関係にあるもの、などを考察してみると、いっそうよく理解されるのが普通だからである。」（W・ジェイムズ著、桝田啓三郎訳『宗教的経験の諸相（上）』岩波文庫）

　これを読んで、私は次のような疑問を持つようになった。誇張と倒錯というレンズを通して出版を見ると、どうなるだろうか？「変化における双子の暴君」すなわち、形式と読み方にとらわれた近視眼的マーケティングから抜け出す方法を見つけ

られるのか？

まったくその通りだ。私たちは視点を少し動かさなければならない。

形式と読み方を考えるかわりに、ジェイムズがしたのと同じように、焦点を絞ってみよう。ここでは、一種類の本、すなわち、物語に焦点を合わせる。そして、それをいくつかの基本的な構成要素、例えば登場人物、舞台設定、呪文に分解する。その上で、登場人物、舞台設定、呪文について、誇張と言えるほどの個人体験に注目するとどうなるかを調べよう。

つまり、形式は考えない。読み方も考えない。そして次のような質問を投げかける。「登場人物、舞台設定、呪文から学ぶべき重要なことがあるか？ これらに深くはまっている人々を理解することによって、何か得られるものがあるか？」

ここで、三つの事例を紹介したい。そして、この事例がスモール・デーモンズにどのようにつながったかを説明しよう。

第一に、登場人物である。私は物語が大好きなのだが、その主な理由は、登場人物が好きだからである。ロビン・フッド、マイクル・コナリーのハリー・ボッシュ、「ゴッドファーザー」のアル・パチーノ、マックス・フリッシュのスティラー、バットマン、ロッキー、……。まだまだ続く。確かに、登場人物には魅力がある。しかし、出版の形式や読み方以外の世界で、登場人物をどのように考えているかを調べてみよう。

コスプレ[1]。アジアで大流行している現象だが、決してアジアに限られるものではない。ゲームの登場人物の格好をまねて、細部にいたるまで忠実に再現することである。この行動によって、虚構の人物に現実世界での存在感と生命を与えている。そして、生きているものと想像上のものとの区別が曖昧になる。

演技。映画「マシニスト」でクリスチャン・ベールは、体重の約36％に相当する63ポンド（約29 kg）を減量して、その役を演じた。登場人物になりきるために、架空の身体という要求に合わせて自分の身体の特徴[2]を変えてしまった。もちろん、これは一例にすぎない。尋常ではない手段に耐えながら、登場人物に生命を与えようとする俳優がいることは、周知の通りである。

コスプレでも、演技でも、登場人物を極めて正確に描写することが重要視されていて、演者たちは常にその正確な描写を競い合っている。コスプレの競技大会が多数開催されているし、俳優には、毎年、オスカーや同様の賞が授与されている。

Part 3 本でできる実験──最先端プロジェクト

　本の世界に話を戻すと、物語は**登場人物に満ちあふれている**。通常は、読者にとって、登場人物との接触は、本を読んでいる間だけに限られる。ロビン・フッドを読むと、その主人公の姿が心の中に見える。キャサリン・ダンの『異形の愛』（ペヨトル工房刊）を読むと、今まで見たことのない、奇怪な家族による騒動の渦中にいるように感じる。そして、時間が来れば、読書をやめて、関心は何か別のものに移る。

　ただし、読書をやめても、関心が他に移らない人もいる。この人たちは、日課のように、あるいは、いつでも常に、過剰なほど**登場人物にのめり込んでいる**。したがって、登場人物については、探究する価値のある何かがあると思われる。

　次に、舞台設定について考えてみよう。本稿では、これを「世界」と呼ぶ。

　私は、物心ついた時から、ずっとコミック本を読んでいる。子どもの頃は、DCコミック〔米国のコミック出版社の本〕の登場人物たちが私の親友だった。登場人物とその世界のことは何でも知っていて、そのような子どもは、私だけではなかった。

　ご存じの通り、私を含むコミックのファンは、かなり大きなニッチである。私たちファンは、コミック本の世界の「ルール」に、誇張と言えるほど固執することに倒錯的な魅力を感じている。コミック用語では継続性と言われているが、基本的には、登場人物は現実の世界に生きていて、その世界のルールがあるということだ。バットマンには歴史がある。スパイダーマンには歴史がある。このような歴史は、現実のものであって、後世の作家が再解釈したり、その場面を改変したりすれば、みんなが激怒することになる。

　実際のところ、継続性に対する執念は、かなり強く、しかも誇張されている。このため、DCコミックやマーベル・コミックの読者たちは、物語の設定というものは、それぞれが異なるユニバース（宇宙）であると考えて、DCユニバース、マーベル・ユニバースと呼んでいる。それは抽象的な概念ではない。ファンと出版社によって、完全に具体化され、記録されている。何十年にもわたって、マーベルやDCは、そのユニバースに関するさまざまな「ハンドブック」や「人名録」を出版してきた。これらの案内書を見れば、DCユニバースやマーベル・ユニバースの主役も脇役も、あらゆる登場人物について、身長、体重、髪と目の色、能力、結婚歴、家族状態、仕事の取引関係、所属グループ、居住地、経歴などがわかるようになっている。

　バットマンやスパイダーマンが屋根の上や町の上空を飛び回るというような、DCやマーベルの登場人物に関する設定は、単なる想像の産物ではないのだ。それはこ

だわりをもって年代順に整理され、現実世界との対応がつけられている。

　さて、本の話に戻ろう。多くの本では、あるものは意図的に、あるものは偶然に、共通のユニバースで話が展開している。また、ある本では、設定が極めて詳細で、現実であるか想像であるかにかかわらず、自己完結した世界ができ上がっていることもある。本を読んでいる時、このような場所が心の中に見える。そして、通常は本を置いた途端に、それを忘れてしまう。読むのをやめれば、その世界を捨て去っている。
　登場人物と同様に、舞台設定についても、詳しく探究すべき点があるのだろう。コミック本のファン、およびその誇張と倒錯を見れば、そのように思われる。

　最後に、もうひとつ事例を取り上げて、さらに全体の結合を試みる。今度は、呪文について考えよう。
　素晴らしい物語は、魔法の呪文をかける。「むかしむかしあるところに」と聞けば、私たちは受け入れ態勢を整えて、お話の時間が始まる。その物語が楽しくて、どこかに連れて行ってくれて、自分を魅了し、没頭できることを、私たちは期待する。
　お気に入りの物語がある人は、きっとこのような経験をしているだろう。さらには、それが日常的なありふれた経験になる。
　しかし、今、私たちは誇張と倒錯に興味がある。
　そこで、これに対して、違った見方をする人を取り上げよう。現在もっとも成功を収めているコミック作家の一人、グラント・モリソン (Grant Morrison) である。モリソンの有名なシリーズ作品として、『The Invisibles (インビジブルズ)』というカルトクラシック〔少数の熱烈なファンに支持されている作品〕がある (ところで、未読でご存じなければ、これは非常に衝撃的な作品である)。私は、数年前のインタビュー[3] を読んで、モリソンが『The Invisibles』執筆について話したことを常に考え続けている。

「最初に、すなわち『The Invisibles』を書き始めたとき、私は椅子に座って、魔法の呪文として作品を書くことにしました。バンジージャンプに挑戦して、呪文に力を与えようともしました。そうすると、作品自体に生命が宿るようになったのです。コミックに書いたことが実際に起こっています。コミックに何

| Part 3 本でできる実験——最先端プロジェクト

かを書いて、その出来事を『発生させる』ことができるまでになりました」

 さて、呪文およびストーリーテリングの魔法について、かなり真剣に受け止める人がいるということが、これでわかった。あなたも私も、物語の世界に入っていって方向がわからなくなる。しかし、グラント・モリソンのような人は、自分の物語が世界を形成したと思っている。
 ご承知の通り、そう考えるのは、モリソンだけではない。他の作家のインタビューでも、私は、同じような話をいくつも読んだことがある。
 それでは、これは何を意味しているのだろう？ もしかすると、彼は正気を失っているのか？ あるいは、素晴らしい物語では、現実と想像との区分に抵抗する何かの力が存在するのか？ ある世界から別の世界に何かがにじみ出ているのか？ 私たちのまわりにある現実の世界は、思っている以上に虚構的であって、その逆に、虚構の世界は、思っている以上に現実的なのか？
 それが本当だとすると、どうなるだろうか？ 以下の項目がすべて本当だと考えたら？

- 登場人物は、ページの外でも生きている
- 舞台設定は、探究する価値のある世界である
- 呪文によって、あるメディアから別のメディアに通り抜けることができる

「ストーリーバース（Storyverse）」にようこそ。
 これが、スモール・デーモンズがしたこと、そして、今していることだ。私たちスモール・デーモンズは、物語——その中でも特に、人、場所、物——について、それらがつながりを持った独自の世界として扱う。登場人物に近づきたい、あるいは、小説や作品に出てくる街路、都市、地域などを旅したいというみんなの気持ちを、私たちは真剣に受け止めている。物語は、ページを飛び出して、読者の日常生活や文化的経験に対して、魔法の呪文をかけられると私たちは信じている。
 実際には、それはデータ収集から始まった。物語独自の世界に到達するためには、その世界がどんなものであるかを把握しなければならない。私たちにとっては、それは、物語——フィクションもノンフィクションも——について、そこに登場する

人、場所、物の索引を作ることを意味する。したがって、それぞれの本ごとに、探究する価値のある興味深い話題の索引を作るようになったのだ。

次の段階は、つながりである。すなわち、ある物語の構成要素に対して、それと同じ要素を含む他の物語との関係を示すことである。例えば、ニック・ホーンビーの『ハイ・フィデリティ』（新潮社刊）には、ボブ・ディランの曲が多く登場するが、ディランの曲をたどって、その曲が登場する他の本をすべて見つけることができる。

この作業を多くの本に対して、最初は数十冊、そして数百冊、数千冊と進めていくと、ストーリーテリングの共有空間が出現する。本の構成要素がすべて集まっているので、読者が好きな方法で、物語は未来へ進み続けることができる。それは、もしかしたら『ハイ・フィデリティ』を読んで、そこに登場する音楽を全曲聴くことかもしれない。『スプーク・カントリー』の舞台となった場所、ロサンゼルスのミスター・シッピーの店を訪問して、ブロースッテド・ポテトを買うことかもしれない。要するに、どんなことであっても良い。

すべての根本にあるのは、本の「未来」とはその形式に関するものではないし、読書の方法でもない、という確信である。本の未来は、個々の読者と物語との間のつながりを拡大することにある。本という経験は、もはやページの中や読者の心の中だけに限定される必要はない、と私たちは言いたい。

出版において新しいことをする、すなわち、新しい市場のために新製品を作り出すとしたら、今までとは違う場所を見ることから始めると良いだろう。既存の知恵を捨てて、強く熱く激しい情熱のある場所、何か新しいものの核心へ向かって進もう。幸いなことに、この業界では、激しい情熱を持ち、誇張と倒錯を共有する人たちが、創作し、また消費している。この人たちの声に耳を傾けようではないか。

Web版URL（英語）
http://book.pressbooks.com/chapter/small-demons-valla-vakili

1　http://www.cosplay.com/
2　http://bit.ly/Nt8LPs
3　http://www.barbelith.com/cgi-bin/articles/00000033.shtml

㉓ 出版再考
——痛みを感じ、痛みを抑える
ジョン・オークス

John Oakes：ORブックス（http://orbooks.com/）の共同創業者。ORブックスは「進歩的な政治、文化、ビジネスノウハウを取り入れている」出版社である。

　（イギリスBBCの往年のTV番組「空飛ぶモンティ・パイソン」の中で、いまだに忘れがたい死んだオウムのエピソードがある。ここでは出版業界をこのノルウェーブルーのオウムと比較し、同時に出版の進化論を考える）

　突き詰めれば、痛みは目的をとげるための決め手である。痛い思いをしたことで、生き残った僕らは経験の大切さを学ぶ。もし何も学ばないなら、僕らの苦しみは続く——あるいは世界から消え去るか。

　現代の出版について話し合うとき、たったひとつだけわからないことがある。教養があり知的好奇心も強い大人たちが、しかも自由に決済できるかなりの資金を持っているにもかかわらず、どうして失敗したシステムを生かし続けているのだろう？　TV番組「空飛ぶモンティ・パイソン」で、ペットショップのお客役のジョン・クリーズ（John Cleese）がノルウェーブルーの死んだオウムをショップに返却しようとしながら言った台詞を引用すれば、出版は「完全に死んでいる」。止まり木にクギで打ち付けられた元オウムだ。止まり木にいられるのは、たまに生まれるベストセラーと既刊書の売り上げがあるからだ。それは直感とコネ、時代遅れの供給と生産のシステムによるものだ。環境的にも財政的にも悲惨なシステムだ。他に選択肢がないというならば、このシステムが長続きすることもわからないではない。しかし、

Part 3 本でできる実験——最先端プロジェクト

　選択肢はすでに存在している。独自の技術に基づいているわけでもない。本質的な問題は何より出版社の態度、新たな方向性に挑みたいのかどうかなのだ。

　そんなに昔のことではないが、僕は「赤の女王仮説（Red Queen Theory of Evolution）」のことを読んだ。そのコンセプトは、最初に1970年代のアメリカの進化生物学者リー・ヴァン・ヴェーレン（Leigh Van Valen）によって打ち出された。名前はルイス・キャロルの『鏡の国のアリス』に出てくる、血の気の多いチェスの駒にちなんで命名された。問題の箇所で、赤の女王はアリスに言う。「同じ場所に居続けるには、頑張って走ってないといけないんだよ」と。ヴァン・ヴェーレンはこのメタファーを進化に当てはめた。種が常に生存競争にさらされ、時を超えて自らを守るためには絶えず新たな形に進化し続けなければいけないことを示唆した。僕にはこのメタファーが、今日の出版業界を考えるにあたって意識しなければならない点を、正確にとらえているように思われた。成功と言わないまでも、安定へといたる幾千万もの異なる道がある。しかし、確実に大惨事へと向かう道がある。それはその場所に立ち止まることだ。

　僕はいろいろなところで仕事をしてきた。中規模の独立系出版社、家賃の支払いがギリギリというような起業ホヤホヤの若い出版社、決算書の最終損益よりもインテリアの方により関心が向いている人たち、「すべてを壁に投げつけて、何が壁にくっつくかを見る」式の、数撃てば当たる的で無秩序なやり方を編集方針としている人たち、長い時間をかけて本を磨き上げ、集中して入念な編集を行うことを信奉している人たち。すべての企業が、大小問わず、営業会議では恐るべき体験を共有している。そこでは、ある書籍が表現する小さな世界がなぜ出版の宇宙に加わるべきなのか、ほんの数分で判定が下されていたのだ。営業部隊のやる気は問題ではなかった。目がドロンとして、今期に売り込まなければならない数百ものタイトルに気絶しそうでも、あるいは活力と善意に満ち、博識で包容力のある営業担当者でも——いずれにしても、数日後、数週間後、営業部隊全員が問題のタイトルを速やかに営業する義務があり、やるからには、書店のバイヤーを同じように圧倒するのだ。
　この悲惨な訓練では、当て推量に当て推量を重ねた当て推量が山積みになっていた。編集者は営業担当者が書店のバイヤーを説得できるだろうと推測する。営業担

当者は書店のバイヤーが書籍を在庫してくれるだろうと推測する。書店のバイヤーは読者は買ってくれるだろうと推測する。最終的に判断するのは消費者である読者だ。判断次第で返品が全員に襲いかかる。結果は？　誰の得にもならない。著者にとってはどうか。次の本を書くのがさらに難しくなる。書店はどうか。貴重な棚が動かない商品に奪われることになる。出版社はどうか。書店にその書籍のコストを返金し、にもかかわらず印刷会社には支払いが生じることになる。印刷会社にとっても失敗である。なぜなら、どんどん不健全になる顧客が増えていく環境で仕事をしなければならなくなるためである。そして読者にとっても失敗である。書店と出版社はますます多くの「商品」を世に送り出しているにもかかわらず、その質はますます低いものになっていることに絶望する。

オルタナティブ

　インターネットと呼ばれる、この魔法のようなものがあると、売り手（出版社）は、膨大な数に及ぶ潜在的な買い手（読者）にリーチできるようになる。今にいたるまで、インターネットはたびたび出版界に働きかけてきた。実際、2009年のクリスマスの日、インターネットは歴史的なマイルストーンに達した（が、多くの人々には無視された）。この日初めて、アマゾンは金額ベースで印刷された書籍よりも電子の書籍の方をたくさん売り上げたのだ。

　ORブックスでは、出版をその根本から再検討することにした。
　僕らは編集、マーケティング、デザインワークには専門的な職業としての価値があると考えている。
　僕らの違いはここから先だ。僕らは返本を受け付けない。第一のビジネスは消費者に直接販売することである。僕らはプラットフォームに囚われない。そして、印刷された版と同時に電子書籍も発行する。僕らは営業担当者を持たない。そして書店を勧誘しない。しかし、もし書店が受け入れるなら、前払いかつ返本不可で、均一の割引率（50%）の販売を行う。必要な場合のみ、第三者より販売する。僕らは1ヶ月程度自社サイト限定の販売を行った後で、アマゾンでも販売する。

Part 3　本でできる実験——最先端プロジェクト

　僕らは販売会議をしない。僕らの書籍は、広告、メール、抜粋、プロモーションビデオ、著者の出演などを通してWeb上にて販促する。ごくまれに印刷された配布物でも販促する。僕らは極力伝統的な（書店と返本と法外な値引きを取引するのが好きな）出版社に書籍をライセンスするよう最大限努力する。半分位は、この方法で仕事ができている。他の出版社に書籍をライセンスしない時には、たいていは著者と一緒に読者獲得のための仕事をしている。伝統的なモデルではだいたい、成功は最初の数週間の間に書店の棚に置かれるかどうかに依存するが、僕らの成功はそこには依存しない。

　ORの課題は書籍のマーケティングにある。セルフパブリッシング（自己出版）の到来——これは技術のせいではなく、伝統的な出版の無力さが証明されたせいで、ここ数年活性化しているのではないかと僕は主張しているのだが——と、専門家を詰め込めるだけ詰め込んだリストのおかげで、読者は過去最多の新刊を毎シーズン見ている。何百万という新刊が毎年リストに加えられる。これは課題であると同時にチャンスでもあった。課題であるのは明白だ（どろどろの海を乗り越えさせないといけないのだ）。ほんの一握りの本しか、本気でマーケティングされていないからだ。そして在庫と販売に対する健全なアプローチを採用することによりORが節約できた多くの部分は、そのタイトルのプロモーションに投入された。

　ORは「革新的オルタナティブ」あるいは「実験的」と呼ばれる。しかし、多くの場合、我々がやっていることは「先祖返り」なのだ。僕らはアイディアを実際の原稿に落とし込み、注意深く編集し、そして何より、完成品のマーケティングに多大なリソースを割くことに出版社が注力する、そんなプロセスを提唱している。これらの一連の仕事は、かつては出版社の独占的な領域だと考えられてきた。しかし、この20年ほどの間で、執筆や編集はエージェントのものになりつつある一方、マーケティングは著者自身の責任範囲になりつつあった。僕らは発注を受けた分だけ印刷することにより、無駄を最小化している。僕らは在庫、卸業者を避けている。さらには、少なくとも書籍の寿命の始まりの時期においては、アマゾンを含めた書店やネット販売業者での販売も避けているのだ。

　単純な話に聞こえるかもしれない。実際、これは単純なのだ。そして僕らのモデルをいち早く理解した人々はエージェントと著者だった。そのような人々の中では、

彼らが伝統的な出版に触れていれば触れているほど、また彼らが産業のベテランであればあるほど、僕らがしようとしていることを積極的に受け入れようとするのがわかった。本を買う時、読者は、自分がアマゾンから買っているのか、それとも僕らから買っているのか、まったく気にしてはいない。自分の買った本の背に書かれた出版社の名前がランダムハウスなのか、それとも僕らなのかを気にしていないのとちょうど同じだ。結果として、僕らORブックスは、かなり速やかに著名な著者を安定的に確保できるようになり、トップエージェントが代理人を務めるようになった。そしてこの二十一世紀に、もっとも優れたレベルの書籍出版を、助成金も受け取らずに継続し、成長させる手段があることを、僕ら自身が確信し始めるようになったのだ。

Web版URL（英語）
http://book.pressbooks.com/chapter/or-books-john-oakes

24 公共図書館の終わり
（私たちが知っていたように？）

イーライ・ナイバーガー

Eli Neiburger：ミシガン州アン・アーバー地区図書館（http://aadl.org/）のITおよびプロダクション担当副館長。2007年に全米図書館協会（ALA）エディションズから出版された『GAMERS... IN THE LIBRARY?!』の著者。その他、図書館、コンテンツ、Webに関する数多くの著作、講演を行っている。Twitterアカウント：@ulotrichous

　二十世紀のメディアの爆発の圧力は、内側へと向かい爆縮を引き起こしています。インターネットによって出版業界は必然的にその姿を変え、新しい世界の中でくすぶり続けています。図書館、ことに公共図書館は、鋭い鞭で突き刺されながら、ニンジンを求めて無駄に走っている馬のような状態です。もともと公共図書館は、地域情報の収集・整理を目的として誕生しました。そして、二十世紀に起きた大衆市場向けメディアの氾濫に乗じて姿を変えていきました。あらかじめ中身の入った商業的な（そしてそのほとんどは娯楽的な）入れ物を集め、利用者に提供するようになったのです。図書館が新しく、独自の価値を持つためには、見過ごすことのできない絶好のチャンスでした。そしてそれは成功をおさめました。図書館というものは娯楽的要素で満たされた入れ物を、少しだけ不便なところもありますが、無料で一時的に利用できる存在だと、利用者から認められるようになったのです。

　デジタルテキスト市場の淘汰はやっと始まったばかりですが、そのプレイヤーと戦いの場はいつも通りの顔ぶれです。昔ながらの出版計画に付き従うかのように、出版産業を象徴するビッグシップ号はかなた海上を航行しています。遭難から身を守るためのレバーもノブもほとんどないままです。そして公共図書館も、相変わら

Part 3 本でできる実験——最先端プロジェクト

ず昔と同じで時代錯誤もいいところです。あちらの家でもこちらの家でも老舗家電メーカー、フリッジデール社製のピカピカの冷蔵庫があり、モーター音を響かせているというのに、その前を馬は氷荷車を引いて通り過ぎていくようなありさまです。

　出版社は、図書館に少し圧力をかけることが可能なこと、圧力をかけると夏が来るたびに図書館がガレー船上に率先して整列するということを知っています。彼らの本を買うために、です。出版社は自分たちのビジネスモデルに空いている穴は決して見逃しません。始まったばかりのeBookのビジネスへも、一時的に巨額の投資をしました。しかしeBookビジネスは、制御不能な多くの不安定要素に左右されて、事象の地平面が激しく揺れる辺りをぐるぐる回り続け、期待している見返りは今のところ宙に浮いたままです。出版社は公共図書館を重要な収入源だとは決して考えていません。eBookのビジネスモデルの中でも、公共図書館はアナログ時代とほとんど変わらない大きさの穴だと思われています。

　確かな根拠はあまりないにもかかわらず、出版社は直感的に、図書館で本を借りる一人につき、売り上げが一冊減ると考えています。ことにeBookを買い、それを一度読む利用者と、eBookを「借りて」一度読む利用者に対して、不満をつのらせています。しかし、これは最近になって明らかになってきた事実を無視していると思います。実際に図書館で本を借りる人のほとんどが購入することをまったく考えないそうです。そうであるならばすでに図書館利用者は出版社にとって、開拓の余地がない顧客だと考えられます。それに、eBookの値段は高すぎます。いまだ多くの出版社はこの移行期において多額の費用のかかるプロセスを踏んでいるからです。また、出版社の値付けに理解を示すアーリーアダプター（初期採用者）が相変わらずたくさんいる状況だからです。

　こうしてみるとeBookへの需要の高まりに直面している公共図書館には、ほとんど選択の余地はありません。自分たちがコントロールできないところで決められた、顧客が納得できそうもない制限をなすり付けられているだけです。「いいえ、あなたはわかっていない。私はeBookが欲しいのです。eBookなら順番待ちはないでしょうに。」くだらない信頼チェーン（trust-chain）のためのツール、そして図書館用の

別枠のライセンス価格、出版社側の制約的な条件を飲んでいるにもかかわらず、ますます「図書館は邪魔だ」と言われているのです。

その上、文字中心の読み物に関しては何の問題もなくどんどん拡大するネット市場による実質的なインパクトがあり、ネットをベースとしたメディアの拡散効果があり、これまで以上に急速に変化していく流行があります。これらは人気のあるものに対する欲求のピークは、これまで以上に針のように細く、高く鋭いということを意味します。今、新しくて非常に人気のあるものと公共図書館で出会いたい（あるいは出会えなくてがっかりしたい）と思っても、まずは不可能になっています。一方では、大会社が商業ベースでeBookの貸し出しをする図書館サービスの実験を行っています。これは公共図書館に対しては人為的な強制力で排除されているもので、著者は（もし出版社でないとしても）そこに加わることは良いアイディアだとみています。

最後に、所有権の課題があります。権利の消尽（First-sale doctorine）は長年にわたって私たちの味方でした。しかし、もし公共図書館に向けて売られる唯一のものがライセンスだとしたらどうなるでしょう。私たちはソフトウェアの信頼チェーンに頼らねばならず、そのライセンスにアクセスするためには継続して仲介者を通さねばならないということです。もしもそうなるのであれば、図書館は私たちのコミュニティに対して、いったいどのようにして資料への継続的なアクセスを保証できるのでしょうか？

何かをしなければなりません。

何をするべきでしょうか？

いろいろな意味で、ミシガン州アン・アーバーの私たちの公共図書館はこの状況の変化の最前線に立っています。アン・アーバー地区図書館（AADL）はテクノロジー部門に対して多大な投資を行い、二十一世紀の利用者の要望に応えるようにしてきました。またこのコミュニティの人々は読書や、さまざまな形態のメディアに対して非常に貪欲です。たとえば、すでに2008年時点で、AADLは一人当たりの貸

Part 3 本でできる実験——最先端プロジェクト

し出し冊数が最多でした。と同時にその年、アマゾンから購入した一人当たりの本の数でトップ5に入っていました。読者は本を借り、読者は本を購入しているのです。私たちのコミュニティにおいて、彼らはお互いに排他的ではなく、借りるのか購入するのかどちらか一方ということでもないのです。

　加えて、テクノロジー部門に対する投資と内部スタッフの専門的知識によって、目録とオンラインサービスの有用性を高めることができました。今、私たちの利用者が求めてくるものは、単なる大衆向け市場のeBookのオプションでは対応しきれないものとなっています。

　私たちは、利用者が求めているデジタルコンテンツを、利用者の期待にそう形で提供したいと思っています。利用者の理想は、紙の本の蔵書であれば、貸し出し冊数やリクエスト数に制限がないシステムということでしょう。私たちがデジタルのサービスを提供するのであれば、そういうシステムとして提供したいのです。標準的で、暗号化されていないファイルのフォーマットを使って互換性を確保したいのです。つまり、専有のソフトウェア、サポート、ライセンスなどを必要とせずに、どのようなデバイスを使っても表示ができるようにしたいのです。

　これが、現時点での出版界を取り巻く環境での重要課題であることはお気づきでしょう。私たちは大出版社やコンテンツプラットフォームに対して何の影響力も持っていません。そこで私たちは利用者、図書館、そして著作権所有者までも含めて、それぞれに機能するライセンシングモデルを作ることにしました。もちろん、彼らが今世紀でビジネスを行う用意ができていることが条件ですが……。

　「AADLデジタルコンテンツ契約」は「インディペンデント・ライツホルダーズ・オア・クリエイターズ（Independent Rightsholders or Creators）」との交渉に用いられたのが最初です。この契約によって図書館側は、館内のサーバから、合意されたファイルを、合意された期間、合意された額のライセンス使用料を支払うことによって、AADLの図書館カードを持つ正規利用者に対して供給することができるようになりました。契約期間の終了時には、再契約に向けての交渉をするか、さもなければサーバからコンテンツを取り除くことができます。

このライセンスには、DRM、利用管理、暗号化を行わないことを明記しています。AADLの利用者に対する使用条件も一切提示されていません。実際、私たちのストックライセンスではAADLの利用者に対し、ファイルのダウンロード、それをローカルで使うこと、また個人での使用目的で派生的な作品に作り替えることをも許可しています。

この方法であれば、デジタル配信の複雑さから解放されます。eBook、オーディオブック、ミュージック、ビデオなど、すべてのデジタルオブジェクトを、本来の姿、つまりWebサーバ上のファイルに戻してやるということです。利用者はログインしてファイルをダウンロードすることができます。それだけです。図書館に返却する必要はありません。用がなくなったら捨てればよいのです。

これは、交渉相手の著作権所有者の理解を得られるか、得られないかによります。利用者は情報を図書館に返却する必要はないはずです。なぜなら、利用者は過去においても、図書館で得た情報の返却を迫られたことは一度もなかったからです。返却したのは入れ物だけだったはずです。デジタルオブジェクトは返却しなくてもよい。なぜなら図書館は相変わらずそれを所有しているからです。ライセンスによって制御されなくなったデジタルコンテンツは、魔術と見分けがつかないものなのです。

私たちのライセンシングモデルは貸し出しではありません。ダウンロードです。ビットを貸し出すなんて意味をなしませんし、どのようなビジネスモデルを用いてもそれを変えることはできません。あるものが無限に複製可能な場合、流通の過程においてそれを少なくしてしまうことはできません。これは図書館の概念を完全に壊してしまうものです。しかし、共有の経済学はまだ理にかなっています。この場合、コミュニティは資金を集めて小売りされる入れ物を買い、そして共有するのではありません。そうではなく、コミュニティは、著作権所有者を守るために集めた資金で前払いをして、入手したいものの解放を求めるのです。コミュニティは、個人のコレクション用にこれらの作品の拓本をとる能力を与えられたのです。

利用者は、専門家によって選ばれた高品質のファイルのコレクションから、簡単

にダウンロードすることができるようになりました。標準契約にはAADLの利用者がこれらのファイルをどのように使ってよいかが明記されています。図書館は、永続的に維持できるクロスプラットフォームのコンテンツを手に入れ、即座に需要に対応することができます。著作権所有者は、いつ届けられるか予想もつかない多くの小額の小切手のかわりに、定期的にまとまった額を信用のおける小切手で受け取れるようになります。そしてもし、さらに多くの図書館がこのモデルをサポートする技術、法律、購入に関するインフラを持つようになれば、著作権所有者はこの収入源を増幅していくことが可能です。

なぜ可能なのでしょうか？

　もちろん、このダウンロードコレクションは、誰もが今までほとんど聞いたことがないものです。一般大衆用のものは、このような条件でのライセンス契約では利用できないばかりか、おそらく将来的にも不可能かもしれません。しかし、ニッチな作品や、高品質のコンテンツを生み出している作者たちにとって、このライセンスはまさに双方にとって利益となるものです。ライセンス料金を一回限りの販売に対する代償とみなすかわりに、料金の設定は、著作権者が契約期間内に5万4000人の図書館カードの所有者から一体どれほどの収入を期待するかによって行われるのです。ニッチなものの作者でしたら、図書館側にとって彼らの期待する額を上回るのはそう難しいことではありません。彼らがしなくてはならないのは、ライセンス契約に同意をし、私たちのサーバにファイルを送ることだけです。
　彼らは、世界中に自分たちの保有するコンテンツを解放しているのではないのです（ことにそれはすでにそこにあるので）。彼らはただ、5万4000人の人々に、一年内外の期間ダウンロードすることを許しているだけなのです。彼らは一回限りの販売をする人々から前もって得る金額よりも、多い収入を受け取れます。そして図書館は利用者のために、維持可能で、利用に適したデジタルコンテンツを得ることができるのです。こうしたやり方は、図書館が時間がたつとともに古い作品に対する興味を薄めていくことから、著作権所有者にさらに次の作品を生み出す動機づけをすることにもなります。当然起こりうるこの図書館側の興味の減少によって、作者

はライセンスの契約更新の時に新しい作品を持ち込んでこようとするでしょう。それによってライセンス料を高くしたままでいられるのです。あるいはこれが図書館側が所有権のようなものを得るための道となるのかもしれません。つまりいつの日か、図書館が古いファイルを永久的にダウンロードしておけるライセンスを取得するのです。外部からの支配、インフラ、許可などとはまったく無関係に。

このビジネスモデルは、独立系の老練な出版社のビジネスにはあまり影響しませんが、大衆市場向けのコンテンツのデジタル配信に関しては、もうすでにかなりはっきりとした線が引かれてしまっているのが事実です。そこで一体誰が勝つかはさておき、負けるのは図書館です。私たちはどちらの団体にも招かれることはありません。理由は単純です。デジタルコンテンツを配布するライセンスを図書館に与えるなどというビジネスはまず成立しません。捨てばちになって一時、鉱脈を掘るほうがまだビジネスになると認識されているからです。複数の商業出版社の市場が合併し、すべてひとつの有料貸し出しモデルのもとに集まる。そして図書館には、それでもまだ私たちに売ってくれる独立系の出版社だけが残されます。それはポピュラー小説の仕入れ担当にとって終末的に響くかもしれませんが、図書館は常にロングテールであり続けて来たのです。大きな高く鋭いピークは、私たちが千年にわたって続けてきたビジネスでは侵入者に等しいのです。

すべてのものがどこにでもあるとき、図書館は、そこ以外の場所では手に入らないもの、どこを見ても手に入るもの以外のものを、提供する、あるいは作り出すことに専念する必要があります。独立系の出版社との関係を築き上げるのは図書館にとって何も新しいことではありません。彼らとともに私たちはユニークで質の高いコンテンツを図書館の利用者の前に差し出します。そして今世紀で本当に価値のあるビジネスを育て上げていくのです。

かすかな望み

このアプローチはある好機を提示しています。私たちは生産者（著作権所有者）と消費者（読者）の関係を再構築することができるのです。唯一の仲介者は公共図

Part 3　本でできる実験──最先端プロジェクト

書館だけです。素晴しいことではありませんか？

　コンテンツ産業全体がアップルのApp Storeにとってかわられる（the app-storification）日が来てしまったらどんな世界が待っているのでしょう。図書館はコンテンツに対して本物のお金を支払う、私たち側の条件にそっているという前提はあるでしょうが、わずかにひとつだけ残された場所となるかもしれません。ほとんどのベーシックなコンテンツが、出現当初の衝撃とはかけ離れた安い価格で流通しているとしたら、図書館とのライセンス契約は、投機的な前払いビジネスが燃え尽きた後の、唯一の現金収入となるかもしれません。

　取引にかかる経費も問題です。図書館にとっては何千もの出版社や製作者とビジネスをしなければならないことが予測できますし、また市井の著作権者にとっても何千もの図書館とビジネスをする必要がでてくるかもしれません。そこで著作権者に対する報酬の流れを安定させ、一本化させながら、図書館側の購買力を集合するという新たな可能性が生まれます。巨大メディアの関心だけが集まるテーブルの近くで行き止まっているのはもう、やめにしましょう。図書館は製作者のビジネスのより重要な部分となり、お互いに協力しあって図書館の利用者、出版社、製作者などの益となる事ができるのです。

　デジタルコンテンツは、公共図書館のとどめを刺す必要はありません。図書館はコミュニティに対する価値を多様化させ得るのです。コミュニティにユニークな価値をもたらしてくれる現物コレクションの貸し出しをさらに発展させることも可能でしょう。コミュニティの購買力を集中させ、アーティストの支援をすることも夢ではありません。良い作品を生み出している個々のアーティストが本物のお金を払ってくれる観衆のために継続的に作品を生み出してくれるようにすることができるのです。可能性を拒否するのではなく、デジタルフォーマットを含めた包括的なライセンス契約をすることによって図書館は利用者に無料のメディアをダウンロードする機会を与え、また著作権者は有料のメディアを売る体験をすることができるのです。

　そこに到着するために私たち全員がしなければならないのは、大ヒット作を追い

かけることをやめ、私たち自身の法律的、事物的なインフラに対する責任を持つことです。将来は私たちが創りあげるものです！　がんばれ、チーム図書館！

Web版URL（英語）
http://book.pressbooks.com/chapter/ann-arbour-district-library-eli-neiburger

25 今は実験のとき

イアン・バーカー

Ian Barker：シムテキスト社（Symtext）の創業者。本書の誇り高き貢献者。シムテキストの「リキッドテキストブック（Liquid Textbooks）」は、学生のために教育者が教材を収集し整理できる教材向けプラットフォームで、学校、教育者、出版社などに幅広く使われている。Twitterアカウント：@irbarker

　私は教育向けテクノロジー・コミュニティの一員として、また起業家として、2009年にクレイ・シャーキー氏（Clay Shirky）が書いたブログ「新聞、そして考えられないことを考える（Newspapers and Thinking the Unthinkable）」[1]は、私たち出版界に生きる人間が必ず読まねばならないものだと思っています。そこでは、新聞の収益の破滅的な減少、今後のオンライン版および紙版についての不透明感、可能性のある新たなビジネスモデル、そしてジャーナリズムの将来について語られています。

　シャーキー氏は現在を、印刷機が出現して社会に大変革が起こったグーテンベルクの時代になぞらえています。あの激変は基本的に既存の権力構造を弱体化させ、1500年代に住んでいた人々の思考と行動とを一変させてしまいました。シャーキー氏は新聞界の現状を「私たちは運がいい。あの時と同じような変容と不確実性の中に生きている」と見事に論じました。彼は業界全体の不安を、わずかな慰めを交えつつ巧妙にとらえています。

　「クレイグズリスト（Craigslist）は『マイナーなら面白い』から『本質的で有益なら』へと次第にシフトした。そこに『もし古いモデルが壊れたら、何が代わり

に機能するのか？』という問いに対するひとつの答えとなり得るものがある。それはつまりこういうことだ。**一切合切が機能を失う。しかし、もしかするとあらゆるものが機能するかもしれない。**（太字はシャキー氏ではなく私）。今は実験のとき、数えきれないほどの実験をする時だ。ひとつひとつはクレイグズリストやウィキペディア、そして八つ折版の本（オクタボ）が初めて登場したときのように、大したことのないものに見えるだろう」

「**一切合切が機能を失う。しかし、もしかするとあらゆるものが機能するかもしれない**」私はこの言葉が大好きです。もし現在の状況を何とかしたいと思っている人々に明るく福音が響き渡るとしたら、それはまさにこの言葉です。以前の新聞業界と同じように、出版業界はすべての分野にわたって途方もないプレッシャーと不確実性に直面しています。私たちが愛するインターネットは、偏在さ、豊富さ、迅速さを提供しています。デバイスやソーシャルツールは、突進的で、貪欲で、注意力に欠けるデジタル世代に油を注いでいます。そんな世代の若者が今、有名な出版社や教育機関の入り口に腰を下ろしているのです。ネット上にはさまざまな統計があり

電子教科書の売り上げ
年度別売り上げ予測

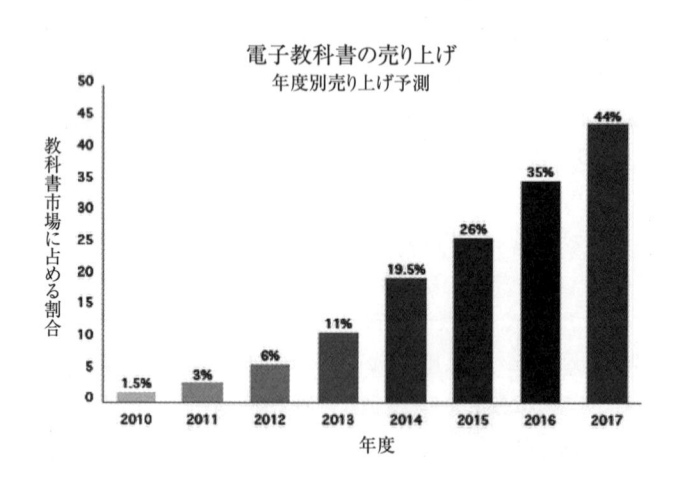

年度	教科書市場に占める割合
2010	1.5%
2011	3%
2012	6%
2013	11%
2014	19.5%
2015	26%
2016	35%
2017	44%

図25-1　電子教科書はアメリカの高等教育で転換点に近づいている。
改訂5年間推定
（出典　http://www.nextisnow.net）

ます。価格の効果[2]、eBook の小売店の影響力[3] を見てください。これは新しい世界です。これから一体どの方向に向かって行くのか誰にも予測できません。

　教育関係の出版が現在、大きな変化の真っ只中にあり、激痛にみまわれていることを示すもうひとつのデータがあります。それはベンチャーキャピタリストの動きです。彼らは、教育関係は鈍感で変化する気配がなく、市場として活力がないとして避けてきました。ところが、ここにいたって突然、教育に関連する市場[4]の三本柱のうちのふたつ、つまり学校と本が変化しているということに注目し始めたのです。教育に関するテクノロジーへの投資はまるで洪水のようです。そのほとんどは教材と教育そのものの再発明の加速に向けられています。

　突如湧き出した需要とハイレベルの投資は新たな現実を引き起こします。急激な

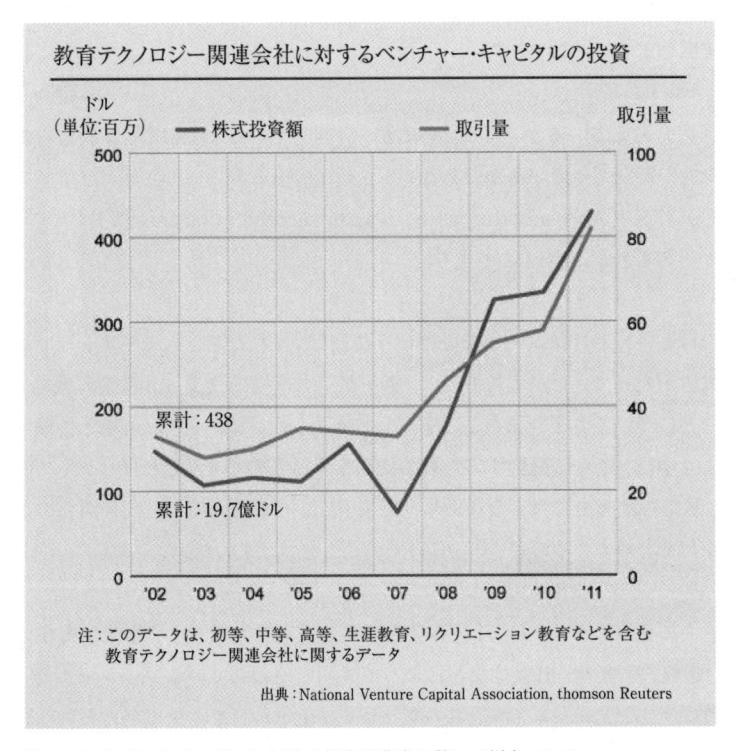

図 25-2　教育テクノロジーに対する投資は非常な勢いで増えている。

Part 3 本でできる実験——最先端プロジェクト

変化が起こるスピードと可能性とがますます高まります。iPadやそれと競争する幾多のタブレット、Facebookのようなソーシャルメディアのプラットフォーム、そしてまだ現れていない未来の新技術が、これからの数年間に教材出版界を混乱させないわけがありません。ではどうしたらよいのでしょうか？

そのためにまず、シャーキー氏の言う「一切合切が**機能を失う**。しかし、もしかするとあらゆるものが機能するかもしれない」を参考にしてみましょう。限られた予算、減少する収益の環境の下で、非常に多くの可能性の中から**機能する**ものを見つけ出すことは決して容易ではありません。しかし試さないことには学ぶこともないのです。論理的、科学的に実験をしなければ何のデータを得ることもできず、実行に移すためのしっかりとした基盤も持てません。もちろん、他の人々が行っていることを見ることによって学ぶことはできます。しかし、見ることと実際に行うこととには非常に大きな差があるのです。今はまさに「実験のとき、数えきれないほどの実験をする時」なのです。

「何を考えているか、言っているか、計画しているかではなく、肝心なのはあなたが何を行っているかである」
——『REWORK: a better, easier way to succeed in business[5]』
　37signals Manifesto より

口だけというわけにはいかないということです。私たちシムテキスト社では過去何年にもわたって、ビジネスモデル、ターゲット市場の改良、市場参入戦略、製品開発などについてさまざまなことを試してきました。ビジネスは市場と接触することにより学び、さらに発展するための調節をするものです。それはビジネスの常識です。私たちは過去に大きな失敗も犯しました。しかし同時に、教育関係の市場で顧客が何を求めているのか、非常に多くのことを学びました。

私たちのシムテキストは、「教育者が収集し整理した教材」を学生に提供するために、学校、教育者、出版社などによって共同で使われているソーシャルラーニング向けプラットフォームです。このプラットフォーム内で学生に与えられる教材が置かれているところを「リキッドテキストブック」と呼んでいます。リキッドテキス

トブックに含まれているものには、有料のもの、オープンなもの、テキスト、マルチメディア、教育者が著作したもの、あるいは大手の出版社から入手したものなどがあります。これらのすべては著作権の管理が完全になされて、オンライン、あるいはオフライン、特定デバイス向け、そしてオンデマンド印刷などのプラットフォームへの配信がされるようになっています。

　私たちは、章、事例、発表、ビデオ、自作のものなど、ふつうでは「バラバラ」の教材を集め、整理し、そして配布します。一般的なものと比べると、私たちの行っているカスタマイズ出版は、学生が購入する率が高く、出版社に新しい商売の機会を与え、学校にとっては教材によって生み出される収入と検証用のデータを取り戻す道となります。

　出版社に対しては、教材を分析し、価格設定に合意し、さまざまな許諾を与えます（例えば、許可できる市場とか、印刷可能か不可能かとかに関連したプロセスを明らかにします）。私たちはひとつの教材について複数の価格や許諾の条件を持っています。出版社が望めばある市場では教材を商業的なものにし、他の場では共有するというようなことができます。

　個人レベルでもこのカスタマイズは同様です。シムテキストのプラットフォームは特定の学生に対し、それぞれ個別の価格または許諾の条件を与えることが可能です。料金請求と著作権料管理の他に、学習管理システム（LMS）で教育機関内での学生のアクセスを管理します。シムテキストでは出版社や教育機関用に、きめ細かな評価指標を設けてプラットフォームをその出版社の配信サイトとして提供できます。私たちはいろいろなところから教材となるものを集めてきます。ですから、質のあまり高くないデジタルファイルもあります。そこで、検索可能で必要なところに印をすることのできる（つまり、利用価値のある）コンテンツに直せるプラットフォームにすることを特に配慮しました。これらはみな、世界に通用するコンテンツを作ろう、そして高い要求水準を持ち、デジタルの世界に詳しい学校、教育者、学生らに提供しようという挑戦から得られたものです。

　学生たちはリキッドテキストブックの中で、リミックスされたものにアクセスし、お互いの関係を保つために利用します。それはデバイスに依存しない、クラウドベースの、HTML5に準拠したリーダーです。学生は教育者が自らの手で選んだ教材を、

Part 3　本でできる実験——最先端プロジェクト

どのようなデバイスでも使えます。私たちのプラットフォームを使って、学生はメモを加えたり印を付けたりしたものを、クラスやセクション内の他の学生たちにリアルタイムで利用させることができます。私たちはこのWeb生まれで、統合されたマルチプラットフォームによるアプローチが、真にインタラクティブな社会的学習の場を提供するために不可欠なものとみています。

　これらの機能のいくつかは、注釈追加可能な(annotatable) PDFなどでも実現することはできますが、固定されたものをただ単に提供するだけでは十分ではありません。学生たちは教材や学習の体験が、自分たちが、ふだん他で行っていることとはかけ離れた、何か別のものであると拒絶反応を起こします。

　これについてもうひとつの事例があります。2007年に始まったEdmodoは、学校のためのFacebookのようなもので、650万人以上もの学生が利用していると報告されています。この成長ぶりはもうすでに何百万人もの学生がソーシャルサービスを取り入れているということを示しています。ポイントはEdmodoで何ができるかではありません[6]（もちろんそれは出版社に直接影響を及ぼしますが）。学生は既存のオンラインでの行動と一貫性のある方法で教育用プラットフォームとも取り組むということなのです。

　いくらファンシーな包装をしたとしても、PDFの配信にはその一貫性がありません。私たちは、ソーシャルWeb、素晴らしく進化したデバイスの出現、欠乏にとってかわる豊かさ[7]、そして教材に手を加えたいという欲求とがひとつとなって、教材市場の需要者側を基本的に変化させているということに着目すべきです。学生、学校、そして教育者たちは現在得ているものよりもはるかに多くのものを求めているのです。

　これは、非同期学習、ブレンデッド学習〔eラーニングと対面学習を組み合わせた学習方法〕、チームまたグループでの共同学習、グリーン消費〔環境負荷をおさえた消費〕のパターン、コストへの懸念（お金に対する価値）などが台頭してきたことに見られるように、はっきりとした事実です。もちろん、オンラインシステムから作り出される莫大な量のデータに対する私たちの飽くなき知識欲も含まれます。これらの傾向から、いずれも従来の教科書の形態を続けようにも続けられないことがわ

かります。そして明らかに、私たちの今日は、明日とは比べものにならないということを示しています。

　教材のサプライヤーや、それを配信するプラットフォームのプロバイダは、ともにこれらの傾向を把握し、利用すべきです。何もせずに待つことは、将来の脱出口とは逆方向に、今いる穴をさらに深く掘り進むことと同じです。「今は実験のとき」なのです。

　さて、ことにオンライン配信とカスタム型デジタルパブリッシングについて否定的な人々がいます。出口アンケートによると、学生のなかにはいまだに紙版を好むものがいます。またカスタムコンテンツ一式をデザインするとなると、かなりの割合の教育者たちが、皮肉にも彼ら自身のことを「なまけもの」と称します。これは幅広い普及への明らかな障害です。もう少しやわらかくこれら消極的な教育者のことを教育に「集中している」と呼ぶに留めましょう。このアンケート結果を教科書形態への頑なな固執とみなすことができます。教科書とは、ある意味で、印刷物をほぼ完全に具現したようなものです。

　シムテキストで、私たちは反対のことを主張しています。教材のオンラインプレゼンテーションは飛躍的に向上しています。使いやすさが向上するにつれて、電子コンテンツに対する抵抗は急速に消えつつあります。私たちはその流れから逃げることはできません。

> 「今後5年間で、米国における高等教育とキャリア教育市場向けの新しいデジタル教科書の売上高は25％を突破するだろう」[8]
> ──「NEXT IS NOW」より

　教育者は、教育、研究、雑用など抱えきれないほどの仕事で忙殺されています。そのため私たちは出版社、学内のスタッフと協力してリキッドテキストブックの立ち上げと配信の手助けをすることにしました。教育者たちは文献リストを用意し、それにコメントを付け加えることさえすれば、配信できるようになりました。

　私たちは「普遍性」アプローチを採用しました。カスタムアセンブリー型モデルでは、高度に組み立てられた教材よりも、教育者が選定したものを配布することの方

が重要です。教育者がほとんど苦労することなく、お金も使わず、学習者に優れた教育を施すことができるよう、非常に多種類の教材が教育者に行きわたるようにしました。アンケートによると、学生はインクリング（Inkling）のようなプラットフォームから入手できる高度に組み立てられたコンテンツを好むということですが、教育関係出版社から得られるコンテンツのほとんどは、そのようなプラットフォームで使えるようには作られておらず、またそのほとんどは将来もそうなることはないのです。

シムテキストでは、次のような原則でプラットフォームを提供するようにしています。

- 教育者が非常に優れた教材を配布できるようにする。
- 出版社が持っているものの中からターゲットとするものを戦略的に選ばせる。
- 商業化するためのさまざまな技術をサポートする。
- 大きなソーシャルWebと相交わることができる。

一流のコンテンツを持つ出版社は、シムテキストのプラットフォームを利用して史上最大の規模で、そして非常に安い購入価格で、学生にアプローチすることができます。私たちはみな教育を良くしようという願いで仕事をしているわけですし、このアプローチはすべての関係者を大きな勝利へと導くでしょう。

デジタル教材への大きな動きとは別に、シムテキストのアプローチはいくつかの流れと一致しています。言い換えますと、必要なものはすべて、今手に入れられるようにしたいのです。私たちは皆、iTunesのトラック、特定のポッドキャスト、新聞サイトの記事などを瞬時に入手できるインターネットに慣れてしまっています。それと同じような考えは高等教育の場ではまだ現れていません。忙しすぎる教育者の問題の解決も大切ですが、ユーザー体験（User Experience: UX）の改良は一刻も早くその方向で行いたいと思っています。

これは容易にリミックスできる教材、つまり綴じられていない教科書に対する需要が教科書を根絶させるということではありません。人々や市場は複雑です。何ごとも一本調子ではいきません。私たちは、「紙版」教科書の売上高の減少を、教科

書の改版サイクルの終わりと、利用者のためにすぐに章を（適切なレビュー・プロセスの後、ほぼ即時に）最新化するバージョン管理の導入の前兆だろうと仮定しています。同時に、現行のレビューと改良のプロセスをもとに、専門家が勧める章を選ぶケースも増加するとみています。

　教材市場において、バージョン管理が教科書の改版サイクルに取って代わった場合、そこにかなり深刻な結果が現れます。誰でも気づくことですが、教科書のレンタルはどうなるでしょう？　使用済みの教科書の在庫がなければ、貸し出すことも困難です。それが章ごとにするとかeBookにするとかでしたら容易に作ることができますが、一般的な教科書はどうでしょう？　どのようなビジネスモデルが現れるでしょうか？

　教材が需要に即座に対応して作り出される世界では、価格はどのように影響を受けるでしょうか？　おそらく私たちはブレンデッドプライシングにもっと容易に移行できるかもしれません。ずっと持っていようとか、購入しようとかは思わない教材を「借りて」、永久に長い時間持ちたいと思いますか？　明らかに偏った視点だとは思いますが、さまざまなソースから支障なくリミックスができ、ソーシャル体験に対応する、デバイスを選ばないプラットフォームへの需要はますます増えていきます。重要性は高まるばかりなのです。

　私たちは教育市場のさまざまな分野に携わる人々と仕事をしてきました。いまだに、出版社固有のプラットフォームを多数管理することに興味を抱く大学教授、キャンパス・ストアのマネージャー、そしてIT部門のトップには出会ったことがありません。同様に、コンテンツを教室の中に配信することが実際ますます複雑化し、カスタム化することに異議を唱える人にも出会ったことがありません。

　出版社が、すべての人々のすべてのニーズに応えようというのは、いよいよ実行不可能なことになってきています。例外はありますが、出版社が文化の礎である読むべきものを生み出しているのと同じ水準で、ソフトウェアの開発の技術を持つということは、事実上困難でしょう。しかし、出版社は何か意味のある方法でこの期待に応えるべきです。

　この本の他の章[9]でも述べられているように、出版社がこの連続する変化に対応

Part 3　本でできる実験──最先端プロジェクト

して取り入れることのできる生産テクノロジーは、今急速に進化しています。シムテキストは配布により多く焦点を当てています。数多くの配布システムや、ビジネスモデルの中からどれを選べばいいのか迷った時に、人によっては、そのうち誰かが答えを出してくれるだろう、待っていれば何とかなるだろうと考えるかもしれません。それはまさに災いに飛び込んでいくようなものです。答えのひとつはシャーキー氏のアドバイスを受け入れ、多くの実験を行うことです。私たちはいまだ完全な答えを手にしてはいませんが、挑戦はすでに始まっています。次は出版に関してシャーキー氏が2012年の4月に発表したもの(10)です。

「出版は進化しているのではない。出版は消えかかっている。なぜかというと「出版」とは多くのプロフェッショナルが集まり、非常な困難と複雑さと出費とをへて何かを世の中に送り出すことを意味するからだ。それは今やもう**仕事**ではない。それは**ボタン**なのだ。「出版する」というボタンがある。そしてそれを押すだけでことは済むのだ」

刺激的な台詞です。「コンテンツ」の氾濫を誘発するツールは、出版社の伝統的な活動全般とは相似ていないものです。ただいくつかの点で出版社の核をなす活動をさらにいっそう価値あるものにします（たとえば、キュレーション）。しかし、脅威のレベルが高まっています。もっとも大切なのは**行うこと**、ビジネスモデルとテクノロジーの実験を迅速に、インタラクティブに、そしてリスクを最小にして行うことを理解すること。まったく予想がつかない、急激に変化していく環境の下で出版社がやらねばならないことのひとつは、戦略的資本投下によるリスク・マネージメントです。リスクを少なくするには、新しいテクノロジーの開発にかかるコストを提携先に移すということも含まれます。提携先を活用し、新しいテクノロジーを生み出させましょう。

新しいテクノロジーに対する投資を軽減できれば、出版社の中核的な事業へ資金をもっとまわせるようになります。有効活用ができるようになった資金をもとに、出版社はさまざまな場所にいろいろなマーカーを仕掛けることができるようになります。実験の幅を広げていくことによって、時とともに出版社は収益を最大にする

物流活動一式を見つけ出す確率が高まります。出版社は、無駄を押さえつつ、読者に近づく能力を高めることができるのです。それは試すに値する実験です。

Web版URL（英語）
http://book.pressbooks.com/chapter/symtext-ian-barker

1　http://bit.ly/18tDhy
2　http://on.wsj.com/Agp7tu
3　http://nyti.ms/pnhCh9
4　http://bit.ly/cbFiDa
5　http://bit.ly/9IjtB6
6　http://about.edmodo.com/
7　http://bit.ly/alQdfu
8　http://bit.ly/J0Iq5I
9　http://bit.ly/tbkvQi
10　http://bit.ly/I0LX62

㉖ 忘れられた消費者

ジェイコブ・ルイス

Jacob Lewis：十代の若者たちが新たな読み書きを創造し、発見し、共有するためのオンラインコミュニティ「フィグメント（Figment http://figment.com/）」の共同出資者兼CEO。フィグメント創業以前には、12年以上在籍した『ニューヨーカー』誌、および「コンデナスト・ポートフォリオ」のマネージング・エディターを務めた。ニューヨーク州ブルックリン在住。

非効率な市場

　1990年代の初め頃、イタリアの港町ブリンディジで、数人の露天商が英語の本の海賊版を路上で売っているのに出くわした。製本は雑で、コピー機で作られたとおぼしき代物ではあった。だが安かったし、長い船旅には十分だった。私はその海賊版を二冊ほど買うことにした。

　売り手だけがもうけるコンテンツ泥棒は、書籍業界にとってはむろん、歓迎すべからざることに違いない。向こう側の論理にたてば、ブリンディジの露天式商売は、賢明な出版モデルといえた。露天商たちは驚くほど効率的なマーケットを作っていた。彼らは、そこにやってくるのが誰なのか──すなわちヨーロッパ中をバックパッキングしている、金にもリュックのスペースにも余裕のないアメリカの若い連中が商売の相手であることを、正確に把握していた。そして、そういう客の選択に最大限に応えるような商品を仕立てていた。

　今日、出版業界にはいかなる種類の効率性も見当たらない。ブリンディジの露天

Part 3 本でできる実験——最先端プロジェクト

商と違って、出版社（とほとんどの小売業者）は、たとえどんな日であれ誰が現れるのかなど知るべくもないし、購入はおろか、人々が何を読みたそうなのかもわからずにいる。予想される市場規模や、その本がどの程度のポテンシャルを持っているかなど、個々の本について使える情報はほとんどない。売上データは結果であって予測ではない。出版社は新しいジャンルやテーマや主張を作り出しては、当てっこをしているようなものだ。

そもそも出版はデータとは無縁に過ごしてきた。出版業は、人間関係と主観、すなわちエージェントや編集者、バイヤーのひとりよがりな価値観でやってきたのだ。うぬぼれ[1]、過剰反応、表層的な偏見や情報バイアス[2]、個人的な好みの組み合わせ。すべてはビジネスセンスの著しい欠如を示している。今どきの出版社は与えられた本の3割分しか金に換えられないのである。彼らは需要をみるのではなく、供給サイドの都合でことを始める。けれども、新しいコンテンツを作るにせよ売るにせよ、いわんや海賊版であったとしても、まずは需要を知ることが効率的な市場への鍵なのだ。

問題は、出版社が自らの消費者と消費行動について、ほとんど認識していないということだ。セオリー通りなら、消費者の需要こそが生産量の決定要因でなければならない。しかし出版においては、コスト、数量、販促費など、生産に関わるあらゆる重要な決定事項は、消費者抜きで決められている。だが不定形な人びとにむけて、毎年数十億部もの単位で販売をたくらんでいる業界では、量や価格、流通の問題は、生産だけではなく消費者の需要と不可分なのだ。

コンテンツの取得、編集、製作、流通にはすべて資本と労働が必要だ。人々がコンテンツに金を払いたいと望んでいても、出版社は需要がどこにあるかわかっていない。古い価格収縮モデルと同じく、このような非効率的な市場には、正しく需要を予測し、製品価格をつけるために必要な情報が欠けている。デジタル市場の即時性と透明性は、個々の販売を促進し、決定するのに有用だ。**もしも、出版社がそうした情報をたぐり寄せることができれば、だ。コンテンツではなく消費者を得ることが、出版社の最大の資産になるだろう。**

需要を知ってただちに満たせば、誰でもうまく商売ができる。消費者への直接販売は、中間の卸売業者と同様に、出版社の選択肢にはなかった。その中でデジタル

小売業者（この場合はアマゾン）が消費者のデータを手に入れ、単なる仲介者以上の存在となったのは、驚くことではない。

残念ながら、出版社がアマゾンと繰り広げてきたのは、彼らの立場からの闘いであって、そこに消費者という視点はなかった。むしろ出版社は価格を支配したがっている。彼らがアップルその他に出した回答（いわゆるエージェンシー価格）は、すでに談合と価格強要に相当するとして、司法省から告発されている。

出版社が顧客を知り、そこから学ぶことができるかどうかは不明である。現在、本作りに携わる人々は、ソーシャルネットワークの世の中にあってなお、読者になりうる人々と接することなく過ごしている。未来の読者はファンページやWebサイトを開いて、人が訪ねてくるのを待っている。どんなビジネスでも消費者を見つけることは難しいし、ブランド力が小さければなおさらだ（一部の人々は、きちんとした出版社であるかどうかを書籍購入の基準においている）。出版社にとって読者を見つけることは、新たな作家や本を発見するのと同じぐらいに必要なことなのだ。

毎年30万点以上の書籍が世に送り込まれ、250万点以上が自費出版されている。消費者にはそれらをすべて分類する機会がないし、出版社には、本の販売につながる同好者のコミュニティを見つけ出す機会がない。現実の書店はもはや死に体で、それとともに本を見る機会も葬られつつある。他方、オンライン小売業は需要主導型のビジネスである。そこではすでに読者をつかまえて要求に応えているかもしれない、と考えてほしい。出版業が迎える転換とは、デジタルコンテンツと流通の問題ではない。それは消費者のコミュニティを見つけて認識することなのであり、技術を使ってどんどん発見していくことなのだ。

作家と読者のコミュニティ

私は「フィグメント（Figment）」と呼ばれるWebサイトを運営しているが、このオンラインコミュニティは、十代の若者が新たな読み書きを創造し、発見し、共有するのを手伝う。フィグメントでは、ユーザーがアマチュアやプロの書いた物語を読

み、またそれぞれが自由に創作して、Webやモバイル・プラットフォーム上の仲間と作品を共有できるようになっている。フィグメントのユーザーは、書き友だちとつながったり、互いの作品をフィードバックしたり、創作の壁に行き当たった時の克服の仕方から、好きな悪玉の話にいたるまで、文学についてのあらゆることを議論することができる。

　我々はたった1年あまりの間に、22万人以上の登録ユーザーからなるコミュニティを構築した。これらのコミュニティのメンバーは、詩から複数章にわたる長編小説まで、約35万に及ぶ「本」を投稿した。ユーザーはなおも毎週3000人ずつ増え続け、日々、約1000の新しい本が生まれている。

　フィグメントのアイディアは、私のビジネスパートナー、ダナ・グッドイヤー（Dana Goodyear）が『ニューヨーカー』誌に書いた記事がヒントになった。ダナは、ソーシャルネットワークの衝突や、書籍のデジタル化（ケータイ小説）が示すような現象をリポートするため、日本を訪れた。日本では、思春期の女の子が携帯電話を使って書き、共有し、長編小説を読んでいた。彼女たちは、ケータイ世代における最初の文学ジャンルを発明していた。

　日本のケータイ小説は、有機的に生まれた。携帯電話の画面は、十代の若者たちが創作したややこしいメロドラマを載せる、原稿用紙のようなものだった。典型的なプロットはこんな具合だ――16歳のメイは、ユウヤに恋をしているが、彼はメイの妹が好きだった。それでメイはタカと恋に落ちるが、彼女の親友もタカを愛していて、ビルから身投げをしてしまう。友人は回復したものの記憶を喪失したため、メイはタカを愛する自由を得たが、彼はメイに辛く当たるようになった……。

　日本の文学界の評価に同じく、読者もこの話を出来の悪いテレビドラマのように感じたかもしれない。しかしこの物語は、大量のデジタル読者を獲得したのちに本として出版され、ベストセラーリストに躍り出た。アイディアやプロットで決めつけてしまいたくなる衝動を、コミュニティの力が上回っている。ストーリーは陳腐かもしれないが、筋は重要ではない。肝心なのは、物語と結びついた読者コミュニティの力である。それはすなわち、物語が技術を通して、読者の日常生活の一部になったということなのだ。

　出版社が「この本」を出したのは、ファンのネットワークがファンコミュニティを

通じて成功を後押ししたからだ。日本のケータイ小説ファンは、自分たちのことを好きな作家と同列とみなし、そうした作家と作品を、友人のようなつもりでフォローしている。読み手と書き手の関係には即時性がある。携帯電話に届くという、単なる配信メカニズムのおかげで、暗黙のうちに親密さが生まれ、物語は個人的なメールやメッセージのようなものになる。

このように、読者のオンラインコミュニティと作者とが、無料のコンテンツを複数のプラットフォームで共有する仕組みは、実際に日本の出版業界を救った。2007年のベストセラーリスト上位5点のうち4点は、オンラインで無料入手できるケータイ小説だった。そしてアメリカの出版社が求める、消費者の好みと製品需要のデータはいずれもフィグメントのコミュニティにある。

社会通念に反して、今日の若者は貪欲な読者である。アメリカの十代の若者たちが読書にかける平均時間は、実際には過去10年間で一日21分から25分に増加している。出版プロセスに熱心な子どもたちのグループは、将来の消費者向け直販モデルを象徴する存在だ。彼らは、何を、いつ、どのように読みたいのか、すべて教えてくれる。問題はむしろ、我々が彼らの望むものを提供できるかという点にある。

我々はフィグメント上で、誰がユーザーであるか知っている。我々は、彼らが何歳なのか、どこに住んでいるのか、何を読んでいるのか、どんな作家や本やシリーズ、ジャンルが好きなのかを知っている。1、2章を読んでやめてしまうかどうか、彼らの読書習慣に季節性があるかどうか、特定の著者、テーマ、あるいは登場人物の特性に偏見を持っているかどうかを知っている。『トワイライト』が嫌いな読者は何人いるか、彼らが何回『ハリー・ポッター』を読んだか、スチームパンクが流行りそうかどうかを知っている。

読者と作家のオンラインコミュニティを作れば、フィグメントのように、著者、読者、出版社が同じ空間で対話することが可能になり、マーケティングや書籍販売の局面を強化、合理化できる。フィグメントのユーザーは、書き、コメントし、レビューし、結びつき、フォローし合い、フォーラムで遊び、読む。彼らは積極的に新たな素材を試し、良ければ我々にそれを伝える。彼らは立ち読みし、買う価値があると思えばそう宣言する。我々は、ある作品に地域性があるかどうか、反響が人口や性別

に依存しているかどうかなども知ることができる。

　Facebook や Twitter の波及力が知れわたるずっと前から、十代の若者たちは、好きなものを共有するための増殖的なネットワークを、可能な限りの技術的手段を駆使して作り出していた。こうしたネットワークは、時にはある種の本の成功につながった。しかし、これらのネットワークは概して散漫で、とらえどころがなかった。
　読者のコミュニティを管理することによって、フィグメントは彼らの有機的なネットワークをつかまえ始めている。それは、新しい本を探している子どもたちと、新たな読者層を求めている著者や出版社の両方にとって良いことだ。ある著者の本とソーシャルメディアのフィードをすべてひとつにまとめることで、フィグメントはその作家が自身をブランド化し、プロモートできる道を提供した。さらには、各著者が自身のネットワークを作成することもできる。フィグメントのユーザーは我々のプラットフォームを使って著者をフォローできるし、彼らの動向を常に更新しておける。より多くの著者や出版社が、コンテンツ、読者、書き手と関係を結べば、フィグメントのユーザーにとっても魅力が増す。

　フィグメントのユーザーは、パソコンや携帯電話で読んだり書いたりする。これら十代の若者たちは、彼らが消費するコンテンツのように、生まれながらのデジタル世代だ。彼らは、いつでも好きな時に、世界中で生まれる刺激的なことと接続したい。グローバルなティーンエイジャーたちは、携帯電話、iPod touch、スマートフォン、ノートパソコン、パソコン、テレビ、タブレットなど、インターネットに接続できる任意のデバイスを介して、ネット上での読み物、買い物、ゲーム、社会的な機会のすべてにアクセスすることを選択しつつある。彼らはタイプし、チャットをし、デジタルに**思考する**。これが、未来のコンテンツ消費世代だ。そして、インターネットの爆発的な能力は、作り手や送り手が受け手を見つける際の、驚異的なパワーとなる。

デジタルコンテンツのパワー

　しかし現在のところ、出版業界はティーンエイジャーがオンラインでやりたいこ

とを提供していない。我々は、十代の若者たちが手にしているデバイス上に、さまざまなデジタルコンテンツを置くための努力を尽くしていない。専用のeBookリーダーを持っている若者がほとんどいないという理由で、eBookで読めるヤングアダルト本はほとんどない。だがもっと多くのコンテンツを、携帯のように、子どもがいま持っているいろいろなデバイスに配信すべきなのだ。ヨーロッパでは、十代の若者の41％が本を読むためにコンピュータを使用したことがある。そして日本では、女子高生の86％が自分の携帯電話で小説を読む。アメリカの十代の若者の75％以上が、携帯電話やインターネット対応のモバイルデバイスを所有し、65％が自分の携帯電話でインターネットにアクセスしている。彼らはそのデバイス上でコミュニケーションし、買い物をし、映画を見、コンテンツを作り、読むようになる。最近のスカラスティック社（Scholastic）の調査によれば、米国の十代の若者の60％がeBookを読みたがっている。

にもかかわらず、出版社はまだ本気でこの市場に参入していない。それどころか、出版社は、先行する音楽業界と同じく、デジタル作品の流通が自分たちの稼ぎを奪うものであり、海賊行為や濫用を招くものであると考えている。彼らはコンテンツ流通の統制を維持するために、しばしば合法的なデジタルアクセスを制限しようとする。2009年、eBookのリリースに二の足を踏み、ハードカバーの4ヶ月後に出して失敗したことや、図書館が購入したeBookの貸出回数を26回に制限するという、ハーパーコリンズのびっくりするような決定を考えてみるといい。マクミランとサイモン＆シュスターにいたっては、現時点で一切図書館にeBook提供をしていない。

市場というものを、情報をいかに行き渡らせるかという点から考えるならば、いくつか無料配布することも必要だ。その場合、図書館は特売品の役割をもっともうまい形で果たしてくれるだろう。

共有されたり盗まれたりの防止については、作品へのアクセスを制限するために、闘いを繰り返してきた映画・音楽産業から学ぶべき教訓がたくさんある。彼らの努力が示しているのは、我々が消費者にコンテンツへのアクセス権を与えなければ、かえってコンテンツがよくない者の手に落ちるのを助長する、ということだ。

海賊行為は常に存在する。しかし、著作権侵害は、書籍がデジタルであるという理由だけでは発生しない。港町ブリンディジの露天商をみれば、本などゼロックス

でいともたやすくコピーできてしまうのだし、もし本気でやろうと思えば、ワープロにテキストを入力するくらいは、劇場でビデオカメラを回して映画をコピーするのと同じく、わけないだろう。だが海賊行為は、利用でき、利用されやすい市場があるために発生するのであって、作るプロセスが簡単だから生じるわけではない。そして海賊版は、欲しいコンテンツへのアクセスを制限している市場に現れやすい傾向がある。地域や、価格や、フォーマットでアクセスを制限すればするほど、コンテンツが不正に使われる頻度はあがる。

　ヨーロッパ旅行中、国から国へとめぐる間にどこで読み物を手に入れるのか、私には見当がつかなかった。その謎は、ブリンディジの露天商が解決した。今日、理論的には、アクセスやスペースに制限はない。子どもたちは良い本を見つけて読みたいと思っている。そして、iTunesのように、指でタップしてダウンロードし、すぐに得られる満足を欲している。彼らはすてきな物語に没頭したいが、そのための回りくどい手続きはご免なのだ。

　『ハリー・ポッター』を見てほしい。各国語版の翻訳者は発売日前に英語のテキストを入手できなかったので、いくつかの翻訳版は、市場に出回るのに数ヶ月のタイムラグを要してしまった。フランスではフランス語版が出る前に、英語版のほうが——英語の本としてはフランスで初めて——ベストセラーリストに載った。だがスリランカでは許諾を得ていないシンハラ語、タミル語版があり、ペルシャ語版は16通りも存在する。

　情報やコンテンツへのアクセスを制限しようとし続ければ、なおさら市場はそれを求めるだろう。アメリカでは　アマゾンが自社のeBookに独自フォーマットを採用するというので、出版社が不満を抱き、憤慨している。だがそれは、出版社が自分たちのコンテンツを全フォーマットや図書館での利用を認めずに、アクセスを制限していることと、実際どう違うのだろうか。出版社は小売や流通、セキュリティに執着するかわりに、読者に執着する癖をつけたほうが良い。読者がいる限りは。

デジタルパブリッシングの約束

　デジタルプラットフォーム上での出版は、読者層を可視化し、市場性を高めるこ

とにつながる。それによってコンテンツ制作者は、何が有効で何が駄目なのかを知る眼を持つ。デジタル配信は、今よりもっと機動的なアプローチを出版にもたらす。他の産業がグローバルなオンラインモデルを採用しているなかで、コンテンツを制限するのは、自ら売り上げと成長を奪うに等しい。

今日、世界中にコンテンツがあふれている。毎年何十万ものタイトルが、数百万の自費出版物とともに発行されている。突然、誰もが**生産者であり消費者**になった。著者、出版社が読者とつながるコミュニティが存在していなければ、わけがわからなくなってしまうだろう。フィグメントはこの相互作用を助けるだけではなく、奨励している。我々はすでに、読者が書評や現実の書店ではなく、オンライン上の、他の読者がいるコミュニティの中の情報から本を見つけていることを目の当たりにしている。

フィグメントは、読書を内向きの活動とみなす必要はないと考えている。読書とは意外にも社交的なものだ。フィグメント上の子どもたちは、書きたいものや読みたいものを毎日教え合う。こんな読者層が、出版社に買いたいと思うものを伝え、しかもその本を簡単に買う能力を持っているところを想像してほしい。これこそ効率的なモデルだ。

読書の習慣やパターン、行動についてもっと質の良い情報を集めれば、権利、翻訳、価格など出版マーケットにかかわる意思決定は、当て推量から逃れられるようになる。読者のオンラインコミュニティは、技術によって実現し、メンバー全員が盛りあげることで、物語と作者に結びつく。これは出版社にとって喜ぶべきことなのだ。読み手と書き手と出版社が互いに出会えば誰もが利益を得るし、市場は効率化するだろう。まさにブリンディジの海賊版のように。

Web版URL（英語）
http://book.pressbooks.com/chapter/figment-jacob-lewis

1　http://en.wikipedia.org/wiki/Overconfidence
2　http://en.wikipedia.org/wiki/Information_bias

27 コントロールできない会話

サラ・ウェンデル

Sarah Wendell：恋愛小説についての代表的なサイト「スマート・ビッチズ・トラッシィ・ブックス（Smart Bitches Trashy Books: SBTB http://smartbitchestrashybooks.com/）」の共同創設者であり現在もそのリーダーである。恋愛小説の書評、このジャンルにおけるデジタルと紙媒体の歴史と未来について考え、また多くの表紙を飾る男性モデルがそろってたくましい胸をしていることを嘆いたりもするサイト。サラは『Everything I Know About Love, I Learned from Romance Novels』の著者、また、ハーバード、プリンストン、エール、デュポールなどいくつかの大学でシラバスで使用されている『Beyond Heaving Bosoms: the Smart Bitches' Guide to Romance Novels』の共著者。

　私はblogger（まったく！　なんと視覚的に醜い言葉でしょう）なので、物事を現時点的にとらえる傾向があります。普段から、今何が起こっているか、将来何が起こるのかという風な考え方をする癖があります。特に注目していることは過去30年あまりの間に恋愛小説とその読者層がどう変わってきたのかについてです。過去7年間を振り返って、「スマート・ビッチズ・トラッシィ・ブックス」（http://smartbitchestrashybooks.com/）のサイトの運営で私たちが何を学んだのか、何を行ってきたのかを明らかにするのはあまり得意ではありません。

　私は本とか読者とか、流行とか、ありふれた文章とかを見ていますが、正直言って、自分自身のことや、私に関する数字を眺めて多くの時間を費やすことはありません。ですからこの章を書き始めようとすると、私は2012年の3月という現時点で起こっていることについて何かを書きたくなってしまうのです。おそらくこれをしてしまうと、この章だけ「日付つき」になってしまいます。出版の世界や、その中で育っていく読者社会について学んできたことは確かです。また、これはオンライン上だからこそ私にもはっきりとわかったのですが、多くの物事が変化しているとき、逆にそのまま維持していこうという試みはもっと多く存在すると思います。

　今、『フィフティ・シェイズ・オブ・グレイ（Fifty Shades of Grey）』（E・L・ジェ

イムズ著　早川書房刊)というファン・フィクションが出版され大きな話題となっています。2012年3月2日[1]にも書きましたが、この本は広報担当者がいくら願ってもとうていかなうことのないような注目を浴びています。私は、米ABC放送の朝の情報番組「グッド・モーニング・アメリカ」からインタビューを受け、3月13日の番組の一部として放映されました。特に注目を集めたのは、この本がオンライン上で、あるいはオフラインで、あたかもウイルスに感染したかのように、クチコミによって記録的な部数を売り上げ、ベストセラーのトップに躍り出たことでした。人々がこの本についてのうわさを広め、驚異的な売り上げとなったのです。出版社側からの宣伝努力はまったくなかったのです。まあ、次作ではそういうことはないと思います。というのもランダムハウス社が『フィフティ・シェイズ』の三部作の権利に対して7桁の額を支払ったからです。けれど、もともとの売り上げを押し上げたのは読者同士の会話なのです。

　消費者がお互いインタラクティブに影響しあうこと、それは今も昔も、誰にもコントロールすることのできない、非常に力のある会話です。
　本のブログで一番優れているのはその点です。それを始めた人ですらコントロールすることのできない、本についての会話。人は読んだものについてのコンテンツを作りたがるものです。それに対し私は強引な調停役になることも、コメントを削除してしまうこともできます。しかし人々は何か言いたいことがあればそれを発言する方法を見つけるものです。たとえ彼らの考えの発端がもはや引き続き影響を与えない場となっていても。
　私は、ブログやオンラインでの書評について、スピーチをしたり、公開討論会に参加したりすることがありますが、幾度かソーシャルメディアの雄クレイ・シャーキー氏(Clay Shirky)の『Cognitive Surplus(思考の余剰)』から引用をしています。シャーキー氏は、私たちの脳内の過剰なエネルギーは世代が交代するごとに増加していくと示唆しています。つまり、私たちがますます豊かになり、日常の仕事が自動化されていくと、余剰を生み出す潜在的創造力が時とともに増加していくというのです。
　私はシャーキー氏の本のサブタイトルにひかれました。「接続された時代における創造性と寛容さ」です。消費者として、自分が消費すると、かわりに何かを創造

したくなるのです。それで私たちはさまざまな形態のソーシャルメディアの力を得て、友人、昔の友人、オンライン上やオフラインでのカジュアルな知人に対して、自分の好き嫌いを伝えたり評価を与えたりするようになったのです。若い世代はもうエンターテイメントを受け身で消費することはありません。彼らは今、もっとも理想的な広告主となりつつあるのです。シャーキー氏は次のように書いています。

「高校生、ブロードバンドユーザー、YouTubeユーザーを対象として行われた複数の調査の結果、そこにある変化が見出された。根本的にはいつも同じ結果が得られた。高速でインタラクティブなメディアにアクセスすることのできる若い世代は、単なる消費を見込んでいるだけのメディアから離れつつあるということである。オンラインでビデオを観る時ですら、それは一見テレビを観るのと同じようではある。だが、この世代では観たものについてコメントしたり、友達とシェアしたり、ラベルを貼ったり、ランキングをしたり、そしてもちろん、世界中の視聴者と意見を交換し合うことが可能なのだ」

このようにお互いに影響し合うということ、それは自然と身に付いてしまうものです。例えば、私はテレビを観る時にいつもパソコンやスマートフォンを手もとに置いています。それらを使って今何を観ているか、話をします。読書する時も同じ。エンターテイメントを消費する時、私はそれに対して互いに影響し合える道具を身近に置いています。

さて、本来の広告主たちとしては、製品がPRされるのは非常に重要なことですから、あらゆる知恵を絞って努力を続けています。例えば、交通量の多さで名高いリンカーントンネル〔マンハッタンとニュージャージー州を結ぶ〕につながる高速道路の出入り口のカーブ、毎日何万人もが通るそこには、巨大な広告の看板があります。そのひとつはいつも本当にうるさいほど宣伝攻撃をしかけてくるアブソルート・ウオッカです。以前、その広告看板の下の部分には、自己責任で飲んでくださいとの注意書きとホームページのアドレスがありました。

現在その広告看板にはFacebookのアドレス、facebook.com/absolut[2] が記されています。おそらくアブソルート社はもともと相当な額のお金を費やしてサイトへの

案内をしたものと思われますが、今では同社のFacebookに書き込みをしてくる製品の愛好者の存在、そして彼らがお互いインタラクティブに影響し合う方がはるかに望ましいとみなしているのでしょう。相互のインタラクション、会話、その結果生み出される新たなコンテンツ、それらはサイトを見ている個々の利用者から一方通行で得られる情報よりもはるかに価値があるのです。

2005年1月にキャンディ・タン（Candy Tan）と一緒にスマート・ビッチズを始めた時、キャンディは私にはけ口としてのエンゲージメントを求めていました。もちろん当時はそんな風に考えられたわけではありません。キャンディとはもうやめてしまった私の個人ブログで知り合いになりました。彼女はキャットフードの作り方を捜していて私のサイトを見つけたのです。以前、もっと時間にゆとりがあったころ、私はペットフードは自分で作っていたのです。キャンディは私のサイトに長いコメントを書き込んでくれ、私たちは時々メールのやりとりをしていました。

2004年のスマトラ沖地震での津波の後、私は彼女がインドネシアにいると勘違いしてメールを送りました。実際にはマレーシアに住んでいたのです。彼女の家族がみな無事であるとわかってから、私たちは手当たり次第にさまざまなトピックについてメールを交換するようになりました。そうこうしているうちに恋愛小説が話題にあがったのです。私たちはお互いに恋愛小説が大好きで、けれども人々からどんなにクズ扱いされているかなどを語り合いました。2009年にキャンディと私が共同で書いた『Beyond Heaving Bosoms』が出版されました。その中でキャンディは、人々は彼女が恋愛小説のファンであると知ったとたんに彼女の知性を低く評価し始めるのを体で感じることができる、と書いています。

こうした会話を続けていくうちに私たちは恋愛小説について簡潔で的を射た批評を捜すことが、ことに新作を買ったり借りたりする時に、いかに難しいかを話し合いました。二人のどちらが言い出したのかもう忘れましたが、恋愛小説の書評サイトを作ったらどうか、という話になりました。そしていろいろと変な名前を候補にあげたのち「スマート・ビッチズ・トラッシィ・ブックス」が誕生しました。それぞれが持つ英文学の学位を使って、批評と分析に力を注ぎ、私たちが愛する恋愛小説に貢献したいと思いました。このジャンルは主流の書評誌で扱われることはなく、

敬意を払われることもないのです。

　このサイトを始めて数年後にシャーキー氏の著作を読んだ時、私は私たちがブログを作ったのは、はけ口の欠如を埋め合わせるための最初の一歩であったと実感しました。つまり私たち自身の思考の余剰を使ったということです。私たちは恋愛小説の読者を多くは知りませんでした。私たちが愛する恋愛小説、愛していない恋愛小説についても、お互いに、そして他の人たちとも、話し合いたいと思いました。ブログの形で一般公開された私たちの会話は、他の多くの人々も参加するものとなりました。

　2005年にサイトを開始した時、私たちは宣伝をしませんでした。お互い内輪の友人たち以外にはサイト開設のことを特に知らせるようなこともありませんでした。その頃私は自分用のオンラインジャーナルを持っていたのですが、プロモーションとしては、そこで「このたびブログを始めました」と述べたくらいでした。それがこんなにも発展してしまうなどと、私たちは思いもしませんでした。

　けれども、恋愛小説の作者と読者同士のクチコミと、リンクのシェアで私たちのサイトを訪れる人の数は増えていきました。7年後の現在でも増え続けています。全世界150カ国、ほとんどあらゆる時間帯に読者がいます。これはある意味で私がもともと感じていた疎外感、つまり恋愛小説の読者（Romance Writers of Americaによると9割強が女性）は、このジャンルについて話をすることのできる友人がいないということを表しているのではないかと考えます。

　私に手紙をくださった何人かは、これまで恋愛小説を勧めてくれる人がいなかったので、このサイトを見つけてとてもホッとしたと書いてきました。恋愛小説を読むということはある種の内緒にしておきたいことです。ネット上でお勧めの本を探し、読者たちの活発な集団と出会いながら、一方で秘密を守り続けていくというのは多くの人々にとってまさに驚くべき発見だったのでした。送られてくるメールで今でももっともよく書いてあるのは「あなたはこれまでどこにいらっしゃったのですか？　こんなにも恋愛小説の読者がいるなんて、私はちっとも知りませんでした」というものです。

　テレビ番組の終わりにFacebookを知らせたり、映画の宣伝のためにクチコミ、つ

Part 3 本でできる実験——最先端プロジェクト

まりハッシュタグを使ってその映画についてツイートして欲しいなどと、エンターテイメントの世界は私たち消費者に持ちかけます。お互いに影響し合いたい、創造したいという欲求を満たしてくれようとします。たとえそれが批判的なものでもプロモーションの役に立つのです。

サイトを開いてからはじめの数年、私がひとつ驚いたのは、ある作品に対して完全に否定的な書評を出すと、しばしば「たちが悪い」と言われたことです。作品を読んでひどいと感じた時、私たちはそのことを大声でわめきまわりました。そのたびに、サイトを訪れる人の数が増え、人々から怒りのメールが盛んに届くようになりました。あなた方はたちが悪い、作者が一生懸命に書き上げた作品に対して冷酷すぎるなどと言われました。私たちはほとんどの場合、エンターテイメントの商品である本について語っていたのであって、それを生み出した人物についてではなかったにもかかわらず、です。

もし創作が個人的な努力の賜物でなかったとしたら、それに反応して何かを作るということも起こり得ないでしょう。本を作ることから始まって、それについての書評、コメント、そして個々の読者からの好き嫌い、その理由の説明、これら創作はみな個人的なものです。悪い書評もプラスなのです。私のアマゾンのアフィリエイトの統計からすると、私が非常に低い評価をした本の方が、まあ筋も会話もとてつもなく狂っていたようなものでも、私が高い評価をしたものよりも良く売れています。

例えば、シャロン・ケンドリック (Sharon Kendrick) が書いた『The Playboy Sheikh's Virgin Stable Girl』[3] は私がDマイナス、つまり最低の採点をした本ですが、その後2年たってもいまだに私のベストセラー・レポートに顔を出しています。著者は私に、この本は自分からすると素晴らしく良く売れていると語ってくれました。売れているのは、かつて恋愛小説ではお目にかかったことのない、常軌を逸した登場人物について、特に強調した私の書評のおかげです、と言いました。そしてなんと彼女は次の作品を私に捧げてくれたのです。

彼女の反応は例外と言えるでしょう。否定的な書評はほとんどの場合、作者から怒りの反応が集まるものですし、また読者からも熱心な反応があるものです。キャンディと私が協力するようになったのは、恋愛小説を批評し、分析するサイトを見つけることができなかったからでした。現在は恋愛小説に限らず、読者が感想を書

いているブログが数多くあります。そのすべてが読んだ本について好意的な書評をしているわけではありません。けれど、私は批判的な書評に絶対的な価値があるという姿勢を崩しません。それは読者に、書評者がその本の内容を吟味している時に使われた、朱書きされた項目を知らせることができるからです。個人的には、売り上げを伸ばすためには誇大宣伝よりも、否定的なコメントのほうが効果的です。誇大宣伝は受け取る側からすれば、どうも疑わしい、というところがあります。ことに私にとっては。

そしてもっと大切な点、否定的な反応というものは好奇心を呼び起こすものです。他の人が「悪い」とか「好みではない」などとラベルを貼ったもの、それらを認識することによって、お互いを、そして自分自身を知ることができるからです。仮に、主人公がパスタを食べ、ひんぱんにヨガをし、そして自分を見つけたという本について、何も否定的な語を使わず、ただ私が「キャーキャー」と言い続ける書評を書いたと想像してみてください。もし、美しい言葉を繰り出しながら、この本がいかに私の人生を変えたかを語り出したとしたら、あなたはきっとその文章をざっとしか読まないだろうと思います。

しかし、もし私があなたのとなりに立っていてプラスチックの箱のなかに入っているものの匂いをかいで、

「これは悪い臭いがします。かいでごらんなさい」

と言えば、おそらくあなたは、病的な好奇心からだけではなく、はたして私が「悪い」と言ったものがあなたにとっても「悪い」ものなのかを確認したい衝動に駆られ、おそらく大きく息を吸い込むことでしょう。「悪い」を定義する境界線は、私たちが「良い」と見なすものよりもはるかに明白なのです。

書評はそれと同じような役割を果たします。ことに否定的な書評は。私のもとに読者から送られてくるメールでもっとも気に入っているもののひとつは、

「私はあなたが嫌いなものが全部大好き、あなたの好きなものは全部嫌い」

です。私にとってこれ以上うれしい言葉はありません。なぜならそれは私が常に一定していることを意味するからです。そして読者は私が推薦するものとは逆側にある作品を読んで幸せだからです。

ロールプレイングゲームを愛する人々、入り組んだ筋のテレビ番組を観る人、リア

Part 3 本でできる実験──最先端プロジェクト

リティ番組が好きな人、そしてまた編み物や絵を描いたりというアーティスティックなことに労力を惜しまない人がいるように、エンターテイメントとして本を消費する人々がいます。ものを作り出すということは人間の欲求だと思います。そして私のもっとも好きなエンターテイメントは本ですし、時間に余裕のあるときの過ごし方で一番お気に入りなのは読書ですから、気に入った本、嫌いな本について、恋愛小説の読者たちとの会話を現在も継続しています。これはもう作者や出版社、そしてブログを始めた当人たちにとってもコントロールできないものとなっています。

さて、オンライン上とオフラインでのクチコミが『フィフティ・シェイズ・オブ・グレイ』を一大ベストセラーにしてしまったおかげで、コントロールのできない会話というものの威力が実感されるようになりました。それは出版社が7桁の金額を著者にオファーしたことだけではありません。在庫が空になってしまってその本を読みたがっているお客さんの順番待ちリストを管理しなければならない書店も実感しています。会話に参加したいがためにどうしてもその本を読まなければ討論の内容を理解することができない読者たちも実感しています。相互作用があればあるほど露出は多くなり、露出が多くなればそれだけ利益もあがるのです。

つい最近まで、編集者と営業マンのチームは本のバイヤー、つまり書店やスーパーマーケットにどんな本を置くかを決める人々のことを、顧客とみなしていました。さらに、編集者と営業マンのチームは、今週売りに出ている本よりも、今から6ヶ月後、8ヶ月後、さらに12ヶ月後に出版されるものに焦点を合わせていました。出版社にとっては、今後読者が顧客となっていきます。企業としての出版社は読者と一体どのように対応したらいいのか、いまだに最善のかたちを探し続けています。

読者はネット上でもっとお互いに影響し合うようになっていきます。私たちは出版界の動きを作者や、他の読者、さらに出版界の内部で社会活動に活発な人々からも情報を得ることができます。ですから読者が読んだ本について何か公表し始めると、それは作者につながり、そして今では出版社にも通じるのです。そして出版社側からどういう反応をするのが一番良いのか、それはいまだにはっきりとしていないのです。ランダムハウス社がつい最近、作者のポータルを設けるようになり、（他にもいろいろあるのですが）そこから同社の本を割引価格で買えるようにしました。このようにこれから出版社が直接読者に本を売るようになると、小売業者として読

者と直に接触するという未知の体験をする出版社が増えることになります。それは非常に啓蒙的なことであり、読者同士がお互いの影響し合う世界にさらに大きな変化をもたらすことになるでしょう。

2011年のSXSWカンファレンス〔米テキサスで毎年一回開催されるエンターテインメントの祭典。sxsw.com〕で私は次のような基調講演をしました。
「読者とはおかしなものです。時には排他的、時には不可解、時には腹立たしい、けれど出版が歩んで行く道についての会話に、絶対的に重要な部分です」

毎月毎月、実に多くの本に関する新しいブログが生まれています。これらのブロガーが彼らだけのために始めることにしたカンファレンスは、Book Expo Americaが2012年の大会用に買い取りました。本についての会話、そこで生み出される討論、お互いの影響のし合いと書評、それらはさらに広まっていき、ますます伸びていくのです。

読者は、他のメディアの消費者と同じように、受け身で消費をすることに満足してはいません。彼らの消費がお互いに影響し合うものとなることを許すこと、たとえ称賛に値しようがしまいが、それが現在、本の販売の一部分となっているのです。読者の声は大切です。それがその人の意見であり、次の行動を起こさせるからです。読者の声を聞くこと、会話を発展させていくのはとても大切なことです。それこそが私が「スマート・ビッチズ・トラッシィ・ブックス」を愛する理由なのです。

Web版URL（英語）
http://book.pressbooks.com/chapter/smart-bitches-trashy-books-sarah-wendell

1　http://bit.ly/zzE22r
2　http://www.facebook.com/absolut
3　http://bit.ly/I9XADi

編者紹介

本書は、ヒュー・マクガイア氏とブライアン・オレアリ氏の呼びかけに応え、出版のデジタル化の最前線で活動する才能ある人々が自身の言葉で書き下ろした論考集である。著者、編集者、開発者、出版社など、多くの人々の協力により実現した。

ヒュー・マクガイア Hugh McGuire

技術者。変革する出版界をテーマに執筆家としても活躍している。無償オーディオブックのデジタルライブラリーとして「リブリボックス (LibriVox)」を、有償としてアイアムビック (Iambik) を創設。デジタル出版ツール「プレスブックス (PressBooks PressBooks.com)」の創設者でもある。本書英語版はプレスブックスを使用して刊行された。
Twitter アカウント：@hughmcguire

ブライアン・オレアリ Brian O'Leary

マゼランメディアパートナーズ (Magellan Media Partners) の創設者であり社長。出版社への経営コンサルタントして、コンテンツのオペレーション、ベンチマーク、経営分析などを提供する。無償コンテンツや海賊版データの流通が書籍の売り上げに対してどのように影響するかを含め、出版業界全体をテーマとした執筆活動を行っている。
Twitter アカウント：@brianoleary

訳者紹介

浅野紀予（Noriyo Asano）　　担当章：18, 20

インフォメーションアーキテクト、翻訳者。2012年冬からフリーランス活動中。訳書として『アンビエント・ファインダビリティ』『デザイニング・インターフェース』『検索と発見のためのデザイン』（いずれもオライリー・ジャパン）などを手がけ、日々デジタル時代のデザイン思考の共有を目指す。無類の本好きである「マガジン航」編集人の仲俣暁生氏と、喫茶店で本への愛を語り合うのがひそかな楽しみの一つ。情報アーキテクチャをメインテーマとして、本の話題もしばしば登場する個人ブログ「IA Spectrum」は、徐行運転で更新中。
ブログ：http://blog.iaspectrum.net/

石松久幸（Hisayuki Ishimatsu）　　担当章：19, 24, 25, 27

慶應義塾大学図書館情報学科、メリーランド大学大学院図書館情報学卒。
職歴：メリーランド大学、シカゴ大学、カリフォルニア大学バークレー校、スタンフォード大学の各図書館に於いて日本研究部部長。日本古地図のデジタル・プロジェクト化では国際的な評価を得る。現在はライブラリー・コンサルタント。
著書に『バークレー・クラブ』『アメリカほたる』（いずれも PMC 出版）、『おじさん漂流記』（本の友社）。共書に『三井文庫旧蔵江戸版本目録』（ゆまに書房）。訳書に『アフリカ系アメリカ人』（三一書房）、『もうひとつのアメリカン・ドリーム』（岩波書店）など。
メールアドレス：yishimat@gmail.com

堺屋七左衛門（Shichizaemon Sakaiya）　　担当章：22

大阪市生まれ、神戸市在住。大阪大学大学院工学研究科電子工学専攻博士前期課程修了。今のところはメーカー勤務の技術者。「七左衛門のメモ帳」(*1) で、ケヴィン・ケリーのエッセーを翻訳して発表している。翻訳の対象は、米国の雑誌『WIRED』創刊編集長ケヴィン・ケリーが、自身のブログ「The Technium」(*2) で Creative Commons ライセンス（CC BY-NC-SA）により公開したものである。これまで100編以上翻訳したエッセーの中から、いくつか選んでまとめたものが、電子書籍および紙の本として出版されている。『ケヴィン・ケリー著作選集 1』（紙版：ポット出版、電子書籍：達人出版会）、『ケヴィン・ケリー著作選集 2』（電子書籍：達人出版会）
興味のあること：日本語、英語、ヨット、ソフトウェア開発、ロボット工学など。
Twitter アカウント：@sakaiya

(*1) http://memo7.sblo.jp/　　(*2) http://www.kk.org/thetechnium/

柴野京子(Kyoko Shibano) 担当章：26

1962年、東京生まれ。早稲田大学第一文学部卒業後、出版取次会社勤務をへて、東京大学大学院学際情報学府博士課程満期退学。東京大学大学院人文社会系研究科特任助教として、同大学の新図書館構想に携わり、2012年度より上智大学文学部新聞学科助教。本が社会のなかで流通する環境をめぐって、出版産業論、メディア史、デジタイゼーションとアーカイブなどの観点から、研究・教育活動を行なっている。NPO法人「本の学校」理事。主著に『書棚と平台——出版流通というメディア』『書物の環境論　現代社会学ライブラリー4』（いずれも弘文堂）。共著に『本は、ひろがる』（ボイジャー）、池澤夏樹編『本は、これから』（岩波新書）など。趣味は落語鑑賞。
ホームページ柴野京子研究室：http://pweb.cc.sophia.ac.jp/shibano/index.html

高橋征義(Masayoshi Takahashi) 担当章：23

北海道大学工学部卒業（修士）。Web制作会社にてWebアプリケーション開発に従事する傍ら、一般社団法人日本Rubyの会を設立、現在代表理事を勤める。2010年6月に技術系電子書籍の制作と販売を行う株式会社達人出版会を創業。日本では珍しいITエンジニア向けの電子書籍専業出版社として活動している。著書に『たのしいRuby』『Rails3レシピブック』（いずれも共著、ソフトバンク クリエイティブ）など。好きな作家は新井素子。
Twitterアカウント：@takahashim

秦　隆司(Takashi Hata)
担当章：2, 4, 5, 9, 10, 11, 12, 13　宮家あゆみと共訳　翻訳協力：ユニカレッジ

東京生まれ。マサチューセッツ大学卒業後、記者、編集者をへてニューヨークで独立。1996年にアメリカ文学専門誌『アメリカン・ブックジャム』創刊。2012年アメリカン・ブックジャムのeBook版、eブックジャムの第1弾、第2弾がボイジャー社より出版される。アメリカの政治ニュースを追うポリティカル・ジャンキーでもある。野球は地元ヤンキースファン。しかし、アメリカン・フットボールは大学時代を過ごした土地のチーム、ニューイングランド・ペイトリオッツを応援。訳書に『行く先は晴れやかに　あるいは、うろ覚えの詩が世界を救う』『世界貿易センタービル』、著書に『スロー・トレインに乗っていこう』などがある。ニューヨークのグリニッジビレッジ在住。
Facebook：https://www.facebook.com/BookjamBooks

宮家あゆみ（Ayumi Miyake）　　　　担当章：2, 4, 5, 9, 10, 11, 12, 13　秦隆司と共訳

ブックジャム・ブックス代表。ニューヨーク在住。ライター・翻訳者・編集者。神奈川県鎌倉市出身。明治学院大学文学部英米文学科卒業後、三菱商事株式会社およびシティバンクN.A.に勤務。1993年ニューヨーク大学大学院で舞台芸術経営学修士号を取得。株式会社東急文化村で宣伝広報として働いた後、1996年に再渡米。アメリカ文学専門誌『アメリカン・ブックジャム』の取材、執筆、編集および制作、販売など出版業務全般に携わる。訳書に『ブックストア——ニューヨークで最も愛された書店』『チャスとリサ、台所でパンダに会う』『ガール・クック』『マイ・ハート・ビート』『ドラッグカルチャー——アメリカ文化の光と影（1945〜2000年）』『シバの女王の娘』などがある。朝日新聞GLOBE紙面「世界の書店から」のニューヨークの回を執筆中。

室　大輔（Daisuke Muro）
　　　　担当章：原書の刊行にあたって、イントロダクション、1, 3, 6, 7, 8, 14, 15, 21

1977年、東京生まれ。13歳でカリフォルニアに移住。グリーンカードを取得。カリフォルニアの中学高校を卒業の後、マサチューセッツ州クラーク大学政治経済学部を2000年に卒業。カリフォルニア州に戻った後、大統領選挙に投票するために市民権を取得。その後アウトドア関連専門店REIで働きながら、ロック・クライミングを楽しむ。同時にテレビ番組制作（NHK：グレイトネイチャー「雨の匂いのする砂漠」制作：株式会社喜望峰）等のコーディネート業務等も行う。現在は定期的な電子出版事情の調査及び翻訳を担当するボイジャー嘱託。
Twitterアカウント：@daisukemuro　Facebook：http://goo.gl/jfpl8

吉本龍司（Ryuji Yoshimoto）　　　　　　　　　　　　　　　　　　　　担当章：17

1982年、岐阜県生まれ。慶應義塾大学環境情報学部卒業。小学校3年生のとき、両親からパソコンを譲り受け、プログラミングを独学で習得した。有限会社アール・ワイ・システムを高校3年生のときに設立し、フリーのエンジニアとしての活動を開始。フリーソフトウェアやシェアウェアなどを開発するかたわら、企業や行政の情報システムの構築や、様々なWebサービスの立ち上げに関わる。2010年、図書館の蔵書を統合的に検索できるWebサービス「カーリル」の立ち上げで全国の図書館から所蔵情報を集約するスクレイピングエンジンの開発を担当。以来、図書館を軸に出版や電子書籍の世界を知るようになる。2012年、同サービスを運営する株式会社カーリル代表取締役。
Twitterアカウント：@ryuuji_y

yomoyomo　　　　　　　　　　　　　　　　担当章：16

雑文書き／翻訳者。1973年生まれ。著書に『情報共有の未来』（達人出版会）、訳書に『デジタル音楽の行方』（翔泳社）、『Wiki Way』（ソフトバンク クリエイティブ）、『ウェブログ・ハンドブック』（毎日コミュニケーションズ）がある。ネットを中心にコラムから翻訳まで横断的に執筆活動を続ける。Twitter アカウント：@yomoyomo

マニフェスト 本の未来

最新情報はこちらから

ボイジャー Twitter: @voyagerDPD
ボイジャー Facebook: https://www.facebook.com/voyagerDPD/

本書eBook版のお求めは

BinB store: http://binb-store.com
他、eBookストアにて

| マニフェスト 本の未来 | 検索 |

オリジナル英語版　Book: A Futurist's Manifesto

全文Webブックにて公開中

http://book.pressbooks.com

マニフェスト 本の未来
編：ヒュー・マクガイア Hugh McGuire & ブライアン・オレアリ Brian O'Leary

発行日　　2013年2月20日　初版　第1刷

発行者　　萩野正昭

発行所　　株式会社ボイジャー
　　　　　〒150-0001 東京都渋谷区神宮前5-41-14
　　　　　電話　03-5467-7070
　　　　　FAX　03-5467-7080

印刷／製本　株式会社丸井工文社

定価はカバーに表示してあります。

© 2013 Voyager Japan, Inc.
Authorized Japanese translation of the English edition of Book: A Futurist's Manifesto (ISBN 9781449305604)
© 2012 O'Reilly Media, Inc. This translation is published and sold by permission of O'Reilly Media, Inc., which owns or controls all rights to publish and sell the same.
本書は、株式会社ボイジャーがO'Reilly Media, Inc.との許諾に基づき翻訳したものです。日本語版についての権利は株式会社ボイジャーが保有します。

● 本文デザイン Art Director
　太宰幸彦 Yukihiko Dazai
● DTP
　株式会社丸井工文社 Marui-Kobunsha Corporation
● 編集 Editor
　鎌田純子 Junko Kamata
● 編集アシスタント Editorial Assistant
　原田悠太朗 Yutaro Harada
● 校閲 Proofreader
　荒井美奈子 Minako Arai
● お問い合わせ Contact Us
　infomgr@voyager.co.jp
● Homepage　http://www.voyager.co.jp　http://binb-store.com/
● 電子版 eBook
　http://tt2.me/15294

本書の一部あるいは全部を利用（コピー）するには、著作権法上の例外を除き、著作権者の許諾が必要です。
Printed in Japan (ISBN978-4-86239-117-9)